Krig och fred i vendel- och vikingatida traditioner

Håkan Rydving & Stefan Olsson (red.)

Published by
Stockholm University Press
Stockholm University
SE-106 91 Stockholm, Sweden
www.stockholmuniversitypress.se

Text © The authors 2016
License CC-BY

Supporting Agency (funding): Tryckt med bidrag från Institutt for arkeologi, historie, kultur- og religionsvitskap (AHKR) vid Universitetet i Bergen (Department of Archaeology, History, Cultural Studies and Religion at the University of Bergen) och Institutionen för etnologi, religionshistoria och genusvetenskap (ERG) vid Stockholms universitet (Department for Ethnology, History of Religions and Gender Studies at Stockholm University).

First published 2016
Cover Illustration: "Clouds above the mountains in Iceland", photographer Jeremy Goldberg, © Creative Commons Zero (CC0)
Cover designed by Karl Edqvist, SUP

Stockholm Studies in Comparative Religion (Online) ISSN: 0562-1070

ISBN (Paperback): 978-91-7635-031-7
ISBN (PDF): 978-91-7635-028-7
ISBN (EPUB): 978-91-7635-029-4
ISBN (Kindle): 978-91-7635-030-0

DOI: http://dx.doi.org/10.16993/bah

This work is licensed under the Creative Commons Attribution 4.0 Unported License. To view a copy of this license, visit creativecommons.org/licenses/by/4.0/ or send a letter to Creative Commons, 444 Castro Street, Suite 900, Mountain View, California, 94041, USA. This license allows for copying any part of the work for personal and commercial use, providing author attribution is clearly stated.

Suggested citation:
Rydving, H. and Olsson, S. (red.) 2016. *Krig och fred i vendel- och vikingatida traditioner*. Stockholm: Stockholm University Press. DOI: http://dx.doi.org/10.16993/bah. License: CC-BY 4.0

To read the free, open access version of this book online, visit http://dx.doi.org/10.16993/bah or scan this QR code with your mobile device.

Stockholm Studies in Comparative Religion

Stockholm Studies in Comparative Religion (SSCR) is a peer-reviewed series initiated by Åke Hultkrantz in 1961. While its earlier emphasis lay in ethnographic-comparative approaches to religion, the series now covers a broader spectrum of the history of religions, including the philological study of discrete traditions, large-scale comparisons between different traditions as well as theoretical and methodological concerns in the study of cross-cultural religious categories such as ritual and myth.

SSCR strives to sustain and disseminate high-quality and innovative research in the form of monographs and edited volumes, preferably in English, but in exceptional cases also in French, German, and Scandinavian languages.

SSCR was previously included in the series Acta Universitatis Stockholmiensis (ISSN 0562-1070). A full list of publications can be found here: http://doi.org/10.16993/sup.s1

Editorial board

All members of the Editorial board have positions at the Department of Ethnology, History of Religions and Gender Studies at Stockholm University.

Chief editor: Peter Jackson, Professor, Department of Ethnology, History of Religions and Gender Studies at Stockholm University.
Egil Asprem, Senior Lecturer, Department of Ethnology, History of Religions and Gender Studies.
Marja-Liisa Keinänen, Associate Professor, Department of Ethnology, History of Religions and Gender Studies at Stockholm University.
Susanne Olsson, Professor, Department of Ethnology, History of Religions and Gender Studies at Stockholm University.

Ferdinando Sardella, Senior Lecturer, Department of Ethnology, History of Religions and Gender Studies at Stockholm University. Olof Sundqvist, Professor, Department of Ethnology, History of Religions and Gender Studies at Stockholm University.

Titles in the series

36. Jackson, P. (ed.) 2016. *Horizons of Shamanism. A Triangular Approach to the History and Anthropology of Ecstatic Techniques.* Stockholm: Stockholm University Press. DOI: http://dx.doi.org/10.16993/bag
37. Rydving, H. & Olsson, S. (red.) 2016. *Krig och fred i vendel- och vikingatida traditioner.* Stockholm: Stockholm University Press. DOI: http://dx.doi.org/10.16993/bah

Abstract

Rydving, H. & S. Olsson, *eds.* 2016. *Krig och fred i vendel- och vikingatida traditioner* [War and Peace in Traditions from the Vendel Period and the Viking Age] (Stockholm Studies in Comparative Religion 37). 266 pp. Stockholm. ISBN 978-91-7635-031-7.

The papers collected in this volume were read at a seminar at the Department of Archaeology, History, Cultural Studies and Religion at the University of Bergen, Norway, in April 2013. All of them are, in one way or another, related to the theme 'war and peace'. They present new interpretations of some of the Old Scandinavian texts as well as of archaeological material: the runic inscription on the Eggja stone (Andreas Nordberg), texts about the fight between the god Thor and the giant Hrungnir (Tommy Kuusela), about the valkyries (Britt-Mari Näsström), about a phalos cult (Maths Bertell), about fylgjur, a type of beings regarded as related to the fate of a person (Eldar Heide), about enclosed areas for fights and battles (Torsten Blomkvist), about the defilement of sacred areas and places as a power strategy (Olof Sundqvist), about ritualisations of peace negotiations (Stefan Olsson), and about Ragnarök, the end and renewing of the world (Anders Hultgård).

Innehåll

Förord   ix
Håkan Rydving & Stefan Olsson
Medverkande   x
Förkortningar   xi
Inledning   xiii
Håkan Rydving

1. Kom Odin till Eggja? En alternativ tolkning av Eggjastenens inskrift   1
Andreas Nordberg

2. Tors strid mot Hrungner. Tvekamp, brynstenssymbolik och krigarideologi   47
Tommy Kuusela

3. Stridsgudinnor, själaförare eller dödsdemoner? Bilden av valkyriorna i fornnordisk religion   91
Britt-Mari Näsström

4. Mǫrnir. Från förhandling till mottagande   107
Maths Bertell

5. Gammalnordiske sjelsførestellingar i samband med angrep   125
Eldar Heide

6. Att *hasla vǫll* inför fältslag. En analys utifrån kategorin *siðr*   144
Torsten Blomkvist

7. Vapen, våld och *vi*-platser. Skändande av helgedomar som maktstrategi i det vikingatida Skandinavien   167
Olof Sundqvist

8. Fredsöverenskommelser genom riter i konfrontationsområden. Exempel från vikingatidens England och Island   196
Stefan Olsson

9. Den sista striden och den framtida freden   221
Anders Hultgård

Förord

Texterna i den här boken baseras på föredrag som hölls vid seminariet *Krig og fred i norrøne tradisjonar* vid Institutt for arkeologi, historie, kultur- og religionsvitskap (AHKR) vid Universitetet i Bergen den 22 och 23 april 2013. När boken nu går i tryck vill vi tacka AHKR för det anslag som gjorde det möjligt att anordna seminariet, seminariedeltagarna för intressanta föredrag och för allt arbete de lagt ned på att revidera manuskripten, och redaktionskommittén för Stockholm Studies in Comparative Religion (Peter Jackson, Egil Asprem, Marja-Liisa Keinänen, Susanne Olsson, Ferdinando Sardella och Olof Sundqvist) för att de antagit boken till serien. Vid Stockholm University Press har Christina Lenz och hennes medarbetare professionellt och med stor entusiasm rott bokprojektet i hamn. Ett varmt tack!

Bergen i juni 2016,
Håkan Rydving
Stefan Olsson

Medverkande

Maths Bertell (FD, Stockholm 2003)
Universitetslektor i religionshistoria vid Mittuniversitetet.

Torsten Blomkvist (TD, Uppsala 2002)
Universitetslektor i religionshistoria vid Högskolan Dalarna.

Eldar Heide (Dr art., Bergen 2006)
Førsteamanuensis i norska vid Høgskolen i Bergen.

Anders Hultgård (TD, Uppsala 1971)
Professor emeritus i religionshistoria vid Uppsala universitet.

Tommy Kuusela (FM, Stockholm 2006)
Doktorand i religionshistoria vid Stockholms universitet.

Andreas Nordberg (FD, Stockholm 2003)
Docent i religionshistoria vid Stockholms universitet.

Britt-Mari Näsström (FD, Göteborg 1986)
Professor emerita i religionshistoria vid Göteborgs universitet.

Stefan Olsson (FM, Gävle 2006)
Doktorand i religionsvetenskap vid Universitetet i Bergen.

Håkan Rydving (TD, Uppsala 1993)
Professor i religionsvetenskap vid Universitetet i Bergen.

Olof Sundqvist (TD, Uppsala 2000)
Professor i religionshistoria vid Stockholms universitet.

Förkortningar

ack.	ackusativ
adj.	adjektiv
arab.	arabisk(a)
dat.	dativ
f.	femininum
feng.	fornengelsk(a)
fht.	fornhögtysk(a)
fisl.	fornisländsk(a)
fornir.	forniransk(a)
fsax.	fornsaxisk(a)
fsv.	fornsvensk(a)
fvn.	fornvästnordisk(a)
gen.	genitiv
got.	gotisk(a)
m.	maskulinum
mir.	medeliransk(a)
n.	neutrum
nisl.	nutida isländsk(a)
nom.	nominativ
nypers.	nypersisk(a)
pers.	person
pl.	plural
pret.	preteritum
saN.	nordsamisk(a)
sg.	singular
skr.	sanskrit
s.v.	*sub verbo* ('under ordet')
urg.	urgermansk(a)
urn.	urnordisk(a)

Inledning
Håkan Rydving

De inhemska gudomar och andra icke-mänskliga makter man i Norden och angränsande områden förhöll sig till under vendeltiden (ca 550–ca 790) och vikingatiden (ca 790–ca 1100) uppfattades både kunna påverka fienden och belöna den som fallit i strid. Man berättade bland annat om gudars egna kamper mot jättar för att upprätthålla ordningen i kosmos och om kvinnliga väsen som ansågs uppträda på stridsplatsen och föra de stupade till en bättre tillvaro. Föreställningarna om den sista striden och tiden därefter gav hopp om att det goda trots allt som pekade på motsatsen skulle segra till slut.

I det dagliga livet måste man också förhålla sig till mänskliga makter av olika slag och veta hur konflikter med släktingar, grannar och fiender skulle hanteras. Reglerna för kamp och strid var därför detaljerade och normerade både användandet av våld och hur fredsprocesser och konfliktlösningar skulle utformas. Makthierarkier och könsroller bestämde både den enskildes och gruppens strategier i en konflikt, men de kunde också utmanas.

Källmaterialet från den aktuella perioden innehåller många upplysningar om krig och fred. Arkeologiska fynd av vapen och vapendelar, svårtolkade termer och namn på runinskrifter, texter som beskriver strider mellan gudar och andra väsen, och fredsfördrag mellan tidigare fiender ger information om långt mer mångfacetterade förhållningssätt och strategier i kamp och strid lika väl som under fredsprocesser än man kanske kunde vänta sig med tanke på de populära föreställningarna om vikingar. De följande texterna ger intressanta exempel på hur man kan analysera några av de källor från vendel- och vikingatid som informerar om krig och fred genom att ställa nya frågor och pröva nya perspektiv.

Hur du refererar till det här kapitlet:
Rydving, H. 2016. Inledning. I: Rydving, H. and Olsson, S. (red.) *Krig och fred i vendel- och vikingatida traditioner*, s. xiii–xviii. Stockholm: Stockholm University Press. DOI: http://dx.doi.org/10.16993/bah.a. License: CC-BY 4.0

För att illustrera möjligheterna att få kunskap om religiösa förhållanden under vendeltiden tar Andreas Nordberg i sitt bidrag upp den svårtolkade runinskriften på den så kallade Eggjastenen från Sogndal. Mot bakgrund av tidigare tolkningar och en presentation av stenens kulturhistoriska bakgrund väger Nordberg olika tolkningsmöjligheter mot varandra med hjälp av analogier från den norröna litteraturen och arkeologisk material. Ett av de centrala och omdiskuterade orden i inskriften är det gåtfulla *wilR*, som har tolkats både som 'svekfull', 'kär' och 'häftig, bångstyrig', men som Nordberg (liksom Ottar Grønvik tidigare) tolkar som 'den svekfulle' och antar syfta på Oden.[1] Enligt senare texter uppfattades Oden ju både kunna orsaka strider, vara närvarande i dem och samla de fallna till sig när striderna var över. Nordberg drar slutsatsen att mannen som varit begravd under Eggjastenen ska ha dött en våldsam död i en strid som uppfattades vara orsakad av Oden och med belöningen att få delta i Odens följe efter döden.

Tommy Kuuselas text gäller en annan av de viktigaste gudarna, Tor, och hans kamp med jätten Hrungner, en kamp som i källorna presenteras som helt avgörande för den kosmiska ordningen och som Tor därför måste vinna. Striden beskrivs i flera texter och Kuusela menar att det visar att myten om Hrungner är gammal och inte ett påfund av Snorre Sturlasson. Hrungner, som han beskrivs i källorna, är ingen dum jätte även om hans primitiva vapen av brynsten står mot Tors smidda hammare. Enligt Kuusela anspelar brynstenen på kungamakt och antyder att Hrungner var ledande bland jättarna, men när Snorre använder det enda feminina ordet för brynsten (*hein*) och dessutom ger Hrungners assistent, lerjätten Mökkurkalve, ett märrhjärta är det ett medvetet val för att antyda den kommande förlusten. Texten ger alltså ett intressant exempel på hur könsstereotypier används i berättelser om gudars aktivitet.

Britt-Mari Näsström och Maths Bertell tar i sina bidrag upp två grupper av kvinnliga väsen, Näsström genom att "av-wagnerisera" valkyriorna och i stället uppfatta dem som både dödsgudomligheter och som löften om ett liv bland gudar och gudinnor efter döden för den som fallit i strid, och Bertell genom att försöka föra i bevis att *mǫrnir* var en beteckning för en grupp kvinnliga väsen

Inledning xv

som bland annat uppfattades vara mottagare i fruktbarhetsriter. Näsström visar att valkyrior uppfattades på många olika sätt, och betonar dessutom att de måste avgränsas från andra gestalter, som de mytiska sköldmörna, "dödliga kvinnor som uppträdde som krigare", medan valkyriorna inte deltog i strider men var väsen som bestämde ödet på slagfältet. Valkyrior kunde också uppfattas som följeslagare till hjältarna och som väsen som kämpade vid deras sida för att bli deras eviga belöning när de fallit i strid, eller som dödsdemoner. Bland olika tolkningar pekar Näsström särskilt på valkyriorna som en aspekt av kriget: de var väsen som om de visade sig på slagfältet innebar döden för krigaren, men också ett löfte om en behaglig tillvaro i Valhall.

Den text som Bertell diskuterar relaterar till konfrontationen mellan gammal och ny tro i Norge. Kontexten i den fiktiva ramberättelsen är att Olav Haraldsson, som varit kung mellan 1015 och 1028, på sin väg från landsflykten i Ryssland tillbaka till Norge för att försöka återta makten bevittnar riten som beskrivs i *Vǫlsa þáttr*, och efteråt lyckas förmå alla deltagare att låta döpa sig. Bertell presenterar och argumenterar för en ny hypotes om hur ordet *mǫrnir* i *Vǫlsa þáttr* ska tolkas. Andra har tidigare tolkat ordet som ett epitet till Frej, som själsliknande andar, som ett ord för Skade, eller som en benämning på jättinnor i allmänhet. Bertell menar däremot att ordet syftar på de kvinnor som deltog i ceremonin och som rituellt gestaltade Freja, Skade eller Gerd, alla tre förknippade med sexuell aktivitet. Jättinnor (i alla fall Skade och Gerd) har alltså enligt den här hypotesen varit föremål för kult och det beror enligt Bertell på att de upptagits i vanagudomarnas sfär genom giftermål.

Hur uppfattade man under vikingatiden att kamper kunde påverkas av olika andeväsen? Eldar Heide ger i sitt bidrag exempel på att det var vanligare att de övernaturliga inslagen skedde före kampen än under den, till exempel genom att krigarens skyddsande (*fylgja*) eller fientliga tankar i förväg for till motståndaren och påverkade honom så att han började gäspa, nysa eller kände att det började klia i näsan eller någon annanstans på kroppen. Att drömma att man angreps av djur, till exempel vargar, var ett annat tecken. Heide diskuterar också personer som uppfattades ha förmågan att kunna skicka ut sin fylgja med vilja för att skaffa kunskaper om fienden. Avslutningsvis argumenterar han för att föreställningarna sannolikt var förkristna även om att de äldsta beläggen är från 1200- och 1300-talen.

De tre följande bidragen tar upp några exempel på riter i samband med krig och fred. Torsten Blomkvist diskuterar seden att inhägna ett område med hasselstänger inför en kamp, Olof Sundqvist analyserar skändning av helgedomar som strategi i konflikter och Stefan Olsson presenterar och tillämpar en analytisk modell för analys av fredsöverenskommelser och konfliktlösningar. Blomkvist jämför seden att avgränsa ett stridsområde med hasselstänger med andra gränsdragningar, som till exempel att tingsplatser eller kultplatser också inhägnades och därigenom markerades. Med inspiration från Niklas Luhmanns betoning av den betydelse som gränser har i sociala system föreslår Blomkvist att den hasslade vallen snarare avgränsade en plats för förhandlingar än området för själva slaget. Mot den bakgrunden fortsätter han den diskussion av begreppet "forn sed" som han initierade i sin avhandling (*Från ritualiserad tradition till institutionaliserad religion*, Uppsala 2002) och argumenterar för att inhemska begrepp som *siðr* mycket väl kan användas som analytiska kategorier vid sidan av de traditionella kategorierna (som exempelvis "religion").

Att heliga platser av olika slag skändas i krigssituationer är väl känt. Sundqvist diskuterar några exempel på berättelser om sådana händelser i det vikingatida Norden. Utgångspunkten är folkvandringstidens ändrade offerpraxis som innebar att offerplatserna flyttats från utmarkerna till olika härskarsäten, något som Sundqvist menar kan ha varit en följd av att härskarideologin hade ändrats. Under vikingatiden kunde fiender kränka en hövding genom att skända den heliga plats han var väktare för, till exempel gästabudshallen eller en tings- och kultplats. Det var den hövding som inrättat platsen som vakade över den; att kränka reglerna som gällde på platsen innebar därför att kränka hövdingen. Sundqvist ger flera exempel på sådana skändningar, några av dem under konfrontationen mellan gammal och ny religion. Han ger också exempel på att även det motsatta handlandet – att renovera och återinviga en skändad helgedom – kunde vara ett led i en maktstrategi.

Med hjälp av en analytisk modell som beskriver de processer som sker i ett gränsområde under en konflikt, särskilt när perioder med konflikter och fred växlar, diskuterar Olsson hur fredsöverenskommelser och konfliktlösningar kunde ritualiseras under vikingatiden. Modellen appliceras på två fallstudier, dels på fredsprocessen mellan Alfred den store och Guthrum, ledaren för danerna i East Anglia, dels på olika konflikter och konfliktlösningar i Island som de beskrivs i *Íslendingabók* och *Landnámabók*. Analysen visar att ibland bidrog erfarenheter från flera olika konfliktlösningar till fredsprocessen (som i det engelska exemplet), ibland resulterade erfarenheterna i rituella restriktioner (som i det isländska exemplet). Genom modellen och de två fallstudierna illustrerar Olsson hur man kan analysera vikingatida fredsprocesser horisontellt i stället för att – som man tidigare gjort – nästan enbart fokusera på hierarkier.

I det sista kapitlet tar Anders Hultgård i ett brett komparativt perspektiv upp traditioner om den sista striden och om tiden därefter, alltså krig och fred i eskatologiska kontexter. Han jämför skandinaviska föreställningar med kristna och iranska traditioner och konstaterar att medan de kristna texterna framför allt handlar om rannsakning och dom är tvekamperna mellan de ledande gudarna och deras respektive motståndare ett centralt tema i både fornskandinaviska och forniranska texter. Det speciella med de skandinaviska föreställningarna var att flera av de ledande gudarna och deras motståndare inte överlever Ragnarök, men det betyder inte att de goda makterna förlorat. Några av dem ska enligt traditionen återvända och Odens liksom Tors söner ska få viktiga roller när den gamla jorden stiger upp ur havet och får tillbaka sin grönska, en jord där de nya gudarna ska dyrkas på de gamla gudarnas kultplatser. Jämförelsen gör att Hultgård avvisar idén att de skandinaviska traditionerna skulle baseras på de kristna och han menar också att även om det finns intressanta paralleller mellan fornskandinaviska och forniranska föreställningar handlar det om två av varandra oberoende eskatologiska traditioner.

Medan relativt få forskare valt att specialisera sig på de andra förkristna religionerna i Norden – de finska och samiska – är studiet av fornskandinavisk religion ett förhållandevis stort forskningsfält, också internationellt. Nya utgåvor och översättningar av centrala källtexter kommer ut regelbundet, inte bara i Norden, och arkeologer diskuterar allt oftare sina fynd i relation till religionshistoriskt relevanta frågeställningar. Flera tvärvetenskapliga och internationella projekt har lanserats de senaste årtiondena och många viktiga metodiska och teoretiska diskussioner pågår, både inom enskilda ämnen och mellan företrädare för olika ämnesområden. Flera av de ledande forskarna har dessutom skaffat sig dubbla kompetenser, något som bidragit till att rasera de tidigare så cementerade gränserna mellan olika vetenskapliga traditioner. Forskare från länder utanför Norden har ofta goda språkkunskaper, inte bara i källspråken, men också i ett eller flera av de moderna skandinaviska språken. Samtidigt publiceras många undersökningar på internationella språk (inte minst på engelska, men också på franska och tyska) och når på så sätt en bred internationell läsekrets. Allt detta bidrar till att forskningsfältet idag är både omfattande och dynamiskt.

Även om bidragen i den här antologin bara behandlar några få aspekter bör de kunna ge incitament till fortsatta diskussioner om krig och konflikter, fredsfördrag och konfliktlösningar i det vendel- och vikingatida Norden med angränsande områden. "Krig och fred" är en tematik som man kan närma sig på många sätt, med olika frågeställningar, med olika typer av källor och metoder, utifrån olika teoretiska perspektiv och med olika avgränsningar av tid och rum. Förhoppningsvis kan de följande texterna inspirera andra forskare och studenter som arbetar med Norden under den aktuella tidsperioden att analysera "krig och fred" utifrån nya perspektiv och kanske kan de också provocera en och annan att formulera alternativa tolkningar till de som presenteras här.

Not

1. Jag använder de svenska namnformerna oavsett vilken form de enskilda författarna valt att bruka.

Kom Odin till Eggja?
En alternativ tolkning av Eggjastenens inskrift
Andreas Nordberg
Stockholms universitet, Sverige

Av alla förkristna religioner i Europa är fornnordisk religion en av dem som vi vet mest om. Detta kan vi till stor del tacka 1200-talets litterata islänningar för, eftersom det var dessa människor som tog sig för att skriva ned de muntligt traderade dikter, myter och sagor som utgör huvudkällor för den religionshistoriska nordistiken bredvid arkeologiskt material, ortnamn och i någon mån sentida folklore. Man brukar dock mena att den norröna litteraturen främst avspeglar religionen under de sista århundradena av förkristen tid, vilket för övrigt även framgår av själva begreppet *fornnordisk religion*, som egentligen går tillbaka på begreppet *fornnordiska språk* – de germanska språken som talades i Norden under perioden cirka 800–1100.[1]

Men hur ska man då betrakta religionen under de århundraden som föregick vikingatiden? All kultur är föränderlig och för det förkristna Skandinaviens del har dessa typer av processer inte minst studerats arkeologiskt på framgångsrika sätt. Samtidigt måste man hålla i minnet att dylika studier vanligen baseras på antingen förändringar i den materiella kulturen, ikonografiska trender eller explicita historiska och storpolitiska skeenden, där brotten inte sällan kan framträda förhållandevis tydligt. De mer allmänkulturella förändringsprocesserna – och häri kan inräknas så kallad andlig kultur som till exempel mentalitet, ideologi och religion – rörde sig däremot, för att tala med annalesskolan,[2] efter betydligt segare strukturer. Inom ramen för ett visst mått av variationer i tid och rum skilde sig religionen under till exempel folkvandringstid och vendeltid förmodligen inte särskilt mycket från religionen under åtminstone den förra delen av vikingatiden.[3]

Hur du refererar till det här kapitlet:
Nordberg, A. 2016. Kom Odin till Eggja? En alternativ tolkning av Eggjastenens inskrift. I: Rydving, H. and Olsson, S. (red.) *Krig och fred i vendel- och vikingatida traditioner*, s. 1–46. Stockholm: Stockholm University Press. DOI: http://dx.doi.org/10.16993/bah.b. License: CC-BY 4.0

Tyvärr saknas till största delen ett litterärt källmaterial för studiet av religionen under de perioder som föregick vikingatiden. Helt frånvarande är det emellertid inte. Vid sidan av vissa kontinentala källor som fragmentariskt omtalar skandinaviska förhållanden finns även en grupp runstenar och andra runtexter från romersk järnålder och senare, som tycks uppvisa religiösa inslag. En av de mest intressanta i detta sammanhang är den runsten, från slutet av 600-talet eller något senare, som påträffades som takhäll i en grav i Eggja i det norska Sogn, och som vid sidan av Rökstenen i Sverige är den förkristna runkorpusens allra längsta (fig. 1a–b).[4]

Dessvärre är flera av dessa runtexter delvis svårtolkade och innehållen mycket gåtfulla. Detta gäller inte minst Eggjastenen. Redan i sin första anmälan av fyndet 1917 antog Magnus Olsen att Eggjastenens text skulle förbli slutligt otolkad,[5] och ännu i

Figur 1a–b. Foto och avritning av runristningen på Eggjastenen. Bildkälla: Universitetsmuseet i Bergen. Tack till Universitetet i Bergen för tillstånd att publicera bilderna med Creative commons licens: CC BY-NC-ND 3.0.

en av de senaste behandlingarna av stenen sägs samma sak: att slutgiltigt tolka varje del av runtexten torde vara "virtually impossible".[6] Särskilt har denna problematik rört det semantiska innehållet i den första av stenens tre textrader. "Det er her fantasien blir satt på størst prøve", skriver till exempel Terje Spurkland om denna rad, "og det er her det er vanskeligst å tøyle den samme fantasien".[7] På ett snarlikt sätt konstaterar Niels Åge Nielsen att "nogen tilfredsstillende samlet tolkning" av denna rad ännu inte har gjorts och att det har "været ret divergerende meninger om betydningen af de enkelte ord".[8]

När jag nu dristar mig till att komma med en ny tolkning av denna runristning med sin delvis lika svårförståeliga text som sitt enigmatiskt semantiska innehåll, vill jag redan inledningsvis understryka att jag inte tror att stenen någonsin kommer att få en allmänt accepterad läsning och tolkning. Jag gör alltså i denna mening inte anspråk på något mer än att som mest tillföra ytterligare ett tolkningsförslag till dem som redan finns. Jag gör inte heller någon ny läsning av själva runtexten, utan baserar min nytolkning på läsningar som har presenterats tidigare av etablerade runologer. Vad jag dock skulle jag vilja hävda att jag har gjort, är att tillföra ytterligare en aspekt till diskussionen om Eggjastenens semantiska innehåll genom antagandet att runtextens poetiskt gåtfulla ordalydelser i stor utsträckning refererar till motiv och föreställningar, som både förekommer i det samtida krigarsamhällets ideologiska ikonografi, och i den betydligt senare nedtecknade norröna poesin. För den som inte accepterar den religionshistoriska tolkning av Eggjastenen som föreslås här, skulle studien därför möjligen ändå kunna vara principiellt intressant som diskussionsunderlag för mer metodologiska spörsmål, både vad gäller möjligheten att tolka äldre runologiska texter, och möjligheten att religionshistoriskt närma sig det skandinaviska samhället före vikingatiden.

Graven och runstenen

Runstenen i Eggja påträffades på ett åskrön i samband med vårplöjningen av en åker under sommaren 1917. Den arkeologiska undersökningen ägde rum på hösten samma år. Stenen hade legat som takhäll över en gravkammare med runtexten vänd nedåt. I graven, som inte hade någon överbyggnad, påträffades en starkt korroderad järnkniv och ett eldstål, samt små korroderade järnfragment och några små förmultnade träbitar. Den ansvarige antikvarien Haakon Shetelig framhöll att denna typ av fyndfattiga flatmarksgravar i Vestlandet är kännetecknande för 600-talet. Denna datering styrktes också på stilmässiga grunder av den häst som var avbildad på stenen. Några rester efter en begravd individ återfanns inte, men baserat på liknande gravar från samma tid kunde Shetelig dra slutsatsen att fynden av kniv och eldstål indikerade att den begravde var en man. Mycket mer om själva gravanläggningen tyckte han sig dock inte kunna säga, eftersom denna var kraftigt skadad vid undersökningstillfället.[9] Enligt Shetelig låg graven placerad bakom ett av uthusen på gården. Det gör den om man färdas längs den nya landsvägen, men kommer man nerifrån dalen ligger graven vid den gamla färdvägen som leder fram till Eggja.[10]

Frånvaron av mänskliga kvarlevor i anläggningen har också fått vissa uttolkare att hävda att graven i själva verket var en kenotaf (denna uppfattning är som av en händelse också en essentiell förutsättning för samma forskares semantiska tolkningar av Eggjastenens text).[11] De menar också att gravkammaren måste ha varit för grund för att ha kunnat hysa en människokropp. Stenens undersida (det vill säga insidan av taket) låg nämligen endast 0,2 meter ovanför kammarens botten (som utgjordes av berg) vid själva undersökningstillfället och det fanns dessutom bara 0,2–0,3 meter tunna jordlager ovanpå stenen. Det är dock att märka att Shetelig, som undersökte anläggningen på plats, inte drog några sådana slutsatser och faktiskt finns det fullt rimliga förklaringar till de relativt tunna jordlagren. Dels bör långtida plöjning ha orsakat jordflykt nedåt sluttningen i Eggja, vilket i så fall har minskat anläggningens djup. Dels är det sannolikt att stenen över tid successivt har sjunkit ned mot botten av kammaren genom att den naturliga undergrunden försvagades vid nedgrävningens kanter.

Själva runhällen är ungefär 1,6 meter lång, 0,7 meter bred och 0,1 meter tjock. De enskilda runorna härrör företrädelsevis från den äldre futharken, medan språket ligger nära fornvästnordiska med vissa urnordiska drag.[12] Av språkhistoriska skäl förlade Lis

Jacobsen inskriften till 800-talet och även andra runologer har på samma grunder antytt en senare datering. Vanligen har man ändå böjt sig för Sheteligs arkeologiska datering av graven och runstenens hästavbildning till den andra delen av 600-talet eller möjligen den förra delen av 700-talet.[13] Runinskriften består av ungefär 200 runtecken, samt eventuellt några ytterligare förkomna runor på skadade partier, vilket gör den till Norges längsta. Texten står i tre rader som uppifrån och ned kan betecknas A, B och C. Tyvärr har avflagningar och vittring på stenen gjort vissa centrala avsnitt av texten mer eller mindre oläsliga. Dessutom är innehållet i textens läsbara delar som nämnts bitvis mycket dunkelt.

Dessa förutsättningar har gjort att det varken finns någon fullständig konsensus om vare sig läsordning, läsningen av de enskilda runtecknen, eller tolkningen av textens semantiska innehåll. Tvärtom kan man konstatera att åsikterna kring dessa spörsmål i högsta grad är disparata och att varje enskild tolkning av Eggjastenen till en inte ringa del är beroende av de enskilda uttolkarnas varierande förförståelse och tolkningsfilter. Detta gäller naturligtvis i lika hög grad även för den studie som föreligger här.

Tidigare tolkningar

Förmodligen delvis just på grund av sin stora gåtfullhet är Eggjastenen en av de runstenar som har tilldragit sig mest uppmärksamhet av runologer och arkeologer. Metodologiskt skulle man kunna säga att dessa uttolkare i regel har använt sig av det inom humanistisk forskning så vanliga tillvägagångssätt, som kulturhistorikern Carlo Ginzburg kom att kalla "ledtrådsparadigmet". Detta kan kortfattat beskrivas som en metod där forskaren genom en djupgående och detaljerad kunskap om de större bakgrundssammanhangen försöker identifiera fragmentariska "ledtrådar" eller "spår", som insatta i sina rätta kontexter ger en förståelse som är betydligt större än summan av de enskilda ledtrådarna.[14] Problemet med denna metod är naturligtvis att den enskilde forskarens subjektiva uppfattning om vad som är rätt kulturhistorisk bakgrund har en direkt påverkan på tolkningens resultat. Detta exemplifieras också av de mycket varierande tolkningarna av Eggjastenen. Samtidigt är det svårt att se hur en kulturhistorisk studie av stenen skulle kunna utföras på något annat sätt.

Detaljerade översikter av forskningen om Eggjastenen har tidigare presenterats av till exempel Ottar Grønvik och Thomas Birkmann.¹⁵ Nedan följer en sammanfattning av de mest inflytelserika förslagen.

Den som först publicerade en tolkning av stenen var den dåvarande norske runologen Magnus Olsen, som ansåg att den första delen av runtexten berättar att stenen invigdes med blod och fördes till graven på en släde, som skrapades av stenens tyngd. Därefter följer, menade han, en namngåta som avslöjar den dödes identitet och efter det en önskan om hämnd. Stenen avslutas med en redogörelse över hur stenen rituellt placerades på graven. I sin helhet lyder Olsens tolkning:¹⁶

A. (I.) hin warb naseu (II.) mąR made þaim kaiba i bormoþa huni (III.) huwaR ob kąm hariṣ ą hi ą ląt gotna (IV.) fiskR oR f[uki] na uim suęmąde fokl if [sliti na] galąndi Denne (Sten) overøste Manden med Blod [egtl. 'Lig-Sjø'] (og) skrabte med den (de med runer beskrevne) Keiper paa 'bormødig Hun' [d.e. Slæden, hvorpaa Stenen kjørtes]. Hvem av (Rune)-Flokken er kommen paa (Stenen) hid i Menneskeland? Fisken, den faste i sit Forsæt, gjennem Lig-Strømmen svømmende, Fuglen, som vilde gale (skrige), om den fik slide Lig. [Likströmmens fisk = orm och den likätande fågeln = örn. Den dödes namn var Ormarr.]

B. is a[lin] misurki
Er født (eller: fostret) en Hevner [egl. 'Ulv'].

C. ni s solu sot uk ni sakse stain skorin ni [sati] mąR nakdą ni snąręR ni wiltiR mąnR lagi
Ikke er der truffet af Sol (d.e. Solen har ikke faaet skinne [ved Runestenens Tilveiebringelse]), og ikke er med Kniv Stenen skaaren; ikke skal man blotte (Stenen), ikke skal hvass-øiede eller for Synkvervning udsatte Mænd (Personer) lægge (den).

Olsens tolkning utmanades några år senare av den danska runologen Lis Jacobsen, som ansåg att stenen skulle läsas i ordningen C–A–B. Enligt Jacobsen börjar stenen med en beskrivning av hur den hade tillverkats under magiskt rituella former för att förhindra att graven och stenen skändades. Sedan följer en redogörelse för hur den döde hade förts till Eggja i klinkbyggd båt som för ändamålet hade förstärkts med offerblod, samt en gåta som avslöjar den dödes namn:[17]

C (C1) **ni s solu sot uk ni sakse stain skorin (C2) n(i) [said]mąR nakdą ni snar[þi]R ni wiltiR mąnR lagi [þą]**
(C1) Ej er [stenen] truffet af Sol og ej heller med Jærnkniv skaaret; (C2) ej skal Sejdmæn lægge den blot, ej heller Mænd, besnærede eller vildledte (ved Sejd).

A (A1) **hin warb naseu mąR made þaim kaiba i bormoþa huni (A2) huwaR ob kąm harsi ą hi ą ląt gotna (A3) fiskR oR f[lai]na uim suemąde fokl i f[r]ą[k]n[a i]l galąndi**
(A1) Hin mand (ɔ: Manden, Runemesteren) sammengød Ligsøen (Offer-blodet), skrabede dermed Kejperne [årtullarna] paa den nagleborede Baad. (A2) Hvem kom her paa (scil. Baaden) hid til Hestenes Land (ɔ: Bakkerne ved Eggen)? (A3) Fisken, svømmende ud af Spydenes Strøm (= Blodet), Fuglen, skrigende ind i Spydenes Regn (= Striden).

B **sa [tu] misurki̠**
Han døde ved Udaad.

Namngåtan löste Jacobsen först genom att identifiera fisken som ett spjut (fvn. *geirr*) och fågeln som en vråk (*vákr*). Mannen skulle alltså ha hetat Geirvákr. I ett separat tillägg till sin bok om Eggjastenen ändrade hon dock denna lösning till fisk = svärd (*hjǫrr*) och fågel = kastspjut eller pil (*oddr*), varför hon drog slutsatsen att mannen hette Hjǫroddr.[18]

Den svenske arkeologen Arthur Nordén, som ofta anknöt sina religionshistoriska tolkningar till fenomenen dödstro och dödskult, ansåg att Eggjastenens text handlade om en dödsrit där man slängde liket efter en förbrytare i ebbvattnet för att det skulle dras ut och försvinna i havet. För säkerhets skull byggde man också en kenotaf, som skulle fungera som en "gengångarfälla" om förbrytaren kom åter för att hemsöka folket i Eggja:[19]

C. [Nordén ger ingen läsning av de enskilda runorna i denna rad.]
   Icke är av sol sökt och med stål stenen skuren, icke har man vänt (sänt?) (den) blottad (i dagsljuset), icke må snärjda (?) och 'villade män lägga den [i kenotafen].

A. (1) (hin?) karb naseu mąR made þaim kaiba i bormoþa huni (2) huwaR ob kąm haris ą hi ą ląt gotna (3) fiskR oR kili nauims (s)uemąde fokl af hąm uiþi galąndi
Man övergöt stenen med 'liksjö' (ebbvatten) [alternativt karvade stenen i liksjön] och avskavde med den kejparna [de som höll fast liket] på den bärtrötta (lik)kälken. Vem av gengångarföljet har på den (dvs. stenen) kommit hit upp till människornas land? [underförstått gengångaren, mysyrkir]. Fisken simmande ur lik-strömmens vik, fågeln galande från höga (trädet):

B. alu misurki
Besvärjelse mot ogärningsmannen!

Även Gerd Høst uppfattade innehållet i rad C som en beskrivning av hur runinskriften hade tillverkats och skyddats på magisk väg. Det radikalt nya i hennes tolkning påträffas dock i rad A, där hon istället för haris läste harąs, 'här-as = Odin'. Raden ansåg hon skildra hur en schaman tillkallade Odin som i egenskap av själaförare hämtade den dödes ande till hinsidesvärlden, inkarnerad i en fisk och en fågel (citaten följer Høst 1976):[20]

C. ni s solu sot uk ni sakse stain skorin ni [lǽggi] mąR nakdąn is niþ rįŋR ni wiltiR mąnR lagi [ąx]
(1) Ikke er det (stedet, steinen) søkt av sol og ikke er steinen skåret med (jern)kniv. Ikke skal noen mann blottlegge den mens måneneet rinner. Ikke ska forvillede menn legge den bort (fjerne den).

A. hin warb naseu mąR made þaim ķaiba i bormoþa huni huwaR ob ķąm harąs ą hi ą ląt gotna fiskR oR f[iR]na uim suwįmąde fokl˟f˟˟˟˟˟˟˟galąndę
(2) Denne (steinen) stenket mannen (runemesteren) med liksjø (kjenning for "blod" [1960 istället "magisk virkende sjøvann"]), skavet med den (liksjøen) keipene i den bæretrette hun (båt). Som hvem kom hærguden (Odin?) på den (hunen, båten) hit til goternes (menneskenes) land? Som fisken svømmende ut av redsels(?) elven, som fuglen ... [1960: "på fjellene (?)"] galande.

B. a[lu mis]urki
Vern mot ugjerningmannen (?) [1960 istället: "Dette er NN's yrke"].

Niels Åge Nielsen accepterade Høsts identifikation av Odinsnamnet Här-as i rad A. Raden antog han inledas med en minnesinskrift över en stupad krigare som dräpt många fiender innan Odin hämtade honom till sitt följe i Valhall:[21]

    A. hin warb naseu mąR made þaim kaiba i bormoþa huni (2) huwaR ob kąm harąs ą hi ą ląt gotna (3) fiskR oR f[iąd]a uim suwimąde fokl ą f[iąda liþ] galąnde
    Denne mand (dvs. den døde) udøste blod (dvs. dræbte sine fjender i søslag), skyllede med det "keiperne" i den bortrætte (dvs. af pile gennemborede og derfor synkefærdige) båd. Som hvem kom hærasen (dvs. Odin) til (dvs. hvilken skikkelse tog han) her i menneskenes land? Som en fisk ud af fjendens strøm svømmende, som en fugl mod fjendens skare galende.

    B. alu misurki
    Værn mod misgerningsmand.

    C. ni s solu sot uk ni sakse stain skorin ni sati mąR nakdą ni snarþiR ni wiltiR mąnR lagi at
    Ej søges af sol åg, ej skæres af saks (sværd) sten. Ej skal mænd blotte (den), ej skal vrangvendte, ej ustyrlige mænd angribe (den).

Den senaste[22] helhetstolkningen av Eggjastenen levererades av den norske runologen Ottar Grønvik, som sin vana trogen både nyläste och radikalt omtolkade stenen på flera punkter. Grønvik menade att runtexten författades av någon som sörjde förlusten av drunknade familjemedlemmar, vars båt hade drabbats av ett rigghaveri och förlist under ett oväder. Stormen trodde runristaren vara orsakat av ett väsen **Wilr** (fvn. *Víll*, nyläsning av **mąR**), "den svikefulle, bedrageren", som Grønvik identifierade med Ägir. Därefter, menade Grønvik, omtalas en "goternas fisk" som kom simmande från det närbelägna Firnøy för att föra de drunknade till hinsidesvärlden:[23]

    A. [hiu þwer] hin warp naseu wilR made þaim kaiba i bormoþa huni huwaR ob kąm harję ą hiţ ląt gotna fiskR oR fįRnauim suwimąde fokį af [f]ą[nwaąn]ga lądę
    [Huslyden minker,] over de øvrige [de som drunkat] kasta *Vil [Ägir] nåsjø: keipene [fästen i masten för stag] måddes (ble avslitt) for dem i den honbor-trøtte mastetoppen. Hvem førte hæren [de drunknade familjemedlemmarna] over til hint land [hinsidesvärlden]? Menneskefisken fra strømfurene ved Firnøy, svømmende i fokket fra landet med de lysende vanger.

B. a[i a]u is urki
Alltid (være, bli det) hjelp, når jeg dikter!

C. ni s solu sot uk ni sakse stain skorin ni [witi] mąR nakdąn is n <ą> wrinR ni ẉiltiR mąnR lągi[s]
Ikke i sol, og ikke med sverd, søkes det till skåren stein; ikke oppsøke den mann, som hyler over naken dødning, (og) ikke forvillede menn, dette leiet.

Grønvik kom senare att göra flera omtolkningar av A-radens inledande sats.²⁴

Läsning och tolkning av rad A

Som framgår av de återgivna tolkningarna av Eggjastenen har diskussionerna om runtextens semantiska innehåll särskilt stått kring rad A. Om det huvudsakliga innehållet i rad C har man varit mer eller mindre överens – att texten beskriver hur stenen har tillverkats och att den (och / eller graven) skyddas på magisk väg – även om det finns meningsskiljaktigheter kring detaljer i läsningar och tolkningar. Rad B har tolkats på olika sätt, men vanligen antas att texten utgör ett verbalt skydd mot ogärningsmän. Denna magiska åkallan är dessutom skriven upp-och-ned, vilket säkert är av betydelse.²⁵ Dessa tolkningar av B och C accepteras här. Det är den dunkla rad A som har vållat störst problem. Följande tolkning kommer därför koncentreras till rad A som jag, med utgångspunkt i tidigare tolkningar (framför allt Olsen, Jacobsen, Grønvik), tror ska tolkas som följer: [?] **hin/min warb naseu wilR made þaim kaiba i bormoþa huni huwaR ob kąm haris ą hi ą ląt gotna fiskR oR fˣˣˣna uim suemąde fokl i fˣˣˣˣˣˣˣ galąndi.**

Kanske manifesteras svårigheterna att förstå denna rad bäst av Ottar Grønviks långtida grubblerier. Grønvik presenterade en helhetstolkning av runtexten 1985, ändrade sin tydning av inledningen på rad A 1988, ändrade sig igen angående samma passage år 2000, för att 2002 återvända till en variant av de tolkningar som han presenterade 1985 och 1988. Grønviks vacklande hållning är också ett symptom på den grundläggande metodologiska problematiken i alla tolkningar av Eggjastenen. Där textens läsmöjligheter och semantiska innehåll inte är självklara, får uttolkarens subjektiva förförståelse en starkare styrande funktion över de rent runologiska och filologiska avvägningarna. Att detta innebär risker för implicita cirkelresonemang där läsning och tolkning blir varandras förutsättningar är uppenbart. Likväl finns det förmodligen inga bättre metoder för att närma sig så dunkla texter som den på Eggjastenen. Vad man då kan begära är dock att den enskilde uttolkaren explicit och tydligt redogör för den förförståelse och de aktuella utgångspunkter som ligger till grund för den subjektiva tolkningen.

Textinnehållets kulturhistoriska bakgrund

Att den kulturhistoriska bakgrunden är av central betydelse för att förstå Eggjastenens text är uppenbart. Betänk till exempel vilken skillnad det skulle göra om uttolkaren visste huruvida runristaren och den gravlagde kom från en gård i det dåvarande Eggja, eller om de istället härrörde från ett sällskap som var där tillfälligt i något mer eller mindre godhjärtat syfte – den senare möjligheten bör absolut inte uteslutas.[26] Låt mig därför kortfattat redogöra för min egen kulturhistoriska utgångspunkt.

Att döma av såväl den norröna litteraturen som det arkeologiska materialet uppfattades våld och krig under den yngre järnåldern som något ideologiskt positivt och ärorikt åtminstone inom samhällets högre sociala strata. Att döma av den bevarade skaldediktningen var våld, krig och ond bråd död också en stor inspirationskälla till poesi och dessutom en i högsta grad religiös angelägenhet. I ett religiøst perspektiv kunde dödandet på slagfältet ytterst uppfattas som ett slags bjudande av offergåvor till krigsguden Odin. I poesin kunde de fallna, blodet och själva våldshandlingarna därför skildras med en vokabulär, som vanligtvis hörde hemma i den rituella offerterminologin. Detta hörde i sin tur samman med föreställningen att det var Odin som i förlängningen initierade människans strider, var närvarade där drabbningar stod och valde dem som skulle stupa för att ta dem till sig när de fallit. I ett eskatologiskt-religiöst perspektiv kunde döden i strid därmed framställas som den fallnes belöning.[27]

Dessa religiösa föreställningar kring striden och döden på slagfältet utgör ett av de mest centrala motiven i den norröna edda- och skaldediktningen. Enligt min mening är det möjligt att även det semantiska innehållet i Eggjastenens rad A kan förstås mot denna mytiska bakgrund. Jag menar att hela rad A skulle kunna utgöra en mytologisk / religiös förklaring av en enskild historisk händelse, nämligen "Eggjamannens" våldsamma död, som runristaren såg som följden av en intervention av Odin själv.[28] Men även om texten delvis kan anknyta till ett historiskt skeende, menar jag alltså att den är skriven i en mytisk poetisk genre. Det är, tror jag, också detta som har fått texten att verka så oförståelig. Tidigare uttolkare har helt enkelt läst en text fylld av metaforer och poetisk symbolik som om den utgjorde en direkt historisk beskrivning av en följd av händelser.

Men varför skulle motivet med Odin på slagfältet få en framskjuten plats på runstenen? Tänkbart är att innehållet i rad A semantiskt anknyter till den typ av mytologiserad prisdiktning som var framträdande inom yngre järnålderns krigargrupper och som nådde absoluta höjdpunkter i skaldedikter som *Eiríksmál* och *Hákonarmál*, men som också påträffas på till exempel runstenen vid Karlevi (Öl 1) i Sverige.[29] Texten är medvetet dunkelt formulerad, men för den som var invigd i den mytiska epiken kan den knappast ha varit omöjlig att förstå, särskilt inte om denne också redan hade skådat dödens mysterium. För till vem, måste man fråga sig, vände sig en runtext som endast kan ha varit synlig inifrån en gravkammare?

"Över hin/min kastade WīlR liksjö"

Radens första del tydde Olsen som **hin warb naseu mąR**, vilket i princip accepterades av runologer som Jacobsen, Høst, Krause, Nielsen och andra.[30] Den som först presenterade en viktig nyläsning av delar av passagen var Aslak Liestøl, som i en recension av Nielsens Eggja-studie framhöll att de runor som tidigare hade tolkats som **mąR** i själva verket måste utläsas som **wilR**.[31] Liestøl drog dock inte själv några konsekvenser av sin iakttagelse, men den kom senare att uppmärksammas av Grønvik, som dessutom ansåg att radens inledande **h**-runa egentligen utgjorde en delvis skadad **m**-runa.[32] Medan den senare nyläsningen **h>m** kan betraktas som möjlig, bör **wilR** uppfattas som slutgiltig.[33]

Men vad avser **wilR**? I sin studie från 1985 menade Grønvik att ordet motsvarade ett *WīlR* = fvn. *Víll*, som han genom en härledning till fvn. *vél*, 'list, bedräglighet' (urn. *wihlu-*), och fvn. *véla*, 'svika, bedraga' (urn. *wihlijan*), identifierade som ett *nomen agentis* med betydelsen 'han som *vélir*, som lurer, lokker, bedrar'. Gestalten bakom denna *Víll antog han vidare vara havsguden Ägir, som hade orsakat att en grupp människor hade förlorat livet i ett skeppsbrott. Vidare antog han att inledningen av rad A är fördärvad och alltså inleds med en lakun. Han ansåg den likväl vara möjlig att rekonstruera till ett [hiu þwer] hin warp naseu wilR "[Hushållet minskar,] över [de omkomna] kastade Víll ['den svekfulle' = Ägir] liksjö".[34] Denna tolkning skulle han emellertid ompröva. År 1988 menade han att *wīlR* var etymologiskt besläktat med fvn. *vildr*, 'god, dyktig, gild, kjær', varför inledningssatsen skulle läsas m̩in warp naseu wilR "Over mine kjære kasta det seg nåsjø".[35] År 2000 föreslog han istället en nyläsning av wilR till witR, fvn. *víttr*, 'vätte, ande, gud', varmed runpassagen skulle läsas "over mine (kjære, nærmeste) kastet vettet (et vette) nåsjø".[36] Ytterligare två år senare återvände han igen till sin tidigaste läsning **WilR** = Ägir, men förde dock denna gång tillbaka ordet på fvn. adj. *villr*, 'häftig, våldsam, ostyrlig, vred, uppbragd', vilket han menade vara passande beteckningar på Ägir, som representerade det vilda, upprörda havet. Sålunda läste han nu [hiu] m̩in warp naseu wilR "over min (familjemedlemmer) kastet den ville (havsguden) nåsjø".[37]

Anledningen till att Grønvik så många gånger ändrade sina läsningar av den första satsen i rad A var att de inte så enkelt passade in i hans övergripande semantiska tolkning av texten som en skildring av ett skeppsbrott. Några formella språkliga hinder för att acceptera Grønviks första tolkning av **wilR** som ett *nomen agentis* "den svekfulle" ('han som lurar, lockar, bedrar') finns emellertid inte och är enligt min mening också den enklaste lösningen. Ordet **wilR** skulle då, just som Grønvik påpekade, vara subjekt i en sats där m. dat. **naseu**, fvn. nom. *ná-sær*, 'liksjö', är dativobjekt, [?]hin/min är ackusativobjekt och satsen styrs av verbet **warb**, 3 pers. sg. pret. av fvn. *verpa*, 'kasta', enligt kontruktionen *verpa e-n násæ(vi)*. Satsen [?]**hin/min warb naseu wilR** skulle då kunna översättas "Över/på [?]hin/min kastade WīlR liksjö".[38]

Vad [?]hin eller [?]min skulle åsyfta i detta sammanhang är dock något osäkert. Ordet min skulle kunna vara ett posessivt pronomen n. pl., 'mina', medan hin skulle kunna identifieras som ett pronomen m. sg. ack. hínn, 'den, den andre' eller n. pl. ack. hín, 'de, de andra'.³⁹ Alltsedan Olsens första tydning av Eggjastenen har man dock närmast konsekvent konstaterat att satsen då blir syntaktiskt svårhanterlig. En vanlig lösning på detta problem har därför varit att läsa rad C före rad A i en fullständig läsordning C–A–B, för att på så sätt låta hin = m. sg. ack. hínn, 'den', avse själva runstenen. Dessvärre skulle detta innebära en läsordning av raderna som inte har en motsvarighet på någon annan sten.⁴⁰ Med utgångspunkt i det faktum att en flaga tycks ha fallit av stenen direkt framför ḫin/ṃin, har emellertid vissa uttolkare antagit att även ett mindre antal runor kan ha förlorats framför den delvis skadade inledande h/m-runan.⁴¹ Rad A skulle därmed inledas med en lakun och om så är fallet kan hin/min ses som ett pronomen åsyftande ett föregående förlorat ord, men man kan då heller inte utesluta att de tre kvarvarande runorna ursprungligen utgjorde en avslutande stavelse i ett nu delvis bortfallet längre ord, som ursprungligen inledde hela rad A.

Tolkning: WilR – den svekfulle anstiftaren av strid

När Grønvik diskuterade ordet wilR i sin analys från 1985 gav han flera alternativa etymologiska tolkningar, men slöt sig till att runorna torde kunna utläsas som *nomen agentis* WīlR, fvn. *Víll, 'han som *vélir*, som lurer, lokker, bedrar', ur fvn. *vél*, 'list, bedräglighet', och fvn. *véla*, 'svika, bedra'. Han betonade vidare att det låg nära till hands att uppfatta ett sådant epitet som ett binamn på Odin, men föredrog ändå att förbinda epitetet WīlR med havsguden Ägir, eftersom denna identifikation bättre överensstämde logiskt med hans tolkning av texten på Eggjastenen som en redogörelse för ett skeppsbrott.⁴²

Enligt min mening är det emellertid fullt möjligt att sätta in Grønviks föreslagna men bortvalda identifikation av Odin som WīlR, 'den svekfulle', i ett logiskt semantiskt sammanhang i runtexten. Detta skulle dessutom falla väl in med hur Odin framträder i andra litterära källor. Bland de många namn som Odin använde när han vistades inkognito bland människorna återfinns t.ex. *Blindr inn bǫlvísi*, 'Blind, den skadevisa', *Bǫlverkr*, 'den ont verkande', och *Skollvaldr*, 'den som vållar svek', med flera.⁴³

Motiven med Odin som i slutändan överger och sviker sin
skyddsling i strid är inte minst vanliga i hjältedikter och fornaldar-
sagor,[44] men även i den källkritiskt betydligt viktigare skaldedikt-
ningen. I till exempel en lausavísa från slutet av 800-talet utbrast
Kveldulfr inför sin död i strid att "för tidigt korade Þundr [=Odin]
krigaren" (*til snimma kaus Þundr þremja skyndi*).[45] I *Hákonarmál*
från omkring 961 låter Eyvindr skáldaspillir den i strid oväntat
stupade kung Hákon den gode utbrista "mycket ondskefull tyck-
es mig Odin vara" (*illúðigr mjǫk / þykkjumk Óðinn vesa*).[46] I ett
mer renodlat mytiskt sammanhang återkommer motivet även i till
exempel eddadikten *Lokasenna* (strof 22), där Loki klandrar den
svekfulle Odin för att "aldrig rättvist avgöra kamper bland män"
eftersom han "ofta gav [...] de svagare segern".[47] En identifika-
tion av *nomen agentis* WīlR, "den svikefulle, bedrageren", med
Odin förefaller med dessa exempel som utgångspunkt som det
första alternativet som borde begrundas.

Vad var det då som WīlR gjorde? Enligt runristaren kastade
han **naseu** över/på [?]ḥin eller [?]ṃin. Ordet **naseu**, m. dat. av fvn.
nom. **ná-sær,* 'liksjö', har sedan Olsens läsning vanligtvis tolkats
som en kenning för 'blod'.[48] Grønvik har dock med rätta påpekat
att de uttolkare som har förordat denna lösning har haft svårt
att på ett övertygande vis sätta in "kastade blod" i ett större se-
mantiskt sammanhang. Grønvik själv framhöll därför en lösning
som först introducerades av Oskar Lundberg, nämligen att ord-
et kunde vara en historisk parallell till det nyisländska nom. m.
sg. *násjór*, vanligen pl. *násjóir*, 'likböljor', tre, sex eller nio efter
varandra följande rödaktiga eller blåfärgade vågor som genom
avvikelsen i form, storlek och kraft både antas förebåda och kan
utgöra orsak till förlisning.[49] Grønvik påpekade senare att sam-
ma ord *nåsjø* även återfinns i vissa norska dialekter.[50] Det ligger
därför nära att samma ord även förekommer på Eggjastenen. Till
skillnad från Grønvik tror jag dock att ordet bör uppfattas som
en poetisk metafor i sitt sammanhang på Eggjastenen. En kenning
**ná-sær,* 'liksjö', har visserligen inget belägg i den norröna poesin,
men väl en stor mängd andra kenningar för strid med ord för 'sjö',
'bränning', 'flod' och så vidare som huvudord, som till exempel
oddbreki, 'uddbränning', *fleina flóð*, 'kastspjutens flod', *hjǫrlǫgr*,
'svärdsjö', och *fleina sær*, 'kastspjutens sjö'.[51] Till dessa finns det

även skäl att återkomma nedan. På Eggjastenen, menar jag, skulle ordet *ná-sær*, 'liksjö' = "dödlig våg som kan sänka skepp", kunna utgöra en poetisk metafor för den dödliga våg av vapen som sköljer över männen i skeppen under strid. Frasen "WīlR kastade liksjö" skulle således vara en poetisk omskrivning för det semantiska budskapet "Odin orsakade dödlig strid". WīlR kastade liksjö över/på [?]ḫin eller [?]ṃin. Båda läsmöjligheterna vållar problem. Ett ord ḫin skulle kunna identifieras som ett pronomen m. sg. ack. *hinn*, 'den, den andre', eller n. pl. ack. *hín*, 'de andra'. Men den språkliga syntaxen blir då mycket svårbemästrad och vad något av dessa pronomen i så fall skulle åsyfta är som redan nämnts också omtvistat. Man skulle kunna tänka sig att m. sg. ack. *hinn*, 'den andre', avsåg den döde, i förhållande till runristaren själv, till dem som närvarade vid begravningen, till dem som överlevde striden, och så vidare, men förslaget bör betraktas som osäkert. Om ordet istället inleds med en deformerad m-runa kan ṃin utgöra ett posessivt pronomen fvn. m. ack. *minn*, 'min', eller n. ack. pl. *mín*, 'mina'. Men även denna läsning blir syntaktiskt problematisk om man inte förutsätter att hela raden ursprungligen inleddes av ett nu förlorat ord. Faktiskt finns det som nämnts också spår efter en förlorad stenflaga just före radens inledning, som skulle kunna ha rymt några få runor.[52] Om så är fallet vore det semantiskt tilltalande om raden började med ett förlorat ord följt av m. ack. sg. *minn* i betydelsen till exempel "(Över) min son/vän/måg/broder/krigare/härskara", och så vidare, eller ett ord följt av n. ack. pl. *mín*, 'mina', i snarlik betydelse. Frasen skulle då hypotetiskt bli (till exempel) *Son minn varp Víll násæ(vi)*, "över min son kastade Víll [den svekfulle = Odin] liksjö [= strid]", eller *bróður minn varp Víll ná-sæ(vi),* "över min broder kastade Odin liksjö", eller *her minn varp Víll ná-sæ(vi)*, "över min härskara kastade Odin liksjö", och så vidare. Men om raden inleds med en lakun bör man inte heller utesluta möjligheten att ḫin/ṃin i själva verket utgör en ändelse på ett ursprungligen längre ord. Alla lösningar här måste därför betraktas som hypotetiska.

"slet av årtullar i det borrtrötta skeppet"
Den följande satsen i rad A lyder **made þaim kaiba i bormoþa huni.** Medan själva läsningen av dessa ord har vållat små oenigheter,

har meningarna om satsens semantiska innehåll varit desto fler. Verbet made är ett preteritum av fvn. *má* eller *máa*, som enligt *Lexicon Poeticum* har betydelsen 'lide, efterhånden ødelægge ved slid eller brug [...] opslidte' och som Fritzner ger översättingen

opslide noget, saa at det formindskes, bliver mindre tjenligt eller brugeligt, [...] má e-t af e-u ɔ: afslide, afskrabe, bortrydde noget fra et Sted, saa at det der ikke længere er at finde, [...] má e-t af ɔ: borttage noget.[53]

Pronomenet þaim, fvn. *þeim* kan i satsen dels stå i m. sg. dat. och i så fall åsyfta den föregående satsens 'liksjö' eller referera till det som döljer sig bakom hin/min, dels stå i pl. dat. och då endast referera till det senare. Ordet kaiba bör vara ack. pl. av fvn. m. *keipr* med huvudsaklig betydelse 'årtull'.[54] Hur man ska förstå bormoþa huni har däremot varit en svårare fråga. Adjektivet fvn. **bormóðr* är endast belagd på Eggjastenen. Dess närmaste parallell torde finnas i fvn. *eggmóðr*, 'sværdæg-sløvet, dræbt ved sværd', egentligen "nedsegnad av trötthet efter att ha skadats allvarligt av eggvapen".[55] Ordet dat. sg. huni torde vidare motsvara fvn. m. nom. *húnn*, '(del av) masttopp',[56] och många har här accepterat Jacobsens uppfattning att termens förekomst på stenen är att betrakta som ett poetiskt *pars pro toto*-uttryck för "skepp".[57] Men vad är i så fall ett borrtrött skepp? Här har tolkningarna varit helt beroende av vilken helhetsuppfattning som de individuella uttolkarna har haft om innehållet i runtexten.

Tolkning: Årtullar, skepp och män

Med tanke på hur framträdande den maritima krigföringen var i det förkristna samhället under yngre järnåldern och särskilt vikingatiden, är det inte alls märkligt att strid kunde framställas poetiskt som dödsvågor, flodvågor av vapen, stormbyar av uddar, och så vidare. Inte heller är det konstigt att termer för skepp eller delar av skepp användes poetiskt som *pars pro toto*-omskrivningar för skeppslag och män. Detta förekommer rikligt i den norröna litteraturen. Redan i uttryck som till exempel att "kungen (etc.) seglade med många skepp", och så vidare, innefattar ordet "skepp" semantiskt också männen på skeppen. Samma dubbeltydighet återfinns också i ord som *lið*, *floti*, *leiðungr*, med flera, om vilka till exempel Judith Jesch säger att "this vocabulary can be confusing, since it is often difficult to distinguish whether the words are being used of the ship, their crew, or both".[58] Samma poetiskt metaforiska polyvalens förekommer också i en stor mängd kenningar. När det gäller ord för 'kamp', 'skepp' och 'guld', understryker till exempel Rudolf Meissner, att "die Haubtmotive der skaldischen Dichtung, sind zugleich die Haubtbestimmungen des Mannes".[59] En näraliggande parallell återfinns dessutom i traditionen under yngre järnåldern att låta den aristokratiska hallbyggnaden stå som en symbol för aristokraten själv och dennes följe av krigare. Om detta säger till exempel Stephen S. Evans:

> In essence, the fortunes and ultimate fate of both the hall and its warriors are bound together; their rise and fall, their health and vitality, were one and the same in the eyes of the poet and, consequently, in the eyes of his audience.[60]

Tanken att runristaren i Eggja poetiskt identifierade skeppslaget med skeppet är alltså knappast kontroversiell. Likaså är det åtminstone formellt möjligt att Eggjastenens "årtullar" på motsvarande sätt identifierades metaforiskt med män. I den norröna skaldediktningen antyder benämningar som m. *hár*, 'årtull', och f. *hamla*, 'årband (= bandet som höll fast åran i tullen)', en liknande mångtydighet.[61] Ett ofta citerat exempel återfinns även i de samtida uppgifterna om kung Knuts danagäld, där den engelske kungen tvingades betala Knut en viss summa per *hamla* (feng. *hamele*), det vill säga per man i den danske kungens flotta.[62]

Om man accepterar tanken att Eggjastenens ord "årtullar" är att betrakta som ett poetiskt *pars pro toto*-uttryck för "roddare / män" och att "skepp" (egentligen "masttopp") på motsvarande sätt semantiskt också innefattar "skeppslaget", skulle också Eggjastenens annars mycket gåtfulla uttryck dat. sg. **bormoþa**, fvn. (nom.) *bormóðr, 'borrtrött', plötsligt få sin förklaring. Ordet torde som många har påpekat utgöra en parallell till fvn. *eggmóðr*, 'slagen, dräpt med svärd', eller egentligen 'nedsegnad av trötthet efter att ha skadats allvarligt av eggvapen'.[63] Men i frasen "borrtrött skepp" blir en sådan betydelse bara rimlig om "skepp" semantiskt också innefattar skeppslaget, alltså besättningen av krigare som var decimerad av strid.[64]

Som översättning och tolkning av den första delen av rad A föreslås således:

Över (?) [min broder, etc.?] kastade WīlR [den svekfulle = Odin] liksjö [= dödlig strid], slet med den [liksjön / striden] av årtullar [= *pars pro toto*: roddare, män] i det borrtrötta skeppet [= i skeppslaget som var reducerat efter striden].

"Vem i härskaran kom att närvara här i stridsmännens land?"

Den fortsatta delen av linje A har vållat lika mycket huvudbry som radens inledande avsnitt.[65] Olsen läste passagen **huwaR ob kąm haris ą hi ą ląt gotna**, medan Lis Jacobsen istället för **haris** uttydde **harsi**, som hon identifierade som en sammansättning av platsadverbialet *hær*, 'här', med en förstärkande pronominalpartikel *-si* (sammansättningen är bara känd i danska dialekter).[66] Denna läsning menade Krause senare vara "unmöglisch",[67] och den har inte fått uppslutning. Olsen identifierade **haris** med fvn. m. nom. sg. *herr*, 'härskara, flock', och tänkte sig att den partitiva genitivformen fvn. *hers* styrs av det interrogativa pronomenet **huwaR**, fvn. *hverr*, 'vem', som i så fall också skulle vara meningens subjekt. Satsen skulle kunna tolkas som "Vem ... i hären".[68]

Många har accepterat Olsens identifikation av ordet *herr*, även om uppfattningen om ordets ändelse har varierat. Något märkligt har emellertid dessa forskare samtidigt närmast konsekvent gett ordet en annan innebörd än dess allra vanligaste betydelse 'härskara, flock, armé, följe av krigare'.[69] Olsen själv tolkade till exempel *herr* i överförd betydelse som 'rune-flokken' (= de nedskrivna runorna) för att få betydelsen av ordet att överensstämma med hans övriga översättning av runtexten. Arthur Nordén, som menade att Eggjastenen innehöll en gengångarbesvärjelse, översatte samma ord till 'gengångarfölje',[70] vilket också godtogs av Erik Harding.[71] En dylik betydelse av *herr* finns dock, som till exempel Grønvik har påtalat, inte belagd någon annanstans. Själv menade Grønvik att runtextens *herr* torde avse ristarens drunknade familjemedlemmar.[72] Gerd Høsts läsning **harąs**, fvn. *Her-áss*, 'Här-as (= Odin)', som även Nielsen ansluter sig till, är fantasieggande, men av såväl grafiska som syntaktiska skäl högst osannolik.[73] Mindre rimlig är väl också Krauses förslag att de sista runorna i **haris ą** är omkastade och egentligen torde avse ett hariąs, fvn. *Her-áss*, 'Här-as', vilket skulle kunna vara ett namn på Odin eller en kenning för 'krigare'.[74] Det säkraste alternativet rent språkligt torde vara den vanligaste betydelsen av ordet *herr*, nämligen 'härskara, krigarfölje'.

Prepositionen ą mellan haręs och hi har vållat vissa problem, men torde höra samman med verbet kąm. Som Niels Åge Nielsen har påpekat, tycks uttrycket pret. kąm ą motsvara fvn. infinitiv *koma á*, som enligt *Lexicon Poeticum* betyder ungefär 'komme, fødes, indtage en plads på jorden' och så vidare.[75] Även fortsättningen hi ą är komplicerad, men vanligtvis accepteras Olsens förklaring att hi är ett rumsadverbial med ursprunglig betydelse 'här', som följt av preposition ą dock skulle kunna övergå till ett riktningsadverbial med betydelsen 'hit'.[76] Ordet gotna är en genitiv av fvn. m. pl. *gotar*, 'goter', som formellt kan åsyfta tre saker: 1) folkstammen goter (eller guter), 2) män, eller 3) hästar. Det första alternativet kan knappast vara aktuellt här. Lis Jacobsen föreslog istället alternativ 3, med betydelsen 'hästarnas land' = fastlandet, backarna kring Eggja dit den döde måste föras från båten till sin grav, som en poetisk motsättning till havet, skeppets land.[77] I regel har man dock tolkat uttrycket som "männens = människornas land".[78] Med tanke på att ordet *gotar* eller *gotnar* i plural form i regel åsyftar högättade män eller mer bestämt stridsmän i den norröna diktningen, är sannolikt Krauses mer specifika tolkning av ląt gotna som "Land der Krieger" att föredra.[79] Men i så fall är det också möjligt att uttrycket ska uppfattas som en kenning: 'stridsmännens land' = 'slagfältet'.

En översättning av den aktuella passagen blir då: "Vem i härskaran kom att närvara här i (strids)männens land [= på slagfältet]?", alternativt: "Vem i härskaran kom hit till (strids)männens land [= slagfältet]?"

Tolkning: Närvarade Odin i härskaran i "stridsmännens land"?

Det ligger nära till hands att tänka sig att den "vem" som närvarar i härskaran på slagfältet är identisk med WīlR, 'den svekfulle', som "kastar liksjö" (eggar till dödlig strid) i inledningen av samma rad. Om man accepterar att texten på Eggjastenen kan tolkas med utgångspunkt i den krigarideologiska föreställningsvärld som manifesteras i den norröna litteraturen, torde identifikationen av denna gestalt inte vara alltför gåtfull. Odin var inte bara känd som den svekfulle guden som övergav sina skyddslingar, han var också den som plötsligt manifesterade sin närvaro i hären eller i stridsvimlet på slagfältet för att avgöra vilka som skulle avgå med segern. Av denna anledning kallades Odin också för *Herfǫðr* och *Heriafǫðr*, 'härfadern', *Hertýr*, 'härguden', *Herteitr*, 'han som fröjdar sig i hären', *Sváfnir*, 'han som dödar [eg. söver]', *Gǫllnir*, 'den som larmar i kampen', *Atríðr*, 'han som rider till striden', *Sigfaðir*, 'segerns fader', *Siggautr* och *Sigtýr*, 'segerguden', *Valkjósandi*, 'den som väljer dem som skall stupa i strid', *Valþǫgnir*, 'han som mottager de fallna', samt *Valfǫðr*, 'de fallnas fader', och *Valtýr*, *Valgautr*, 'de fallnas gud', och så vidare.[80]

Föreställningen att Odin närvarar där strider står och fröjdar sig i dödandet återkommer i en rad olika sammanhang i de norröna källorna, men beroende på källornas genre uttrycks den med delvis olika episka motiv. I skaldediktningen gestaltas ibland korpar och rovfåglar som hypostaser av Odin, som söker sig till valplatserna för att mätta sig av de fallna krigarna. I dessa poetiska sammanhang skildras dödandet och de fallna påfallande ofta med termer som vanligen återfinns i den rituella offerterminologin.[81] Men i skaldediktningen förekommer även narrativ av mer mytologiskt slag som gestaltningar av Odins närvaro där strider stod. I till exempel *Sigurðardrápa* (strof 7) från omkring 960 utbrast krigaren och skalden Kormákr att "Hroptr [Odin] for med Gungnir" (*fór Hroptr með Gungni*) när han skildrade den strid han deltog i.[82] Gungnir var Odins spjut och Kormákr tycks ha menat att det i förlängningen var Odin som hade orsakat striden och styrt dess utgång.[83] I till exempel *Finngálkn*, som uppges ha komponerats av någon av vikingarna i Jómsborg under 900-talets slutskede, viger skalden först sina fiender till Odin genom att frammana krigsgudens vrede över dem. Därefter säger han att Odin vill välja val med hans svärd:

[...]
eiguð viga (vægi)   Ni krigare äger,
(vill) Baldrs fǫður illan   såväl som alla,
(Óðinn) Hǫðr sem allir   Balders faders mörka vrede.
óljósan (val kjósa).[84]   Med svärdet vill Odin välja val.
                                (Min övers.)

Ett liknande motiv återfinns också i den ålderdomliga *Hlǫðskviða* (strof 99 f.), som trots att den är infogad i den senare *Hervararsaga* tillhör de allra äldsta delarna av den norröna litteraturen.[85] Inför en förestående sammandrabbning lät den gotiske kungen Angantýr sin rådgivare Gizurr uppsöka den hunnerska fiendehären för att utmana dem till strid. Gizurr red då fram så långt att hunnerna kunde höra honom och sedan ropade han:

Felmtr er yðru fylki,	Skrämda är era härar,
feigr er yðarr vísir,	dödsvigda är era härförare,
gnæfar yðr gunnfani,	härfana reses mot er,
gramr er yðr Óðinn!	vred på er är Odin!
Býð ek yðr dylgju	Jag bjuder er kamp
á Dúnheiði,	på Donaus hed,
orrostu undir	att strida under
Jassarfjǫllum [—]	Jassarfjäll [—]
ok láti svá Óðinn flein fljúga	och låt så Odin spjutet flyga
sem ek fyrir mæli![86]	så som jag framsäger det!
	(Min övers.)

Som många har framhållit, avses med det sistnämnda sannolikt att Gizurr inom ramen för en regelfäst ritual kastade sitt spjut mot hunnernas härläger samtidigt som han verbalt dedikerade dem till Odin.[87] Just detta motiv återkommer nämligen även i andra källor. I till exempel fornaldarsagan *Þáttr Styrbjarnar Svíakappa* berättas att Eiríkr (Erik segersäll) gav sig själv (*gafsk*) till Odin i utbyte mot seger i ett kommande slag vid Fyrisvallarna utanför Uppsala mot sin brorson Styrbjǫrn. Då uppenbarade sig en stor man iklädd en vid slokhatt och räckte Eiríkr ett vasstrå.[88] Mannen uppmanade Eiríkr att slunga vasstrået mot Styrbjǫrns här samtidigt som han ropade "Odin äger er alla" (*Óðinn á yðr alla*). När Eiríkr inledde slaget på detta sätt förvandlades vasstrået i luften till ett spjut och strax därefter avgick Eiríkr med segern.[89] Enligt eddadikten *Vǫluspá* (strof 24) var det Odin själv som först initierade det första kriget i världen på detta sätt:

Fleygði Óðinn	Odin slungade spjut
oc í fólc um scaut,	och slängde mot hären,
þat var enn fólcvíg	det var den första
fyrst í heimi; [...].[90]	folkstriden i världen.
	(Min övers.)

Denna första våldsakt kan i ett mytiskt-rituellt perspektiv betraktas som en prototypisk gärning och genom att upprepa Odins förebildliga krigshandling och slunga ett spjut mot fiendehären vigde man sin motståndare till krigsguden.[91]
Att det är just ett spjut som förekommer i dessa sammanhang är inte konstigt. Odin är *geirs dróttinn*, 'spjutets herre',[92] liksom *Geirtýr*, 'spjutgud', och *Geirlǫðir*, 'den som med ett spjut inbjuder till kamp'.[93] Ofta påträffas dessa typer av Odinsnamn i semihistoriska skildringar där guden själv sägs ha följt en krigare och ibland även själv deltagit i strid. I till exempel fornaldrarsagan *Egils saga einhenda ok Ásmundar berserkjabana* (kap. 18) uppges Ásmundr ha stupat först när Odin genomborrade honom med sitt spjut (*Óðinn legði han með geiri í gegnum*).[94] I ett prosastycke inskjutet i eddadikten *Helgaqviða Hundingsbana* II uppges Dagr ha offrat till Odin för att få låna gudens spjut när han skulle hämnas på sin faders baneman.[95] I eddadikten *Reginsmál* (strof 18) kallade sig Odin *Hnikarr*, 'han som stöter [med spjut]',[96] när han följde den unge krigaren Sigurðr.[97] I eddadikten *Hárbarðzlióð* (strof 16) säger Odin dold bakom namnet Hárbarðr att han följde Fjǫlvarr under fem år för att strida och fälla krigare.[98] I strof 24 av samma dikt uppger han vidare att:

"*Var ec á Vallandi
oc vígom fylgðag,
atta ec iofrom,
enn aldri sættac*; [...]".[99]

"Jag var på *valr*-landet [slagfältet]
i stridsmännens följen,
eggade hövdingar till strid,
men aldrig till försoning. [...]"
(Min övers.)

Frasen *á Vallandi* skulle formellt kunna betyda "i det välska landet (= Valland i Nordfrankrike)". I detta sammanhang tycks det dock förekomma en dubbeltydighet där det som åsyftas framför allt torde vara slagfältet, "landet" där Odins dödsvigda krigare stupar (jämför Eggjastenens *gotna land*).[100] När motivet åter dyker upp i strof 40 stegras den episka dramaturgin ytterligare (jämför även de tidigare citerade *Hlǫðskviða* strof 99–100). Odin säger:

"*Ec varc í hernom,
er hingat gorðiz
gnæfa gunnfana,
geir at rióða.*"[101]

"Jag var i hären,
som hitåt for
med härfanan rest,
för att rödfärga spjutet."
(Min övers.)

Det är fullt möjligt att krigare som slogs i extatiskt raseri eller drabbades av tillfälliga krigspsykoser faktiskt tyckte sig kunna skåda Odins närvaro på slagfältet. I religionspsykologisk mening är det välkänt att dylika extrema situationer faktiskt kan generera sådana religiösa upplevelser.[102] Ändå bör rimligen inte alla motiv med Odin på slagfältet tolkas på detta sätt. Motivet bör i första hand uppfattas som en episk gestaltning av den religiösa föreställningen att Odin initierade människans strider, närvarade vid dödandet och tog de fallna till sig. Eftersom det var krigsguden själv som i förlängningen avgjorde stridernas utgång var det också han som indirekt styrde kämparna på slagfälten och som gjorde deras vapen oövervinnerliga eller obrukbara. En sådan tanke framträder sannolikt i till exempel Glúmr Geirasons *Gráfeldardrápa* (strof 12) från omkring 970, där Glúmr säger om den norske kungen Haraldr gråfäll att "Gudar styrde den kämpen, det var Sigtýr [Odin] själv i skeppens krigare [= Haraldr]" (*Þar vas (þrafna byrjar / þeim stýrðu goð beima) / sjalfr í sœkialfi / Sigtýr Atals dýra*).[103] Samma föreställning tycks som redan nämnts även den anonyme skalden till *Finngálkn* uttrycka, när han efter att ha vigt sina fiender till Odin inför en förestående strid säger att "med svärdet" – det vill säga skaldens svärd (?) – "vill Odin välja val" (*vægi vill Óðinn val kjósa*).[104]

I den norröna litteraturen finns otaliga exempel på motivet med Odin som närvarar i hären och deltar i de strider som han själv i förlängningen har anstiftat människor emellan. På Eggjastenen står: "Vem i härskaran kom att närvara här i stridsmännens land [på valplatsen]?", alternativt: "Vem i härskaran kom hit till (strids)männens land [= slagfältet]?". Det är frestande att se de många varianterna av motivet med Odin i striden som svar på runristarens fråga.

"Fisk ur spjutets flod simmande, fågel i [...] galande"

Förmodligen antyder runristaren identifikationen av "vem" redan genom *nomen agentis* WīlR i början av raden. Men han ger ytterligare information i runtextens närmast följande passage, där fler ledtrådar till identifikationen av "vem" ges i formen av en gåta. Tyvärr innehåller detta textavsnitt två mycket problematiska lakuner, men brukar sedan Jacobsens tolkning med smärre variationer utläsas som fiskR oR f^{xxx}na uim suemąde fokl i f^{xxxxxx} galąndi,

"Fisk ur ... älv simmande, fågel i ... galande".[105] Inte förvånande är de divergerande försöken att fylla passagens två lakuner starkt präglade av att varje uttolkare har kompletterat textluckorna med de runor som möjliggör den bästa läsningen för den egna helhetstolkningen.[106] I föreliggande fall accepteras Jacobsens läsning och med stor försiktighet också hennes förordade kompletteringar av lakunerna, vilket kan motiveras av att Jacobsen argumenterar bra för sin sak och därför att hennes läsning dessutom bäst kompletterar de föregående fvn. *herr*, 'härskara', och *gotna land*, '(strids)männens land [slagfältet]'.

Orden **fiskR**, 'fisk', och **fokl**, 'fågel', utgör i sammanhanget inga problem. Vanligen accepteras också Olsens identifikation av **uim** som ett fvn. *vim (av urg. *wimi), 'ström, flod', som återfinns i den norröna korpusen som sammansättningsled i flodnamnen *Vimur* och *Geirvimul*, liksom i det fht. *uuimi* ack. pl., 'framsprutande källor'.[107] Den skadade passagen just före **uim** läste Jacobsen som m. gen. pl. **f[lai]na** (fvn. *fleina*) av nom. sg. *fleinn*, '(kast)spjut'. Uttrycket **f[lei]na vim*, 'spjutens ström', skulle därmed kunna utgöra en variant av norröna kenningar som till exempel *flóð fleina*, 'spjutens flod', *fleina sǽr*, 'spjutens sjö', och *fleinmarr*, 'spjuthav', och så vidare.[108] Jacobsen uppfattade dessa uttryck som kenningar för "blod", men som Jöran Sahlgren har visat är det långt mer sannolikt att det handlar om metaforiska uttryck för "strid".[109]

Lösningen **f[lei]na vim* får anses som obevisad men möjlig. Värre är sakläget med den andra lakunen **f**[xxxxxxx]. Jacobsen menade att vissa av de skadade runorna gick att grafiskt bestämma till **f**[x]**ą**[x]**n**[xx]**l**, vilket hon tolkade som fvn. *frakkna él*, 'spjutens storm', och som hon fann paralleller till i kenningar som *odda él*, *vigra él*, *hjǫrva él*, *stála él*, med flera.[110] Vad exakt som har stått i denna lakun måste dock lämnas osagt, men tvelöst skulle hennes mycket hypotetiska förslag *frakkna él tillsammans med det mer trovärdiga *fleina vím ge textpassagen en fin poetisk symmetri.[111] Uttrycken skulle då också anknyta på ett logiskt sätt till ordet *ná-sær, 'liksjö', i inledningen av rad A.

Tolkning: Fiskar, ormar och mönstervällda vapen

Om man accepterar den något hypotetiska läsningen "fisk simmande ur spjutets flod [= striden], fågel galande i [kenning för strid?]", infinner sig genast frågan vad "fisk" och "fågel" skulle ha för innebörd i en sådan mening. Jacobsen, som stannade vid uppfattningen att passagen utgjorde en namngåta med lösningen Hjǫroddr, menade att fisken som simmade ur spjutens flod skulle uppfattas som en metafor för fvn. *hjǫrr*, 'svärd', medan den galande fågeln på motsvarande sätt utgjorde en metafor för fvn. *oddr*, 'spjut' eller 'pil'.[112] Även om man förmodligen bör stryka själva namngåtan ur ekvationen, kan det vara värt att gå vidare med Jacobsens identifikation av fisk = svärd och fågel = spjut, eftersom sådana metaforiska gestaltningar faktiskt är vanliga i den norröna skaldediktningen. Redan Snorri Sturluson framhöll till exempel att "stickvapen [svärd, stötspjut] är väl kända som ormar eller fiskar" (*Lagvápn eru vel kend til orma eða fiska*),[113] och många sådana exempel återfinns redan i den äldsta bevarade skaldediktningen. Bland talrika kenningar för "svärd" påträffas till exempel flera varianter som har ord med betydelsen 'orm' eller namn på fiskarter (vanligen långsmala glänsande rovfiskar) som huvudord. Här finns till exempel *hjaldrseiðr*, 'stridens sej', *geirveðrs seiðr*, 'spjutvädrets [stridens] sej', *sárlax*, 'sårlax', *bensíkr*, 'sårets sik', *Hildar *gǫtva síkr*, 'Hilds rustnings sik', *hræbirtingr*, 'liklax', **rógnaðr*, 'stridsorm', *randar linnr*, 'sköldens orm', *vígnaðr*, 'stridorm', *róglinnr*, 'stridsorm', *valnáðr*, 'de fallnas orm', *rítormr*, 'sköldorm', *blóðormr*, 'blodorm', och så vidare.[114] Härtill kan också nämnas svärdnamnen *Fiskhryggr*, 'fiskrygg', *Góinn* och *Náðr*, 'orm'.[115] Liknande kenningar för stötspjut återfinns också, även om dessa inte alltid är lätta att särskilja från betydelsen 'svärd'.[116]

Det ligger naturligtvis nära till hands att framställa svärdet och stötspjutet som fiskar i en poetisk genre som också är rik på metaforer där såväl strider som utgjutet blod kunde gestaltas metaforiskt som strömmar, floder, vågor, sjöar och hav. Men eftersom de äldsta bevarade skaldedikterna härrör från den senare delen av 800-talet, finns det inga belägg på sådana kenningar som är helt samtida med Eggjastenen, vilket ibland också har anförts i polemik mot Jacobsens tolkning. "Es ist aber zweifelhaft", ansåg till exempel Wolfgang Krause, "ob in der Zeit um 700 bereits derartige artistische Kenningar gebildet werden konnten".[117]

Men den metaforiska identifikationen av svärd och stötspjut med fiskar och ormar går på arkeologiska grunder i realiteten att belägga flera sekel före tillkomsten av Eggjastenen. Mycket talar nämligen för att den poetiska symboliken i skaldediktningens kenningar delvis hade som förebild de visuella effekter som uppstår när spjutblad och svärdsklingor smids genom så kallad mönstervällningsteknik. Denna smidesform skapar nämligen mönster i svärds- och spjutbladet som påminner just om fiskben, fiskfjäll och ormskinn.[118] Svärd smidda genom mönstervällning återfinns redan bland offerfynden från 200-talet i Nydam mose. Tekniken nådde sin höjdpunkt under 500- och 600-talen (Eggjastenens tid) men var i bruk fram till slutet av 900-talet.[119] Under 700- och 800-talen var ett så kallat fiskbensmönster starkt dominerande. I Norge uppvisar upp till 80 % av stötspjuten från denna tid detta mönster.[120] Det är dock särskilt mönstervällda svärd som tycks ha satt avtryck i den historiska litteraturen.[121] Då har också särskilt ormmotivet betonats. I till exempel ett brev som Theoderics sekreterare Cassiodorus skrev år 520 till ledarna för den germanska stammen Varni, prisade skribenten skönheten i dylika germanska svärd och sade sig också förundras över att små ormar tycktes framträda på de polerade bladen.[122]

Förmodligen är det samma typ av mönstervällning som även antyds på ett ringsvärd (dessa brukar dateras till folkvandringsoch vendeltid, det vill säga till samma period som Eggjastenen) i till exempel *Helgaqviða Hiǫrvarðzsonar* (strof 9):

Hringr er í hialti, hugr er í miðio,	Ring är i hjaltet, mod är i mitten,
ógn er í oddi, þeim er eiga getr;	[fiendens] fruktan är i spetsen, för den som äger det.
liggr með eggio ormr dreyrfáðr,	Längst eggen ligger en blodfärgad orm,
enn á valbǫstu verpr nadr hala.[123]	och vid fästet svänger ormen stjärten.
	(Min övers.)

Ett annat intressant exempel återfinns i *Kormáks Saga* (kap. 9). Där beskrivs svärdet Skǫfnungr, som en gång hade tillhört Rolf Kraki. Vid svärdet hängde en liten påse som inte fick röras. Solen fick inte skina på svärdsknappen och svärdet fick endast dras ur skidan om strid förestod. Vid stridsplatsen skulle ägaren sätta sig i enskildhet, hålla klingan framför sig och blåsa på den. Då skulle en orm krypa fram ur hjaltet och ned över bladet. Därefter skulle svärdet lutas så att ormen lättare kunde glida tillbaka till varifrån den hade kommit.[124] Som Ellis Davidson har föreslagit kan fukten från andedräkten ha fått ormmönstret i vällningen att för en stund framträda tydligare.[125]

I Sverige har några av de allra äldsta bevarade mönstervällda svärden påträffats i båtgravarna från Valsgärde i Uppland. I en av dessa båtgravar (nr 7) från 600-talet (det vill säga Eggjastenens tid) återfanns ett praktfullt mönstervällt ringsvärd med tillhörande svärdsslida och svärdsgehäng av läder och bronsbeslag. På yttersidan över den del där gehänget var fäst dekorerades svärdsslidan av en fisk försedd med mansansikte.[126] Ett svärd med ett svärdsslidesbeslag som mycket påminner om det från Valsgärde 7 har även påträffats i Pappilanmäki, Eura i Finland.[127]

I samma båtgrav påträffades också två hjälmbleck, som både har motsvarigheter på hjälmbleck i båtgrav 8 i Valsgärde och i motiv på olika föremål på flera håll i den germanska världen. Motivet återger en stridsteknik som germanska krigare bland annat använde mot fientligt kavalleri, där fotsoldaten kastade sig in under fiendens häst och därifrån skar upp djurets buk.[128]

De tidigaste avbildningarna av denna kampmetod påträffas i Rhenlandet på gravstenar över romerska kavallerister (som stred mot bland annat germaner),[129] men motivet har blivit mest känt i den något yngre germanska ikonografin.

Motivets variationer där är intressanta. Hjälmblecken i Valsgärde föreställer en spjutbeväpnad ryttare som rider över en krigare som sticker sitt svärd i hästens bål, medan ytterligare en man beväpnad med spjut står framför hästen och griper tag i dess tömmar.[130]

Ett hjälmbleck från samma tidsperiod och med ett snarlikt motiv återfanns även i båtgraven i Sutton Hoo i Kent (Suffolk, East Anglia), men på detta saknas den främre mannen. Istället är det den liggande och överridne krigaren som greppar tag om tömmen medan han sticker hästen i bringan med sitt svärd.[131] Samma motiv återfinns också på en liten guldskiva från omkring 600 e.Kr. funnen i Pliezhausen i det dåvarande Alamannien, nuvarande

Baden-Württemberg.[132] Ytterligare två hjälmbleck från samma tid med varianter av samma motiv påträffades även i båtgrav 1 i Vendel i Uppland, Sverige. Men på dessa saknas helt den överridne mannen. På ett av hjälmblecken står istället en man framför hästen och greppar dess tömmar med sin ena hand, samtidigt som han håller ett spjut i sin andra hand. På det andra hjälmblecket från samma båtgrav är de spjut- eller svärdbärande krigarna helt borta. Istället har de ersatts av en stingande orm (fig. 2).[133] Ormen, svärdet och spjutet tycks alltså här vara utbytbara. För att så återvända till Eggjastenen, ligger det således nära tillhands att tolka Eggjastenens "fisk" som simmande ur "spjutets flod" (= striden) som en omskrivning för ett stickvapen, alltså ett svärd eller stötspjut.

Tolkning: Galande fåglar och gällande spjut

Den typ av kenningar som låg till grund för Jacobsens tolkning av fiskR som en metafor för "svärd" har alltså ett mycket konkret verklighetsunderlag såväl i de fisk- och ormliknande mönster som uppkom i spjutblad och svärdsklingor genom mönstervällningsteknik, som i vendeltidens militära ikonografi. Båda tycks ha haft en höjdpunkt under samma tidsperiod som Eggjastenen. Att en snarlik poetisk och ikonografisk symbolik även existerade mellan Eggjastenens fokl, 'fågel', och "flygvapen" som pilar och kastspjut

Figur 2. Avbildningar av hjälmbleck påträffade i båtgrav 1 i Vendel. Efter Stolpe & Arne 1912: pl. V, fig. 2; pl. VI, fig. 1. Creative commons licens: CC BY-NC-ND.

är också fullt möjligt. "I egenskap av kastvapen", betonar till exempel Kim Hjardar och Vegard Vike, hade spjutet, tillsammans med pilarna, en poetisk plats som stridens rovfågel. Det kan liknas vid falken som ser ut sitt offer på långt håll och störtar ner med näbbar och klor. Bilden passar ännu bättre om man föreställer sig hur jaktfalken kastas ut från jägarens hand.[134]

Flera kenningar på detta tema, såsom till exempel *bryngágl*, 'brynjans gässling', och så vidare,[135] återfinns också i den norröna diktningen, men det är ofta svårt eller till och med omöjligt att avgöra om dessa kenningar avser kastspjut eller pilar.[136] Även här är också det ikonografiska bildspråket till hjälp. På till exempel de ovan nämnda hjälmbeslagen från Valsgärde 7 och 8 förefaller det spjut som ryttaren håller i luften styras av en liten krigare, som greppar ryttarens spjut med sin ena hand, ett eget litet spjut med sin andra och som dessutom bär en fågelhjälm på huvudet. Denna gestalt brukar kallas "segerhjälpare" (*Sieghelfer*) och har ofta tolkats som ett sätt att bildligt gestalta att ryttaren har Odins beskydd eller att Odin styr hans spjut.[137] När ryttarmotivet återges på hjälmblecken från Vendel förekommer dock ingen segerhjälpare. Istället flyger två fåglar vid spjutet, vilket också för tankarna till Odin.[138] När vidare samma motiv återges på guldblecket från Pliezhausen, återkommer segerhjälparen som styrare av ryttarens spjut, men istället för följeslagande fåglar är spjutet denna gång försett med ett fågelhuvud.[139] Som en parentes kan kanske också nämnas att rovfågelmotiv tillsammans med fiskar och drakormsfigurer återfinns som utsmyckning på utsidan av flera sköldar från 600- och 700-talen. De sköldar som förväntades mota attackerna från fiendens svärd, pilar och spjut var alltså utsmyckade med djurmotiv som kunde symbolisera just dessa vapen.[140]

Jacobsens identifikation av den galande fågeln med ett spjut är således inte bara formellt möjlig, utan tycks i själva verket tillsammans med pilen anspela på en vanligt förekommande ikonografisk symbolik under århundradena före vikingatiden. Som Jacobsen också påtalar är motivet med vapen som tjuter, sjunger, galer och larmar i strid dessutom över lag mycket vanliga i den senare belagda skaldediktningen.[141] Motivet återfinns inte minst i Þórbiǫrn hornklovis *Glymdrápa* (strof 5) från ca 900, där frasen "sårfåglarna [= spjuten] skrek i Skǫguls dån [striden]" (*gnúðu bengǫgl í dyn Skǫglar*),[142] utgör en direkt parallell till Eggjastenens fras "fågel (= spjut) galande i [kenning för strid]", om nu denna tolkning skulle vara korrekt. Eggjatextens **fokl ... galą̄ndi** vore då dessutom en parafras till uttrycket fvn. *geirr giallandi*, som upprepat återkommer i stridsskildringar och anspelningar på strider i den norröna litteraturen.[143] Uttrycket återfinns dessutom redan i den till runtexten i Eggja samtida fornengelska dikten Widsith (rad 127–128):

Ful oft of þam heape,   Allt som oftast från den flocken,
hwinende fleag,   vinande flög
giellende, gar,   det "gjällande" spjutet,
on grome þeode.[144]   in i den fientliga hären.[145]
                           (Min övers.)

Om den tolkning av Eggjastenen som föreslås här är riktig, förekommer ett till Widsith-passagen likartat motiv även i runstenens rad *A*. Där är motivet emellertid formulerat inom ramen för en gåta,[146] som lyder: "Vem i härskaran kom att närvara i stridsmännens land [= på valplatsen]? Fisk [= svärd / stötspjut] simmande ur spjutens flod [= striden], fågel [= pil / kastspjut] galande i [kenning för strid?]".

För den som levde i den yngre järnålderns samhälle, som delade tidens krigarideologi, som var familjär med tidens förkristna mytvärld och som förstod skaldediktningens och ikonografins symbolspråk, måste lösningen på denna gåta ha varit tämligen enkel. Vem tog sin närvaro i härskaran på slagfältet och visade sin vilja genom svärden och spjuten i striden? Den som närvarade där strider stod och avgjorde vilka bland de stridande som föll för krigarnas vapen var Odin.

Läsning och tolkning av rad A

Enligt det tolkningsförslag som presenteras här anknyter innehållet i rad *A* kontextuellt till en mytisk bakgrund som också utgör ett av de mest centrala motiven i den norröna edda- och skaldediktningen. Raden ger en religiös förklaring till "Eggjamannens" våldsamma död, som runristaren uppfattade som resultatet av ett ingripande av Odin själv. Textraden tycks utgöra en mycket koncentrerad variant av innehållet i den sorts mytologiserade prisdiktning som nådde absoluta höjdpunkter i dikter som *Eiríksmál* och *Hákonarmál*, där de fallna kungarnas död framställs som deras belöning, eftersom de nu får äran att ansluta sig till Odins följe i Valhall. På Eggjastenen är motivet formulerat för att förstås av den som var insatt i mytisk epik, skaldepoetik och ikonografisk symbolik. Men troligen vände sig runristaren särskilt till en enda läsare. För vem mer än Eggjamannen kunde läsa en text som bara kunde ses innifrån hans grav? Som läsning och tolkning av Eggjastenens hela rad *A* föreslås sålunda, mot bakgrund av ovan förda resonemang:

Läsning av runtexten:

[?] min warb naseu wilR made þaim kaiba i bormoþa huni huwaR ob kąm haris ą hi ą ląt gotna fiskR oR f[lai]na uim suemąde fokl i fˣˣˣˣˣˣˣ galąndi

Bokstavlig översättning av runtexten:
(I) Över min [broder / vän, etc.?] kastade WīlR liksjö,
(II) slet med den (liksjön) av årtullar i det borrtrötta skeppet.
(III) Vem i härskaran kom hit alt. kom att närvara här i (strids) männens land,
(IV) fisk simmande ur spjutens flod, fågel galande i [kenning för strid?]?

Runtextens mytiskt-religiösa semantiska innehåll:
(I) Min [broder / vän, etc. = den begravde mannen] föll i en strid (kenning: liksjö) anstiftad av den svekfulle Odin [heiti: WīlR],
(II) som med den (striden) minskade antalet roddare [*pars pro toto*: årtullar] i det decimerade skeppslaget [*pars pro toto*: borrtrötta skeppet].
(III) Vem i härskaran kom hit, alt. kom att närvara här på slagfältet [= Odin],
(IV) (för att styra krigarnas) svärd / stötspjut [fisk] som simmar ur den böljande kampen [spjutens flod] och pil / kastspjut [fågel] som tjuter i striden [kenning för strid]?

Noter

1. Nordberg 2012: 122–124.
2. Jfr t.ex. Ariès 1981.
3. Jfr Nordberg 2012.
4. Se även *http://bergenmuseum.uib.no/runer/eggja_runer.html* (hämtad 2016-09-06).
5. Olsen i *Aftenposten*, 1 juli 1917, citerat i Lundberg 1949: 8.
6. McKinnell & Simek & Düwel 2004: 165.
7. Spurkland 2001: 76.
8. Nielsen 1968: 104.
9. Sheteligs otryckta rapport citeras i sin helhet i Olsen 1919: 5–10.
10. Herschend 2009: 26 f.
11. Nordén 1934: 114; Gjessing 1943: 103; Grønvik 1985: 8 f.
12. Høst 1985: 460 f.
13. Jacobsen 1931a: 95–109; jfr Birkmann 1995: 97 f.
14. Ginzburg 1989: 6–37.
15. Grønvik 1985: 11–49, 96–118; Birkmann 1995: 97–114; se även t.ex. Düwel (1968) 2001: 40–42.
16. Olsen 1919: 108 f.
17. Jacobsen 1931a: 33 f., 50, 61, 64–67.
18. Jacobsen 1931a: 52–61; 1931b: 1–4.
19. Nordén 1934; 1936; citatet följer Nordén 1936. Nordéns läsning av de enskilda runorden har sammanställts av Grønvik (1985: 28 f.).
20. Høst 1960; 1976; 1985; citatet från Høst 1976: 44 f.
21. Nielsen 1968: 124 f.
22. Efter att manus färdigställts för tryckning har det kommit till min kännedom att Eggjastenen nyligen varit föremål för en längre studie av arkeologen Frands Herschend (2009). Det har inte funnits möjligheter att diskutera hans arbete i denna artikel.
23. Grønvik 1985: 162 f.

24. Grønvik 1988; 2000; 2002.

25. Jfr Holmberg 1925.

26. Jfr t.ex. Konsa et al. 2008.

27. Se Nordberg 2004, särskilt s. 92–148.

28. Även t.ex. Lundberg (1949), Høst (1960), Krause (1966: 231–234) och Nielsen (1968) har försökt identifiera Odin i Eggjastenens text, dock utifrån delvis andra perspektiv än dem som framhålls här.

29. Texten på Karlevistenen, som står i Vickleby socken på Öland, är skriven på vers i sexstavigt dróttkvætt, och lyder i Söderberg & Brates översättning (*Sveriges runinskrifter* ([övers.] Söderberg & Brate): 25 f.):

A, "Stridernas Thruds stam, som de största bedrifter följde – de flesta visste det –, ligger dold i denna hög. En mera felfri stridsmägtig Yndils stora marks vagns Vidur skall icke råda öfver land i Danmark.

B, Sten denna blef satt efter Sibbe den vise, Foldans son, men hans följe satte vid ön —"

30. Se ovan samt Krause 1966: 228–232.

31. Liestøl 1970: 202.

32. Grønvik 1988: 36 f.

33. Detsamma menar även Birkmann 1995: 112; Spurkland 2001: 77, 79.

34. Grønvik 1985: 68.

35. Grønvik 1988: 38–40.

36. Grønvik 2000: 6 f.

37. Grønvik 2002: 29 f.

38. Grønvik 1985: 61.

39. Grønvik 1985: 59; 1988: 40.

40. Grønvik 1985: 10. Det finns exempel på stenar som läses uppifrån och ned och nedifrån och upp, men inte på det sätt som en hypotetisk ordning C–A–B skulle innebära.

41. Se t.ex. de Vries 1932: 203; Liestøl 1970: 202; Grønvik 1985: 50, 59; 1988: 36 f.; 2002: 30; Birkmann 1995: 112; Spurkland 2001: 77, 79.

42. Grønvik 1985: 68–70.

43. Falk 1924, nr 11, 15, 129.

44. Se Nordberg 2004: 121–136.

45. *Den norsk-islandske skjaldedigtning* B1 ([red.] Finnur Jónsson): 26.

46. *Den norsk-islandske skjaldedigtning* B1 ([red.] Finnur Jónsson): 59.

47. *Þegi þú Óðinn! / þú kunnir aldregi / deila víg með verom; / opt þú gaft, / þeim er þú gefa scyldira, / inom slævorom, sigr* (*Edda* ([red.] Neckel & Kuhn): 101).

48. Olsen 1919: 60.

49. Lundberg 1949: 21–24.

50. Grønvik 1985: 59.

51. *Den norsk-islandske skjaldedigtning* B1 ([red.] Finnur Jónsson): 32, 58, 192; *Edda* ([red.] Neckel & Kuhn): 183. Se vidare t.ex. Meissner 1921: 176–202; Sahlgren 1927.

52. de Vries 1932: 203; Liestøl 1970: 202; Grønvik 1985: 59, 61–63; 1988: 36 f.; 2002: 30; Birkmann 1995: 112; Spurkland 2001: 77, 79.

53. Fritzner 1891: 616; 'má'; [Sveinbjörn Egilsson & Finnur Jónsson] (1860) 1913–16: 394.

54. [Sveinbjörn Egilsson & Finnur Jónsson] (1860) 1913–16: 334.

55. [Sveinbjörn Egilsson & Finnur Jónsson] (1860) 1913–16: 98.

56. [Sveinbjörn Egilsson & Finnur Jónsson] (1860) 1913–16: 294.

57. Jacobsen 1931a: 38; jfr Jesch 2001: 160 f. Høst och Grønvik föredrog dock den snävare betydelsen 'masttopp'. Olsen och Nordén menade som nämnts ovan istället att *húnn* kunde betyda 'kälke', vilket dock inte har fått någon uppslutning.

58. Jesch 2001: 187–203, citatet från s. 187.

59. Meissner 1921: 243 f., citatet från s. 243.

60. Evans 1997: 100–105, citatet från s. 101; se även Herschend 1998: 36 f.; Nordberg 2004: 115 f.

61. Jfr Jesch 2001: 155–158. Ordet finns även i svenskans *hå*, 'årfäste, årtull', som utgörs av en träklyka eller vinkelformigt trästycke som är fäst vid relingen, ofta genom ett *håband*, en vidja eller repögla som håller kvar åran.

62. Rodger 1995.

63. [Sveinbjörn Egilsson & Finnur Jónsson] (1860) 1913–16: 98.

64. Sedan Jacobsen (se not 56) brukar dat. sg. **huni**, 'masttopp', uppfattas som ett *pars pro toto*-uttryck för 'skepp'. Men fvn. *húnn* har även andra betydelser. Förutom 'björn, björnunge' kan ordet också betyda '(ung) man' och det återfinns dessutom som ett namn på en sjökonung ([Sveinbjörn Egilsson & Finnur Jónsson] (1860) 1913–16: 294). Med utgångspunkt i någon av dessa betydelser skulle uttrycket **bormóðr húnn* hypotetiskt kunna tolkas som 'dödligt sårad el. fallen krigare', etc., vilket vore en tilltalande lösning här. Dessvärre blir ordet **kaiba**, 'årtullar', såvitt jag kan se oförståeligt i denna översättning.

65. Nielsen (1968), Grønvik (1985: 11–49) samt Birkmann (1995: 103–114) ger detaljerade genomgångar av olika tolkningsförslag.

66. Jacobsen 1931: 50.

67. Krause 1966: 229.

68. Olsen 1919: 62 f.

69. [Sveinbjörn Egilsson & Finnur Jónsson] (1860) 1913–16: 245 f.

70. Nordén 1934: 114 f.; 1936: 247 f.

71. Harding 1938: 15.

72. Grønvik 1985: 30, 75.

73. Høst 1960: 526; Nielsen 1968: 117; kritik av Krause (1966: 229); Grønvik 1985: 43 f.

74. Krause 1966: 229, 231.

75. Nielsen 1968: 118; [Sveinbjörn Egilsson & Finnur Jónsson] (1860) 1913–16: 344, 'koma 5'.

76. Olsen 1919: 66.

77. Jacobsen 1931a: 50–52.

78. Olsen 1919: 65–68; Nordén 1934: 115; Harding 1938: 15; Høst 1960: 532; Nielsen 1968: 124 f.

79. [Sveinbjörn Egilsson & Finnur Jónsson] (1860) 1913–16: 196; Krause 1966: 231.

80. Falk 1924, nr 4, 67–70, 120–121, 126, 130, 153–156, 158–159; [Sveinbjörn Egilsson & Finnur Jónsson] (1860) 1913–16: 212.

81. Beck 1967: 120–131; Nordberg 2004: 137–148.

82. *Den norsk-islandske skjaldedigtning* B1 ([red.] Finnur Jónsson): 70.

83. Nordberg 2004: 130.

84. Efter Finnur Jónsson i *Den norsk-islandske skjaldedigtning* B1: 176.

85. Simek & Hermann Pálsson 1987: 169 f.

86. *Hervarar saga* ([red.] Tolkien): 56 f.

87. Tolkien 1960: 56, not 2; Turville-Petre 1964: 51 f.; Nordberg 2004: 111.

88. Den isländska originaltexten har här ordet *reyrsproti*, eg. 'rörspröt'. I vissa svenska dialekter kallas vass/bladvass (*Phragmites australis*) ännu rö, rör eller rörvass. Växten har dessutom 20–30 cm långa spjutspetsformade lansettblad.

89. *Þáttr Styrbjarnar Svíakappa* ([red.] Guðbrandur Vigfússon & Unger). Jämför det s.k. Víkarsblotet i *Gautreks saga* kap. 7 (se Nordberg 2004: 109 f. med hänvisningar).

90. *Edda* ([red.] Neckel & Kuhn): 6.

91. Kuhn 1978; Nordberg 2004: 92–120.

92. *Den norsk-islandske skjaldedigtning* B1 ([red.] Finnur Jónsson): 37.

93. Falk 1924: nr 12, 13.

94. *Egils saga einhenda* [...] ([red.] Guðni Jónsson & Bjarni Vilhjálmsson): 189.

95. *Edda* ([red.] Neckel & Kuhn): 157.

96. Falk 1924: nr 75.

97. I olika handskrifter uppges varierande Odin och Sigurðr vara den som stred och "gladde Huginn"; se *Edda* ([red.] Neckel & Kuhn): 178, not.

98. *Edda* ([red.] Neckel & Kuhn): 80.

99. *Edda* ([red.] Neckel & Kuhn): 82.

100. von See et al. 1997: 207.

101. *Edda* ([red.] Neckel & Kuhn): 84.

102. Jämför t.ex. Sundén 1961, särskilt s. 81–84.

103. Översättning efter Finnur Jónsson i *Den norsk-islandske skjaldedigtning* B1: 68. Kungens tillnamn *gráfeldr* är förmodligen av intresse här (Snorris förklaring till detta i *Haralds saga gráfeldar* kap. 7 kan man sannolikt bortse från.): en man som stod Odin nära, som stred med gudomlig inspiration och som dessutom gick under epitetet "gråfäll" kan mycket väl ha varit en *ulfheðinn*, en vargpälsklädd elitkrigare som särskilt hade dedikerat sig till Odin.

104. Efter Finnur Jónsson i *Den norsk-islandske skjaldedigtning* B1: 176.

105. Den enda som läser denna passage på ett radikalt annorlunda sätt är Grønvik (1985).

106. För översikt av dessa hänvisas till Grønvik 1985.

107. Olsen 1919: 83.

108. Jacobsen 1931a: 55 f.

109. Sahlgren 1927. Sahlgren menade dock att uttrycken inte utgjorde kenningar, utan ordagranna poetiska stridsgestaltningar.

110. Jacobsen 1931a: 57–62.

111. Jfr även Krauses (1966: 229, 231–234) förslag **fianda lið*, 'fiendehären'.

112. Jacobsen 1931a: 2 f.

113. Snorri Sturluson, *Edda: Skáldskaparmál* ([red.] Faulkes): 67.

114. *Den norsk-islandske skjaldedigtning* B1 ([red.] Finnur Jónsson): 20, 45 f., 48, 56, 83 f., 87, 105, 107, 133, 137. För flera exempel, se

Meissner 1921: 145 f., 153 f., samt [Sveinbjörn Egilsson & Finnur Jónsson] (1860) 1913–16: 373, 420 och under namn på fiskarter.

115. Falk 1914: 49, 50, 56. Falks tolkning av namnet *Fiskhryggr* är sannolikt felaktig; jfr Ellis Davidson 1962: 167.

116. Meissner 1921: 145 f.

117. Krause 1966: 231.

118. Se VIKING Sword, Photo The National Museum of Denmark: *http://news.cision.com/danish-agency-for-culture/i/viking-sword-photo-the-national-museum-of-denmark,c1279481.*

119. Falk 1914: 18 f.; Oakeshott 1960: 97 f., 105 f., 148, 151 f.; Ellis Davidson 1962: 21–42; Mortimer 2011: 84–87.

120. Hjardar & Vike 2013: 160, 171, 176.

121. Ellis Davidson (1962: 104–177) har sammanställt alla litterära exempel.

122. Brevet citeras i sin helhet i Ellis Davidson 1962: 104 f.

123. *Edda* ([red.] Neckel & Kuhn): 143.

124. *Kormáks saga* ([red.] Einar Ól. Sveinsson): kap. 9.

125. Ellis Davidson 1962: 166.

126. Arwidsson 1977: 41 f., Abb. 57–63.

127. Arwidsson 1977: 41 f., Abb. 57–63.

128. Speidel 2008: 151–164.

129. Speidel 2008: 154–160.

130. Arwidsson 1977: Abb. 65, 128, 133.

131. Carver 1998: 120, fig. 72.

132. Speidel 2008: 161–164.

133. Stolpe & Arne 1912. Se även 2: *http://earlymedieval.archeurope.info/index.php?page=fallen-warrior-helmet-plate-from-valsgaerde-grave-viii* (hämtad 2016-09-06) och 2b: *https://s-media-cache-ak0.pinimg.com/564x/29/0f/df/290fdf4e2be61062717efacd282e9959.jpg* (hämtad 2016-09-06).

134. Hjardar & Vike 2013: 175.

135. *Den norsk-islandske skjaldedigtning* B1 ([red.] Finnur Jónsson): 21.

136. Meissner 1921: 143–147.

137. Hauck 1984: 310–311; Speidel 2008: 164.

138. Jfr Odins två korpar Huginn och Munin samt t.ex. *Reginsmál* 20, där Odin under pseudonymen Hnikarr, 'han som stöter [med spjut]', säger till Sigurðr: "Många tecken är goda, / inför svärdens svepande, / om människor dem visste. / Den svarte korpens följe / tycker jag pålitligt vara / för svärdträdet [krigaren]" / *Mǫrg ero góð, / ef gumar vissi, / heill at sverða svipon; / dyggia fylgio / hygg ec ins døcqva vera / at hrottameiði hrafns* (*Edda* ([red.] Neckel & Kuhn): 178).

139. Se https://finds.org.uk/documents/Pliezhausen%20helmet%201.jpg och http://earlymedieval.archeurope.info/index.php?page=embossed-disc-from-pliezhausen (hämtad 2016-09-06).

140. Se t.ex. Mortimer 2011: 120–139 för åtskilliga exempel.

141. Jfr Meissner 1921: 196–198.

142. *Den norsk-islandske skjaldedigtning* B1 ([red.] Finnur Jónsson): 21.

143. [Sveinbjörn Egilsson & Finnur Jónsson] (1860) 1913–16: 184.

144. *Widsith* ([red.] Malone): 26.

145. Efter Malone (1936) 1962: 56.

146. Gåtan utmärker sig genremässigt genom att svaret på frågan ska rymmas i själva gåtan. Genren var populär i den muntliga loren under yngre järnåldern. I den norröna litteraturen är den och annan kunskapstävlan generellt särskilt knuten till guden Odin (se t.ex. Alver 1981; Holtsmark 1981).

Referenser

Källor

Edda [800-t.–1000-t.]: *die Lieder des Codex Regius nebst verwandten Denkmälern.* 1, Text. [Red.] Gustav Neckel & Hans Kuhn. Heidelberg (1914) 1983: Carl Winter Universitätsverlag. (5 uppl.)

Egils saga einhenda ok Ásmundar berserkjabana [1300-t.] (Fornaldarsögur Norðurlanda 3). [Red.] Guðni Jónsson & Bjarni Vilhjálmsson. Reykjavík 1944: Bókútgáfan forni.

[Hervarar saga]. *Saga Heiðreks konungs ins vitra / The Saga of king Heidrek the Wise* [1200-t.]. (Icelandic Texts). [Red. & övers.] Christopher Tolkien. London 1960: Thomas Nelson and Sons.

Kormáks saga [1200-t.]. *Vatnsdœla saga* [...] (Íslenzk fornrit 8), s. 201–302. [Red.] Einar Ól. Sveinsson. Reykjavík 1939: Hið íslenzka fornritafélag.

Den norsk-islandske skjaldedigtning 800–1400. B, 1. [Red.] Finnur Jónsson. København (1912) 1973: Rosenkilde og Bagger.

Snorri Sturluson [d. 1241], *Edda: Skáldskaparmál*. 1, Introduction, Text and Notes. [Red.] Anthony Faulkes. London 1998: Viking Society for Northern Research.

——— Haralds saga gráfeldar. *Heimskringla* 1 (Íslenzk fornrit 26), s. 198–223. [Red.] Bjarni Aðalbjarnarson. Reykjavík 1979: Hið íslenzka fornritafélag.

Sveriges runinskrifter. 1, Ölands runinskrifter. Granskade och tolkade af Sven Söderberg och Erik Brate. Stockholm 1900–06: Kungl. Vitterhets historie och antikvitets akademien.

Þáttr Styrbjarnar Svíakappa [1300-t.]. *Flateyarbok: en samling af norske Konge-Sagaer med indskudte mindre Fortællinger om Begivenheder i og udenfor Norge samt Annaler* 2. [Red.] Guðbrandur Vigfússon & C. R. Unger. Kristiania 1862: Malling.

Widsith [sl. av 900-t.] (Anglistica 13). [Red.] Kemp Malone. København (1936) 1962: Rosenkilde and Bagger. (2 uppl.)

Sekundärlitteratur

Alver, Brynjulf. 1981. Gåter. *Kulturhistoriskt lexikon för nordisk medeltid* 5, sp. 648–651. Malmö: Allhem.

Ariès, Philippe. 1981. *The Hour of our Death*. New York: Alfred A. Knopf.

Arwidsson, Greta. 1977. *Die Gräberfunde von Valsgärde*. 3, Valsgärde 7 (Acta Musei antiquitatum septentrionalium Regiae Universitatis Upsaliensis 5). Uppsala: Uppsala universitets museum för nordiska fornsaker.

——— 1980. Båtgravarna i Valsgärde. *Vendeltid* (Historia i fickformat), s. 45–64. Red. A. Sandwall. Stockholm: Statens historiska museum.

Beck, Inge. 1967. *Studien zur Erscheinungsform des heidnischen Opfers nach altnordischen Quellen.* München: Schön.

Birkmann, Thomas. 1995. *Von Ågedal bis Malt: die skandinavischen Runeninschriften vom Ende des 5. bis Ende des 9. Jahrhunderts* (Ergänzungsbände zum Reallexikon der germanischen Altertumskunde 12). Berlin: de Gruyter.

Bruce-Mitford, Rupert Leo Scott. 1978. *The Sutton Hoo Ship-Burial.* 2, Arms, Armour and Regalia. London: British Museum Publications.

Carver, Martin. 1998. *Sutton Hoo: Burial Ground of Kings?* London: British Museum Press.

Düwel, Klaus. (1968) 2001. *Runenkunde* (Sammlung Metzler 72). Stuttgart: Metzler.

Ellis Davidson, Hilda. 1962. *The Sword in Anglo-Saxon England: Its Archaeology and Literature.* London: Clarendon Press.

Evans, Stephen S. 1997. *The Lords of Battle: Image and Reality of the Comitatus in Dark-Age Britain.* Woodbridge: Boydell Press.

Falk, Hjalmar. 1914. *Altnordische Waffenkunde* (Videnskabsselskapet i Kristiania. 2, Historisk-filosofisk klasse, 1914: 6). Kristiania: Jacob Dybwad.

——— 1924. *Odensheite* (Videnskabsselskapet i Kristiania. Skrifter 2, Historisk-filosofisk klasse, 1924: 10). Kristiania: Dybwad

Fritzner, Johan. 1891. *Ordbog over det gamle norske sprog.* 2, Hl–P. Kristiania: Den norske Forlagsforening.

Ginzburg, Carlo. 1989. Ledtrådar. *Häften för kritiska studier* 16: 4, s. 6–37.

Gjessing, Guttorm. 1943. Hesten i førnordisk kunst og kultus. *Viking* 7, s. 5–143.

Grønvik, Ottar. 1985. *Runene på Eggjasteinen: en hedensk gravinnskrift fra slutten av 600-tallet.* Oslo: Universitetsforlaget.

——— 1988. Om Eggjainnskriften. *Arkiv för nordisk filologi* 1988, s. 36–47.

―――― 2000. Om Eggjainnskriften enda en gang. *Arkiv för nordisk filologi* 2000, s. 5–21.

―――― 2002. Om Eggjainnskriften – epilog. *Arkiv för nordisk filologi* 2002, s. 29–34.

Harding, Erik. 1938. Något om Eggjuminskriften och dess ålder. *Språkvetenskapliga problem i ny belysning eller bidrag till nordisk och germansk språkhistoria* 2, s. 3–17. [Av] E. Harding. Lund.

Hauck, Karl. 1984. Varianten des göttlischen Erscheinungsbildes im kultischen Vollzug erhellt mit einer ikonographischen Formenkunde des heidnischen Altares. *Frühmittelalterliche Studien* 18, s. 266–313.

Herschend, Frands. 1998. *The Idea of the Good in Late Iron Age Society* (Occasional Papers in Archaeology 15). Uppsala: Institutionen för arkeologi och antik historia, Uppsala universitet.

―――― 2009. Graven från Eggja i Sogndal är just det. *Mellan tal och skrift: essäer om runinskrifter* (Occasional Papers in Archaeology 48). Uppsala: Institutionen för arkeologi och antik historia, Uppsala universitet.

Hjardar, Kim & Vegard Vike. (2011) 2013. *Vikingar i krig*. [Övers.] Charlotte Hjukström. Stockholm: Bonnier fakta.

Holmberg, Uno. 1925. Vänster hand och motsols. *Rig* 8, s. 23–36.

Holtsmark, Anne. 1981. Gåter: G.s anvendelse i litt. *Kulturhistoriskt lexikon för nordisk medeltid* 5, sp. 651–653. Malmö: Allhem.

Høilund Nielsen, Karen. 2010. Style II and all that: the potential of the hoard for statistical study of chronology and geographical distributions. Staffordshire Hoard Symposium, British Museum, 2010. *http://finds.org.ug/staffshoardsymposium/papers/karenhoilundnielsen* (tillgänglig 22.5.2014).

Høst, Gerd. 1960. To runestudier. 2, Eggja-innskriften i ny tolkning. *Norsk tidsskrift for sprogvidenskap* 19, s. 489–554.

―――― 1976. *Runer: våre eldste norske runeinnskrifter*. Oslo: Aschehoug.

―――― 1985. Eggja. 2, runologisches. *Reallexikon der germanischen Altertumskunde* 6, s. 461–466. [Red.] Heinrich Beck & Herbert Jankuhn & Kurt Ranke & Reinhard Wenskus. Berlin: de Gruyter.

Jacobsen, Lis. 1931a. *Eggjum-Stenen: forsøg paa en filologisk tolkning*. København: Levin & Munksgaard.

—— 1931b. *Eggjum-Stenen: forsøg paa en filologisk tolkning. Tilföjelser til 'Eggjum-Stenen'*. København: Levin & Munksgaard.

Jesch, Judith. 2001. *Ships and Men in the Late Viking Age: The Vocabulary of Runic Inscriptions and Skaldic Verse*. Woodbridge: Boydell Press.

Konsa, Marge & Raili Allmäe & Liina Maldre & Jüri Vassiljev. 2008. Rescue excavations of a Vendel era boat-grave in Salme, Saaremaa. *Arheoloogilised välitööd Eestis / Archaeological Fieldwork in Estonia* 2008, s. 53–64.

Krause, Wolfgang. 1966. *Die Runeninschriften im älteren Futhark*. 1, Text. (Mit Beiträgen von Herbert Jankuhn). Göttingen: Vandenhoeck & Ruprecht.

Kuhn, Hans. 1978. Der Totesspeer. Odin als Totengott. *Kleine Schriften*. 4, Aufsätze aus den Jahren 1968–1976, s. 247–258. Berlin: de Gruyter.

Liestøl, Aslak. 1970. [Anm. av Nielsen 1968]. *Maal og minne* 1970, s. 199–207.

Lundberg, Oskar. 1949. *Runristningen från Eggjum och forntro om havet* (Arctos Suecica 3). Stockholm: Gebers.

Malone, Kemp. (1936) 1962. Commentary. *Widsith* (Anglistica 13), s. 27–58. [Red.] K. Malone. København: Rosenkilde og Bagger.

McKinnell, John & Rudolf Simek & Klaus Düwel. 2004. *Runes, Magic and Religion: A Sourcebook* (Studia medievalia septentrionalia 10). Wien: Fassbaender.

Meissner, Rudolf. 1921. *Die Kenningar der Skalden: ein Beitrag zur skaldischen Poetik* (Rheinische Beiträge und Hülfsbücher zur germanischen Philologie und Volkskunde 1). Bonn: Kurt Schroeder.

Mortimer, Paul. 2011. *Woden's Warriors: Warfare, Beliefs, Arms and Armour in Northern Europe during the 6th and 7th Centuries*. [Little Downham]: Anglo-Saxon Books.

Nielsen, Niels Åge. 1968. *Runestudier* (Odense University Studies in Scandinavian Languages and Literatures 1). Odense: Odense University Press.

Nordberg, Andreas. 2004. *Krigarna i Odins sal: dödsföreställningar och krigarkult i fornnordisk religion*. Stockholm: Stockholms universitet.

—— 2012. Continuity, change and regional variation in Old Norse Religion. *More than Mythology: Narratives, Ritual Practices and Regional Distribution in Pre-Christian Scandinavian Religions*, s. 119–152. [Red. av] Catharina Raudvere & Jens Peter Schødt. Lund: Nordic Academic Press.

Nordén, Arthur. 1934. Från Kivik till Eggjum. 2, Runristningar med gengångarbesvärjelse. *Fornvännen* 29, s. 97–117.

—— 1936. Från Kivik till Eggjum. 3. Fågel- fisk-magien och vattnet som gengångarskydd. *Fornvännen* 31, s. 241–248.

Oakeshott, R. Ewart. 1960. *The Archaeology of Weapons: Arms and Armour from Prehistory to the Age of Chivalry*. London: Lutterworth.

Olsen, Magnus. 1919. *Eggjum-stenens indskrift med de ældre runer* (Det norske historiske kildeskriftfond). Christiania: A. W. Brøggers bogtrykkeri.

Rodger, N. A. M. 1995. Cnut's geld and the size of Danish ships. *The English Historical Review* 110, s. 392–403.

Sahlgren, Jöran. 1927. *Eddica et scaldica: fornvästnordiska studier*. 1. Lund: Gleerup.

von See, Klaus & Beatrice La Farge & Eve Picard & Ilona Priebe & Katja Schulz. 1997. *Kommentar zu den Liedern der Edda. 2, Götterlieder* (Skírnismál, Hárbarðslióð, Hymiskviða, Lokasenna, Þrymskviða). Heidelberg: Winter.

Simek, Rudolf & Hermann Pálsson. 1987. *Lexikon der altnordischen Literatur* (Kröners Taschenausgabe 490). Stuttgart: Kröner.

Speidel, Michael P. 2008. *Ancient Germanic Warriors: Warrior Styles from Trajan's Column to Icelandic Sagas*. New York: Routledge.

Spurkland, Terje. 2001. *I begynnelsen var fuþark: norske runer og runeinnskrifter*. Oslo: Landslaget for norskundervisning.

Stolpe, Hjalmar & T. J. Arne. 1912. *Graffältet vid Vendel* (Monografier 3). Stockholm: Kungl. Vitterhets-, historie- och antikvitetsakademien.

Sundén, Hjalmar. 1961. *Religionen och rollerna: ett psykologiskt studium av fromheten.* Stockholm: Svenska kyrkans diakonistyrelses bokförlag.

[Sveinbjörn Egilsson & Finnur Jónsson.] (1860) 1913–16. *Lexicon poeticum antiquae linguae septentrionalis / Ordbog over det norsk-islandske skjaldesprog.* Forfattet af Sveinbjörn Egilsson. Forøget og påny udgivet ved Finnur Jónson. København: Det kongelige nordiske oldskriftselskab.

Tolkien, Christoffer. 1960. Introduction, notes and appendices. *The Saga of King Heidrek the Wise / Saga Heiðreks konungs ins vitra.* [Red.] Christopher Tolkien. London: Thomas Nelson and Sons.

Turville-Petre, E. O. Gabriel. 1964. *Myth and Religion of the North: The Religion of Ancient Scandinavia* (History of Religion). London: Weidenfeld and Nicolson.

de Vries, Jan. 1932. [Anm. av Jacobsen 1931a–b]. *Museum: maandblad voor philologie en geschiedenis* 39, s. 202–204.

Tors strid mot Hrungner
Tvekamp, brynstenssymbolik och krigarideologi
Tommy Kuusela
Stockholms universitet, Sverige

Introduktion

Bland guden Tors talrika konfrontationer med jättar är den om tvekampen mot den väldige Hrungner, vid sidan om kampen mot Midgårdsormen, mest spridd i källorna. Namnet *Hrungnir* har etymologiskt getts skilda förklaringar och förs vanligen till ord för 'högt läte', 'buller' eller 'larm', i likhet med många andra namn för jättar.[1] Naturmytologer tolkade gärna Hrungnermyten som mytiska föreställningar om ett "åskoväder" härlett till jätten som 'den bullrige, den larmande' (*der Lärmer*) medan lerjätten Mökkurkalve (*Mǫkkurkálfi*) betraktades som "dimmoln". Stor vikt lades vid att ett häftigt oväder omtalas i samband med kampen.[2] Att det bakom bevarade utformningar tidigt rört sig om en föreställning om hur åskan slår ned i och splittrar berg är fullt tänkbart. De bakomliggande myterna kretsar kring hur olika element står i motsättning till varandra. Tors ljungeld är kraftig nog att splittra uråldriga berg, vilket kan uppfattas tydligt i bergsområden där ett åskoväder river himlavalvet och slår ned med en oerhörd kraft.

Den äldsta skildringen av striden påträffas i *Haustlǫng* (strof 14–20), där skalden Tjodulf från Hvin diktar om motiv på en sköld (sannolikt målade bildframställningar). Tjodulf måste ha känt till mer än vad som kunde utläsas av bildmotiven; de bör snarast ha fungerat som inspiration.[3] Även åhörarna kunde betrakta motiven och bör ha känt till en bakomliggande berättelse. Därmed framfördes krav på skalden att konstfullt återge den på ett nytt sätt. Myter överförda till bilder är vanliga, inte minst från antiken där många bevarats och kan jämföras med texter. Detaljer

---

Hur du refererar till det här kapitlet:
Kuusela, T. 2016. Tors strid mot Hrungner. Tvekamp, brynstenssymbolik och krigarideologi. I: Rydving, H. and Olsson, S. (red.) *Krig och fred i vendel- och vikingatida traditioner*, s. 47–90. Stockholm: Stockholm University Press. DOI: http://dx.doi.org/10.16993/bah.c. License: CC-BY 4.0

kan avvika och det rör sig i regel om flera mytversioner, där ett centralt tema valts för reproduktion. Det bör ha varit möjligt att uppfatta; korta anspelningar och centrala händelser räckte för att myten skulle flamma upp i betraktarnas tankevärld. Jämförligt i sammanhanget är olika avbildningar av Tors fiske.

Första delen av dikten *Haustlǫng* berör en annan myt, medan andra hälften behandlar striden mellan Tor och Hrungner (strof 14–20).[4] Skildringen inleds med att *ótti jǫtna*, 'jättarnas skräck' (=Tor), färdas till *Grjótúna haug* för kamp mot en jätte. Himlavalvet dånar när han drar fram, vreden sväller hos Meiles broder (= Tor).[5] Gudens framfart beskrivs i kosmiska dimensioner – hela himlavalvet mullrar av gudens ilska. Skalden berättar att himlen brinner medan jorden piskas av hagelstormar när bockarna drar Tor till mötesplatsen. Hans framfart är så häftig att jorden är nära att brista. Tjodulf framställer mötet som en episk kraftkamp. Tor föreställs i all sin styrka och med flammande raseri, han skonar inte "människornas glupske fiende" (= Hrungner). Klippor omskakas och brakar samman, himlavalvet täcks av lågor. Skalden berättar att han hört hur jätten[6] stålsatte sig inför mötet när han såg sin "stridsklara baneman" (strof 16). Striden inleds med att jätten hastigt ställer sig på sin sköld eftersom "gudarna vållade det och diserna ville det". Jätten behöver inte vänta innan ett slag från Tors hammare träffar honom (strof 18). Jätten, som framställs som Beles ättling, slås omkull och faller på sin sköld.[7] Med ett slag av hammaren besegras fursten över "skadegörarnas, vargarnas land" (= Jotunheim). Tor får mothugg av jätten eftersom skalden beskriver att "Vingners[8] kvinnas (= jättinnans) besökares (= jättens)" hårda bryne far i luften och träffar hjässan på "Grunds son" (= Jordens son = Tor). Brynstenen sitter kvar i Tors skalle färgad av hans blod. Sista strofen berättar att brynet sitter fast tills "öl-Gefjon" (= kvinna) sjunger den loss. Skalden avrundar med en återkommande fras om att han tydligt ser allt detta på den sköld han fått (i skaldelön?) av Torleif (*Þorleifr*). Dikten ger ingen upplysning om varför konfrontationen äger rum; sannolikt kände åhörarna till början och slutet av myten som förutsätts vara en del av en levande tradition. Snorre skulle senare kombinera Tjodulfs version med annat stoff.

Mötets kosmiska dimensioner är centrala. Tor färdas till mötesplatsen högt över himlavalvet; månen och nattens väg dundrar under honom. Redan i strof 15–16 anspelas på skapelse och undergång.⁹ Stroferna är värda att citera i sin helhet:¹⁰

15. Knǫttu ǫll, en, Ullar,
endilǫ́g, fyr mági,
grund var grápi hrundin.
þás hafregin hafrar
hógreiðar framm drógu
(seðr gekk Svǫlnis ekkja
Sundr) at Hrungnis fundi.

(Ǫll ginnunga vé knǫttu brinna fyr Ullar mági, en endilǫ́g grund vas hrundin grápi, þás hafrar drógu hógreiðar hafregin framm at fundi Hrungnis; Svǫlnis ekkja gekk seðr sundr.)

Hele luften brændte for Ulls stefader, men jorden nedenunder piskedes af hagl og sne, da bukkene trak vognguden frem til møde med Hrungnir; Odins enke var nærved at briste.

16. Þyrmðit Baldrs of barmi,
berg, solgnum þar dolgi,
hristusk bjǫrg ok brustu,
brann upphiminn, manna;
mjǫk frák móti hrøkkva;
myrkbeins Haka reinar,
þás vígligan, vagna
vátt, sinn bana þátti.

(Baldrs of barmi þyrmðit þar solgnum manna dolgi; bjǫrg hristusk ok berg brustu; upphiminn brann; frák Haka vagna reinar myrkbeins vátt hrøkkva mjǫk móti, þás þátti sinn vigligan bana.)

Balders broder skånede der ikke menneskenes glubske fjende; bjærgene rystede og klipperne brast; himlen stod i flammer; jeg har hørt, at jætten stillede sig til kraftig modstand, da han så sin kamprede banemand.
(Övers. Finnur Jónsson)

Dessa vackra rader är betydelsefulla för stridens utgång. Hela den kosmiska ordningens vidare existens står på spel i en stundande maktkamp. Tor *måste* segra, annars hotas asarnas makt och jorden går under. Diktaren skildrar Tor i en skräckingivande och rasande form, vilken närmast kan liknas vid en teofani. Kosmogonin känns igen från *Vǫluspá* 3–7, bland annat i användandet av orden *ginnunga* och *grund*, och anspelar på jordens skapelse. Centralt hos skalden är inte skapelsen, utan snarare hur den brister och faller samman. Tjodulfs stil påminner om redogörelsen inför Ragnarök i *Vǫluspá*. Dikterna (*Haustlǫng* 16, *Vǫluspá* 41, 57) omtalar hur himlavalvet står i lågor och att väldiga stormar piskar världen. Tor färdas till striden, han råder över väder och åska, anspelningarna är naturliga i förhållande till guden, men skalden brukar även kenningen *Svǫlnis ekkja*. Ett heiti för Oden är *Svǫlnir* och *ekkja* (f.) kan tolkas som 'änka', vilket tyder på att Odens änka är nära att brista, eller snarare att hon brister. I sammanhanget bör det syfta till Jord, Odens änka och Tors mor. Världen brister inför Tors framfart, klippor rämnar och berg omskakas. Även detta återges i förhållande till Ragnarök i *Vǫluspá* 52. Jämförelserna betyder inte att det finns ett direkt textuellt samband mellan dikterna, snarare att skalder använde fasta muntligt traderade formler eller motiv när de diktade om liknande episka scenarier.

I *Haustlǫng* 16 meddelas att *upphiminn*, 'himlen där uppe', står i lågor, ett uttryck som återfinns i den spridda germanska formeln (*iǫrð / upphiminn*).[11] Tor står i centrum och skyddar kosmos mot en världshotande fiende. Diktaren använder många kenningar som anspelar till gudens genealogiska band till andra gudar, vilket sannolikt görs för att stärka den symboliska betydelsen av Tor som gudarnas värn.[12] I förhållande till *Haustlǫng* är Snorres redogörelse för upptakten mindre dramatisk. Han berättar att Tor anländer i asavrede – kraftigt åskmuller brakar och blixtar river himlavalvet – men eskatologiskt stoff saknas. Till skillnad mot Snorre saknar skaldedikten inledning till striden, den tar vid *in medias res* med Tors färd till stridsplatsen. Det finns uppgifter hos Snorre som troligen utgått från andra källor än *Haustlǫng*. Andreas Heusler menade att Snorre, även om han refererar till Tjodulf som källa, på grund av metrisk rytm i berättelsen sannolikt kände till en annan dikt. Bertha Phillpotts har kallat denna förmodade dikt för *Hrungnismál*.[13] Det är osäkert om den har existerat, eller om Snorre bearbetat flera för honom kända episoder till redogörelsen i *Skáldskaparmál* (kap. 17). Vid närmare analys visar sig detaljer i Snorres framställning obekanta från annat håll, men de passar in i ett fornnordiskt mytmönster, där även Oden får en framträdande roll. Vi vet att Snorre arbetade med ett stort material, från vilket dikter och muntligt traderade versioner gått förlorade. När hans källor var svåra att förena, var han benägen att utforma egna förklaringar. Går det att visa tematiska eller strukturella likheter med andra källor, är det rimligt att förutsätta att Snorre inte fabulerat avvikelser, utan baserar dem på för honom kända varianter, antingen muntliga eller skriftliga.

Hrungner i eddadiktningen

I eddadiktningen finns ett par dikter som berör kampen. I *Hárbarðslióð* (strof 14–15) skryter Tor om vilken bragd det var att besegra jätten. Harbard (Oden) har i föregående strof omnämnt Hrungner som en orubblig och särdeles hård gestalt.

Hárbarðr qvað:
14. *"Hér mun ec standa oc þín heðan bíða;*
fanntaðu mann inn harðara at Hrungni dauðan."

Þórr qvað:
15. *"Hins viltu nú geta, er við Hrungnir deildom,*
sá inn stórúðgi iǫtunn, er ór steini var hǫfuðit á;
þó lét ec hann falla oc fyrir hníga. Hvat vanntu þá meðan, Hárbarðr?" 14

Harbard kvad:
14. "Här tänker jag stå och här skall jag dig bida:
du fann ingen hårdare man sedan Hrungner dog."

Tor kvad:
15. "Det för du på tal,
att jag stred med Hrungner, den stormodige jätten,
av sten var hans huvud, dock fällde jag honom, och fick honom att braka samman, vad gjorde du under tiden Harbard?"
(Min övers.)

I *Hymiskviða* används Hrungner i en kenning för en annan jätte, vilket i sin tur anspelar på deras ättesamhörighet som jättar:

16. *Þótti három Hrungnis spialla verðr Hlórriða vel fullmikill.*

"Munom at apni ǫðrom verða við veiðimat vér þrír lifa." 15

16. För Hrungners vän [= jätten] tycktes Hlorrides [= Tors] måltid väl stor vara.

"Nästa afton tror jag att vi tre leva av villebråd."
(Min övers.)

I *Lokasenna* 61, 63 hotar Tor att knäcka Lokes ben med sin hammare på grund av Lokes glåpord. Han benämner hammaren "Hrungners bane". Hrungner räknas vid flera tillfällen till de kraftigaste av jättarna, om inte den starkaste, men i *Grottasǫngr* ställs han i kontrast till jättar som anses mäktigare:

9. Harðr var Hrungnir oc hans faðir, þó var Þiazi þeim ǫflgari; Iði oc Aurnir, ocrir niðiar, Brœðr bergrisa, þeim erom bornar.[16]	9. Hård var Hrungner och hans fader, dock var Tjatse dem övermäktig; Ide och Aurner, fränder till oss, bergresars bröder, barn av dem är vi. (Min övers.)

Sigrdrífumál 15 omtalar en *Rungnis*, men kan vara ett skrivfel. Genitiv av Hrungner borde vara *Hrungnis*. Det finns en möjlighet att det rör sig om *Rǫgnis* i *Vǫlsunga saga* (kap. 15), genitiv för Odensnamnet *Rǫgnir*.[17] Den aktuella raden i *Sigrdrífumál* som lyder *á því hvéli er snýtz / undir reið Rungnis* har tolkats olika. Erik Brate tolkade den "på det hjul som går under Rungners banes vagn" med syftning till jätten. Brate menade att vagnen inte kan vara Hrungners, utan tillhör Tor, därför inskjuts "banes", efter förslag av Finnur Jónsson.[18] Björn Collinder ger en mer ordagrann översättning: "på hjulet som rullar under Rögnes vagn", och fjärmar sig från jätten, vilken återges som *Hrungne*.[19] Sophus Bugge invände starkt mot att det skulle röra sig om Hrungners vagn i tillägg och rättelser av *Norrœn fornkvæði*. Hans argument var att Hrungner inte äger något åkdon och om man tillskriver honom ett sådant, vore det märkligt att dess hjul nämns i ett sammanhang som räknar upp vart mytiska runor ristades, vilka ytterst härleds från Oden. Detta sker omedelbart innan Odens häst omnämns, där runor är ristade på Sleipners tänder.[20] Även en sådan tanke är förhastad, eftersom Oden som runmästare har instruerats av, eller erövrat kunskapen från jättarna. En syftning till en vagnburen Hrungner kan inte utan vidare avfärdas. Jättar i de norröna källorna beskrivs förvisso inte som vagnburna, men att färdas i vagn var en typisk statusmarkör. Hrungner speglar Tor som jättarnas kämpe *par excellence* och en vagn är därmed inte orimlig. Bara för att vi inte känner till några exempel på vagnburna jättar betyder det inte att sådana inte kan ha existerat i mytiska framställningar. På många sätt svarar jättarna mot gudarna och använder liknande föremål. Diktaren kan mycket väl känt till en tradition där jätten färdats i en vagn.

Kampen mellan Tor och Hrungner var välkänd och kan uppfattas som en del av en spridd berättelse, där Tor kämpar mot en kraftfull jätte; endast en hänvisning till händelseförloppet var tillräcklig för att åhörarna eller läsarna skulle uppfatta innehållet.[21] Att den finns bevarad i flera poetiska källor vittnar om dess popularitet långt innan Snorres tid.

Odens roll i Snorres redogörelse

Hrungnerepisoden skildras av Snorre i *Skáldskaparmál* (kap. 17) och han förklarar där också kenningar han tidigare använt men inte utrett. Jag uppdelar episoden i två delar. Första delen kretsar kring Oden som sätter sitt huvud i pant mot att hans häst är bättre än Hrungners och deras kappridning mot Valhall. Den andra delen kretsar kring tvekampen som utspelar sig vid ett gränsområde mellan gudarnas och jättarnas land och avslutas med att Tor segrar men får en brynsten i hjässan och jättens ben över sin hals. Nedan undersöks de två delarna separat och jämförs löpande med andra källor. En grundtanke är att Snorres variant av Hrungnermyten bygger på äldre berättelser, vilket delvis förklarar varför den innehåller partier som inte är kända från annat håll. Att olikheterna skulle vara Snorres konstruktioner är osannolikt, eftersom struktur och innehåll överensstämmer med andra myter.

Odens förekomst i berättelsen försummas ofta, även om många har framhållit att Oden utan särskilda skäl beger sig till Jotunheim.[22] John Lindow har på goda grunder framhållit att Odens agerande istället spelar en viktig roll.[23] Det är i mitt tycke tydligt att episoden följer ett mönster för Oden-myter. Oden är den store kunskapssökaren, i motsats till Tor där myter kretsar kring mod och styrka. Snorre inleder med att Oden färdas till Hrungner på sin häst. Namnet nämns inte, men antagligen är det Sleipner, såtillvida det inte rör sig om en mystisk forntid innan Oden ägde springaren. När de möts inleder Hrungner med att fråga vem som ridit över luft och land för att nå honom.[24] Oden, som i vanlig ordning färdas inkognito, svarar att han vågar sitt huvud i pant på att det i hela Jotunheim inte finns en springare som är bättre än den han rider. Att Oden sedan sätter sitt huvud i pant kan ses som en parallell till Odens visdomstävling mot jätten Vaftrudner där samma motiv ingår. Att Oden bär en gyllene hjälm är en intressant detalj. En förklaring kan vara att han uppsöker en furste bland jättarna och vill göra intryck på ett sätt som inte avslöjar vem han är, men ändå gör honom värdig att samtala med. I *Vafþrúðnismál* beter sig jätten på ett liknande sätt när Oden först är tvungen att visa sig värdig för att tala med honom, även om tillvägagångssätten skiljer sig åt. Det var viktigt att Oden inte avslöjade sin sanna identitet innan han uppnått sitt mål. Oden framställs aldrig som en impulsiv sökare som besöker dödliga motståndare utan syfte. Även om hans drivkraft hos Snorre vid första anblick ter sig omotiverad, bör den ses i ljus av ett större mönster. Att sätta sitt huvud i pant är synonymt med att guden vågar sitt liv och indikerar utmaningens kosmiska dimensioner. Hrungner svarar att främlingens häst är god men att hans egen, Gullfaxe, tar vidare steg. Jätten grips av vrede och sätter genast efter Oden, vilken uppenbarligen redan ridit iväg. *Gullfaxi* m. betyder 'den gyllene manen' och är ett märkligt namn för en av jättarnas hästar.[25] Oden rider till Valhall och det är en hård kamp, hästarna är likvärdiga eftersom Snorre skriver: *Óðinn hleypti svá mikit at hann var á ǫðru leiti fyrir* ("Oden galopperade så hårt att han var på höjden framför").[26] Oden pressar sin häst till det yttersta och segrar, vilket är nödvändigt ur ett kosmiskt perspektiv.[27] Jätten som är honom i hälarna har drabbats av sådan jättevrede att han inte märker vart de galopperat, förrän han är innanför Asgårds grindar.

Vad är det som driver Oden till en sådan handling? Jag tror det rör sig om jakt efter kunskap eller visdom. Inget om dialogen mellan Oden och Hrungner nämns; kanske rör det sig om en verbal duell eller en visdomskamp? Klart är i vilket fall att Oden förmår jätten att bli ursinning och rida efter honom. Oden färdas inkognito och Snorre skriver att *hann fann eigi fyrr en hann sótti inn of Ásgrindr* ("han [Hrungner] märkte inte något förrän han var innanför Asagrinden"). Syftet är förmodligen att vinna jättens häst, Gullfaxe, som visar sig vara jämngod med Odens. John Lindow menar att

[...] it is important that the head of the gods should have the best of horses; indeed, the gods should and must have the best of everything that can be compared if they are to maintain their hierarchical position above the *jǫtnar*.[28]

Lindow anser vidare att kapplöpningen är misslyckad, eftersom Oden inte håller jätten utestängd från Asgård.[29] Det sista påpekandet är tankeväckande; hos Snorre är det anledning till att gudarna söker Tors skydd. Jag tolkar det något annorlunda. Oden handlar inte utan sak och en rimlig förklaring är att guden avsiktligt fört in jättens häst till Asgård. Oden försvinner sedan ur Snorres berättelse, men återkommer vid dess slut med en replik, där han klagar över att Tor ger Gullfaxe till sin son: *Þá mælir Óðinn ok sagði at Þórr gerði rangt er hann gaf þann hinn góða hest gýgjarsyni en eigi fǫður sínum.* ("Då sade Oden att Tor handlade orätt när han gav en så utmärkt häst till en jättinnas son och inte till sin fader").[30] Odens handling resulterar i att hästen tillfaller gudarna. Eftersom Tor slår ihjäl jätten är det han som avgör vem som får hästen, trots klagomål från Oden. Med lite vilja kan denna schism jämföras med en träta (jfr *Hárbarðslióð*) eller tolkas i ljus av motsättningen mellan gudarna, som hos Snorre är far och son.

Hrungner intar Odens plats vid gillet, dricker av Tors horn och tar sedan till orda för att uttrycka sin vilja. John Lindow liknar jättens plats i högsätet vid en inverterad spegling av Odens roll, där guden efter att han druckit kosmisk dryck yppar visdom, medan jättens framtida utsikter istället speglar jättarnas motsatta perspektiv.[31] Jättens skryt är av fem olika typer som var och en speglar hur jätten vill omkasta den hierarkiska ordningen och utsätta asarna för sådant som de utsatt jättarna för. Punkt 1, 2 och 4 har Lindow tidigare observerat medan jag tillfört punkt 3 och 5:

1. Han tänker forsla Valhall till Jotunheim. Betydelsen blir att jätten omvandlar asarnas hall till jättarnas hall och samlingsplats. Asarnas centrum förs bort och omvandlas till jättarnas centrum.
2. Han hotar angripa Valhall och dräpa alla gudar. Detta speglar Tors och Odens färder till Jotunheim och deras återkommande angrepp mot jättarna.
3. Han tänker dränka Asgård. Denna handling ekar motivet med jättar som omkommer i en stor flod, ytterst orsakad av gudarna, den finns hos Snorre, *Gylfaginning* (kap. 7), i *Beowulf* (r. 113–114, 1687–1693) och i *Vafþrúðnismál* 35.
4. Han tänker föra med sig Sif och Freja hem. Även denna handling speglar gudarnas bortförande eller sexuella rela-

tioner med jättinnor. Det speglar också det som ingår i vad Clunies Ross kallar negativ reciprocitet.[32]

5. Han tänker dricka upp asarnas öl. Oden har stulit skaldemjödet från jättarna och Tor burit bort Hymers väldiga bryggkittel.[33] Mjöd som kultdryck skulle således upphöra att vara verksam och utplåna ett för människan vitalt föreningsband till gudarna.

Tor understryker faran när han utropar: *hverr því rœðr er jǫtnar hundvísir skulu þar drekka, eða hverr seldi Hrungni grið at vera í Valhǫll eða hví Freyja skal skenkja honum sem at gildi Ása.* ("vem som sagt att kloka [sluga] jättar fick dricka där eller vem som gett Hrungner fred i Valhall, och varför skall Freja skänka honom öl som på asarnas gillen").[34] Det är intressant att Tor kallar jätten för *hundvíss* som annars är en beteckning för särskilt kloka jättar. När orden flödar ur Tors mun är det av sammanhanget enligt min mening att förstå som pejorativt: en slug jätte har nästlat sig in till asarnas gille.[35] Hrungner är inte någon menlös jätte. Det är främst han som för talan vid gillet; det är också han som får sista ordet (liksom han får vid mötet med Oden), samt undviker att krossas av Tors hammare. Den åsikt som många framhållit, att Hrungner skulle vara en dum jätte, stämmer alltså inte.[36] Den punkt där Hrungner handlar oförståndigt är när han ställer sig på sin sköld. Varför han gör det förklaras olikartat av källorna: antingen vållar asarna det, eller så övertalas han av Tors medhjälpare. Tor bekämpar jättarna fysiskt medan Oden med andra medel berövar dem tillgångar. Gudarna agerar för att bevara maktstrukturen i kosmos med asarna i topp. Myter om Oden och Tor är viktiga för att förklara hur man tänkte sig att maktstrukturer inrättats och regleras. Genom gudarnas handlingar bevaras en kosmisk balans i gudarnas favör. Människan vänder sig till gudarna som garanter för denna ordning.

Varför slår inte gudarna ihjäl Hrungner i hallen? När Tor kommer in i hallen och ser vad som äger rum är hans vanliga handlingsmönster att tillgripa vapen, men jätten åberopar Odens fridslöfte (*var á hans griðum*). Just föreställningar om att gästen i en hall omfattades av *grið* (n.), 'fridslöfte, fri lejd', finns många exempel på i sagalitteratur och dikt. Trygghet för liv och lem är en form av avtalad fred som, av källorna att döma, var vanlig. Att bryta mot den hölls för ett svårt nidingsdåd; i mytiska speglingar av samhället klargörs olika scenarier för hur denna avtalade fred eftersträvas. Både gudar och jättar följer vanligen dylika rättesnören, vilket kan tyda på att det var viktigt även på en samhällsnivå. Episoden kan jämföras med *Lokasenna* där Loke förolämpar gudarna och beter sig som en niding. När Tor vill gripa till vapen hindras han eftersom *þar var griðastaðr mikill* ("där rådde stort fridslöfte").[37] Berättartekniskt torde en sådan syftning innebära att Hrungner kunde känna sig trygg, men då Tor i kritiska situationer bryter löften,[38] är jätten tvungen att finna en utväg. Med list påtalar han för Tor att han står vapenlös, därmed vore det omanligt att dräpa honom, istället utmanas guden till tvekamp på utvald plats. Oden har förlorat kontroll över sin hall och Tor ingriper för att skydda gudarna. Med utsikt om att vinna ryktbarhet förväntas inte Tor avböja.

Brynstenssymbolik och drabbningen mellan Tor och Hrungner

Snorre berättar att det var första gången Tor utmanades till holmgång, och att han inte ville gå miste om ett sådant tillfälle. Det sägs emellertid inget om det var gudens *första* holmgång, vilket inte är samma sak. Hrungner beger sig till Jotunheim där det blir samtal bland jättarna om vad som skett och att han avser att kämpa mot Tor. Jättarna har stort intresse i att Hrungner segrar och vet att ont är att vänta om Tor vinner, eftersom Hrungner var starkast bland dem. De tillverkar inför mötet en enorm mansgestalt av lera, beskriven som nio raster hög och tre raster bred under armarna. Formen blir för stor för att ett vanligt hjärta skulle passa och jättarna ger honom istället ett märrhjärta. Hrungner själv har ett hjärta av hård sten som är spetsigt med tre hörn (*af hǫrðum steini ok tindótt með þrim hornum*). Hans huvud och den sköld han håller framför sig är också av sten. Ett stort bryne (*hein*) är hans vapen vilket vilar mot hans axel och hans åsyn är olycksbådande. Vid jättens sida står lerjätten (*leirjǫtunninn*) Mökkurkalve, vars namn kan översättas 'dimmiga ben' eller 'den som består av dimma'. Lerjätten blir vettskrämd av Tors framfart och pissar på sig. Tor kommer till platsen med Tjalve, som springer fram till Hrungner och meddelar att jätten står försvarslös när han håller skölden framför sig då Tor sett honom och tänker angripa underifrån. Hrungner ställer sig på skölden och håller brynet med båda händerna. Tor anfaller med våldsam asakraft; åskmuller och kraftiga blixtar brakar där guden drar fram. Tor kastar hammaren mot jätten som i samma stund kastar sin brynsten. Brynet möter hammaren i luften och bryts i två delar, en del faller till marken och bildar alla berg där man kan bryta brynsten, medan den andra delen träffar Tor i huvudet och slår guden till marken. Mjölner träffar jättens huvud som splittras till småflisor; han stupar men ett av hans ben faller samtidigt över Tors hals. Under tiden har Tjalve besegrat Mökkurkalve som faller "utan större ära". Ingen kan lyfta benet från Tors hals förrän hans son Magne (Magni), 'den starke', (som guden hade tillsammans med jättinnan Järnsaxa) kommer till platsen och lyfter undan det. Sonen beskrivs som endast tre vintrar eller tre nätter gammal beroende på handskrift.[39] Magne säger att det är stor skada att han kommer sent eftersom han slagit ihjäl jätten med sina bara händer om han varit där tidigare. Tor berömmer sin son och belönar honom med Gullfaxe. Oden blir vred och menar att Tor handlat orätt eftersom han ger en så fin häst till en jättinnas son (gýgjarsyni) istället för till sin far.

En jätte som slungar stenblock (jättekast) är gängse i folksagor och sägner och Hrungnermyten kan ses som den äldsta nordiska varianten av motivet. Att jätten strider med en sten, tillika en brynsten, bör vara något som knappast var ett berättartekniskt infall. Jens Peter Schjødt har i en analys av Hrungnermyten undersökt den i ett större perspektiv av initiationsritualer, men anser inte att myten i den version vi känner direkt ger uttryck för en sådan. I en fotnot uppmärksammas motsättningar mellan olika element: "the myth operates with an opposition between stone and iron, which is analogous to uncivilized and civilized, chaos and cosmos and perhaps also nature and culture."[40] En strukturalistisk analys kan ge intressanta infallsvinklar, särskilt förhållandet mellan sten och lera, mod och feghet, eller järn och sten. I synnerhet är motsättningen mellan sten och järn intressant. Jättens bryne kan tolkas som ett primitivt vapen i motsats till gudens smidda (järn-)hammare, en kontrast mellan jättarnas underlägsna och asarnas högre utvecklade teknologi. Smeden hade en funktion som angränsade till det magiska, särskilt en skicklig sådan kunde tillskrivas övernaturliga förmågor. Föreställningar om legendariska / magiska smeder är spridda över stora områden.[41] I det germanska materialet är två mytomspunna smeder framstående, Völund (figurerar i olika namnformer som *Weland, Wayland, Welund* i ett flertal källor, bland andra *Beowulf* och *Vǫlundarkviða*) samt Regin (omnämns i till exempel *Norna-Gests þáttr* och *Grípisspá*). Dvärgar omnämns också som utomordentligt skickliga smeder och var upphov till Tors hammare samt många av gudarnas mest prisade skatter. Asarna hade således tillgång till denna avancerade teknik.

Tors hammare splittrar jättens vapen och krossar jättens huvud. Det är tänkbart att det bakom denna detalj skymtar en idé om hur åskan slår ned i och splittrar berg. Den ena halvan av brynstenen ger upphov till alla brynstensberg (*ǫll heinberg*). Detaljen likställde von Sydow med senare folktros jättekast, och menade att det var en typisk förklaringssägen, det vill säga en berättelse som förklarar hur brynsten uppstått.[42] Kanske är det en etiologisk detalj som Snorre infogat, men den bygger sannolikt på gamla tankar om åskans ohyggliga kraft, gestaltad i åskgudens vapen.

Att jätten hör samman med sten styrks av att stridsplatsen beskrivs som en stengård, vilket framgår redan i *Haustlǫng*, medan *Hárbarðslióð* 14–15 beskriver jätten som den hårdaste av sitt folk genom uppgiften att hans huvud består av sten. Hrungners stenkaraktär hade således förankring i diktarmiljön långt före Snorres tid. Jättarna sammanställs ofta med sten eller berg; vad som skiljer Hrungner från andra är att han delvis *består* av sten. Han kan ses som en mytisk personifikation av berget, medan Tors vapen är åskviggen som splittrar sten. Åskan slår ned i landskapet, inte sällan på höjder, i berg eller i träd. Fynd av diverse stenåldersföremål, vapen eller redskap, kan ha varit en förklaring till att jättar i egenskap av forntida bebyggare förknippades med dylika redskap. En forntida stenyxa måste redan under vikingatid upplevts som ålderdomlig och främmande. I myterna fann man svar i att de äldsta mytiska gestalterna förknippades med sten, medan asarna stod närmare den egna kulturens järntillverkning. I Tors händer är åskviggen och järnhammaren identiska. Hrungner höll enligt Snorre en brynsten (*hein*) med båda händer, vilket tyder på att det var ett stort vapen. Termen fvn. *hein* (f.) har betydelsen 'slipsten, brynsten';[43] stenen kunde användas som vapen, till att slipa redskap eller symboliskt anspela på kungamakt.[44] Språkligt finns uttrycket kvar i uttrycket "att egga" någon till något, alltså beivra till handling. Snarlika uttryck är engelskans *whet* eller isländskans *brýna*.⁴⁵ Semantiskt finns flera innebörder för brynstenen; det är inte otänkbart att de utvecklats ur en betydelse som anknyter symboliskt till kungamakt.

Låt oss undersöka ett par isländska sagor för att se hur aspekter av brynsten lyfts fram och om de kan belysa myten. Det första exemplet, en episod ur *Víga-Glúms saga* (kap. 21), vittnar om hur brynsten kunde användas som kastvapen. En drömsekvens berättar hur Glum (*Glúmr*) vandrar ut på ett tun och att hans fiende Torarin (*Þórarinn*) närmar sig beväpnad med en stor brynsten (*harðstein mikinn*). Glum finner själv en brynsten som han rustar sig med. De kastar stenarna mot varandra som kolliderar med ett våldsamt brak vilket dånar över hela häradet (*at heyrði um allt heraðit*).⁴⁶ Det finns likheter mellan denna strid och den mellan Tor och Hrungner. I drömsekvensen är båda beväpnade med stora brynstenar och drömmen symboliserar en framtida kontroll över området. I striden mellan Tor och jätten är den senare beväpnad med en brynsten, och stridens utgång är av betydelse för gudar och jättar. Brynsten som symbol för kungamakt talar för att Hrungner ansågs ledande bland jättarna, sannolikt en slags furste. När hans brynsten slås itu av Mjölner är det, som Stephen Mitchell framhållit, en sinnebild för hur jättarna förlorar makt mot Tors hammare.⁴⁷

Det andra exemplet, från *Knýtlinga saga*, berör brynstenen som symbol för kungamakt. Det är en saga som ingår i "danakonungarnas sagor", troligen en samlingstitel för flera äldre sagor om danska kungar (efter kung Knut mellan 900- och 1200-talet), nedtecknade under andra hälften av 1200-talet.⁴⁸ Sagan beskriver två kungar som levde under 1000-talet, Harald Svensson (*Haraldr Sveinsson*) och Knut (den store). Hur kungarna beskrivs speglar hur en god respektive en dålig kung utmärks. Harald, med binamn *hein*, är kung över Danmark och under hans styre är landet maktlöst både mot inre som mot yttre hot. När sedan Knut övertar tronen försvarar han riket med styrka och kraft; hedningar drivs ut och ingen vågar angripa. Binamnet *hein* förklaras på följande vis (kap. 27):

Haraldr konungr var maðr kyrrlátr ok fálátr, ómálugr, ekki talaðr á þingum. Urðu aðrir mjǫk af hafa tungu fyrir honum. Var hann

ok lítill atkvæðamaðr um þá hluti, er þurfa þótti. *Engi var hann hermaðr, kyrr ok hœgr við fólkit, ok stóð lítil stjǫrn af honum. Fór nær slíku hverr fram í landinu sem vildi. Danir kǫlluðu hann Harald hein. En er hann hafði konungr verit fjóra vetr, þá varð hann sóttdauðr.*⁴⁹
 Kung Harald var en stillsam och tillbakadragen man, fåordig, och talade inte vid tinget. Han var tvungen att låta andra tala för honom. Han var en man av liten betydelse när det gäller eftertänksamhet. Inte heller var han någon krigare, tyst och lättsam mot sitt folk, och det var föga styre av honom. De färdades över landet som ville. Danerna kallade honom Harald bryne, och efter han varit konung i fyra vintrar dog han sotdöden.
(Min övers.)

Även *Ágrip af sǫgu Danakonunga* bekräftar uppgiften om att Harald kallades för *hein* och styrde i fyra vintrar innan sotdöden tog hans liv.⁵⁰ Binamnet är vid första anblick besynnerligt, men som Mitchell påpekar i en studie över brynstenens symbolik i förhållande till styre, är just feminin form något som användes om odugliga härskare.⁵¹ Binamnet brukas ironiskt och anspelar på dess egentliga motsats, fullt jämförbart med nutida smeknamn som "blixten" eller "biffen". Harald ställs i direkt kontrast till sin bror Knut (kap. 28):

*«Þér Danir launuðuð svá Haraldi konungi, brœðr mínum, góðvilja þann, er hann hafði til yðar, er hann var yðr helzti hœgr ok linr, at þér kǫlluðuð konung yðarn Harald hein ok gerðuð þat fyrir spotts sakir við hann, en nú skal ek þat launa yðr, er þér kunnuð þat illa at þiggja, at nú skal ek vera yðr frekr harðsteinn.»*⁵²
 "Ni daner lönade så min bror kung Harald, för hans goda vilja mot er, som var varsam och mild, att ni kallade er konung för Harald bryne, därmed hånade ni honom. Nu ska jag belöna er på följande sätt, vilket ni inte kommer att tycka om, eftersom jag nu ska vara som ett hårt bryne mot er."
(Min övers.)

Kungen likställs med ett hårt bryne, vilket koncentrerar hans duglighet eftersom ordet också används när han kväser befolkningen i Skåne. En kompetent kung ska vara militärt framgångsrik och en god retoriker. Knut omfattar, till skillnad mot sin bror, bägge aspekter. I myten om Hrungner ser det ut att vara ett medvetet val av Snorre att framställa jättens attribut med en brynsten när han använder *hein* (f.) istället för *harðsteinn* (m.). Brynsten användes självfallet även som slipsten, utan vidare symbolik.⁵³ I Snorres berättelse om hur Oden erövrar skaldemjödet spelar brynet en viss roll. Oden, under täcknamn Bölverk, vässar jätten Bauges trälars liar med en magisk brynsten vilken sedan kastas upp i luften. De nio trälarna försöker fånga stenen och hugger i tumultet huvudena av varandra. Episoden förenar symboliskt stenen som ett funktionellt redskap med en furste, i det här fallet Oden. Hrungner är en furste bland jättarna, men brister ur Snorres perspektiv i viktiga egenskaper som utmärker en duglig sådan. Något annat vore väl otänkbart i ett verk där gudarna ställs i direkt motsättning till jättarna. Brynstenen kan föras till Tor på ytterligare ett plan; efter att jätten besegrats fastnar en bit av stenen i gudens hjässa. Snorre återger det märkliga talesättet: *þat boðit til varnanar at kasta hein og gólf þvert, þvíat þá hrœrisk heinin í hǫfuð Þór* ("det tjänar som en varning att man inte ska kasta brynen tvärs igenom ett rum eftersom då rör sig brynet i Tors skalle").⁵⁴ Stenen ansågs sitta kvar i Tors skalle och påverkades av andra brynstenars rörelser. Att det finns en tydlig symbolik knuten till Tor och sten återspeglades troligen kultiskt i sammanhang med eldslående spikar (så kallade *reginnaglar*, 'heliga spikar' [i högsätesstolpar]). Överlag verkar eldslående spela en stor roll i myten; det är tydligt i *Haustlǫng* där världen skälver och himlavalvet täcks av eld. Brynstenen som träffar Tor i pannan skildras i strof 19 med kenningen *stála vikr*, 'stålets pimpsten'. Slår man samman stål och sten uppstår en gnista som ger upphov till eld. Det är detta som brynstensbiten i Tors skalle symboliserar, vilket F. R. Schröder framhöll redan 1927. Schröder såg vidare en intressant parallell till samernas gudabild av *Hovragaellies* där eld i ett par finska verser slås fram med hjälp av bryne, samt till eldens direkta betydelse och koppling till guden Ukko.⁵⁵

Hrungners breda och tjocka sköld är i Snorres berättelse av sten, liksom hans huvud och hjärta var av sten. Det finns inget som talar för att jätten i övrigt skulle vara av sten utöver nämnda delar. De bildar en tydlig kontrast till det svagare materialet lera. Mötesplatsen där kampen äger rum är *Grjótúnagarðr*, 'stentunsgården'. Namnet styrker att sten haft en symbolisk betydelse i kontrast till järn, men är i övrigt okänt. Det påminner om Geirröds hemvist *Grjótún*, 'Stentun', i *Haustlǫng* 14 och ligger troligen till grund för Snorres version. Namnet tyder på att jätten håller till bland berg. Stenverktyg är förknippade med något som ofta kan uppfattas som primitivt av folk som lärt sig hantera brons eller järn; ur ett sådant perspektiv blir jättens attribut främmande, samtidigt som de förhöjer jättens råhet och styrka: en stensköld måste ju av naturliga anledningar uppfattas som oerhört tung och otymplig. Eftersom Hrungner är känd som den starkaste bland jättarna är det naturligt att även hans vapen, en väldig brynsten och kolossal stensköld, motsvarar hans styrka. När Tor kommer till stridsplatsen håller jätten skölden framför sig och blir närmast till en ogenomtränglig fästning. Gudarna måste finna råd för att få honom att lägga undan skölden. Hos Snorre är det Tjalve som övertalar jätten att ställa sig på den, i *Haustlǫng* vållar gudarna och diserna det.[56]

Clunies Ross har analyserat striden mellan Tor och Hrungner ur ett hedersperspektiv, speglat både i fornnordiskt samhälle och i myter.[57] Att Tor i skaldediktens inledande skede är fylld av ilska beror på att Hrungner kidnappat hans dotter. Tolkningen baseras på första strofen av Brage i *Ragnarsdrápa* (ca 800–850) där sköld kännetecknas som *blað ilja Þrúðar þjófs* ("Truds tjuvs fotsulas blad").[58] Hrungner är i myterna den enda som är känd för att ställa sig på en sköld, något som Snorre refererar till i *Skáldskaparmál* (kap. 49) när han återger varianter för sköldbeteckningar: *Skjǫldr er ok kallaðr skip Ullar eða kent til fóta Hrungnis er hann stóð á skildi.* ("Skölden kallas också Ulls skepp eller är känd som Hrungners fötter eftersom han stod på skölden.")[59] *Þrúðr* (f.), 'kraft', är från andra sammanhang känd som Tors dotters. Den som står på skölden är sannolikt Hrungner, vilket framgår först vid jämförelse med andra källor. Kormak Ögmundsson (*Kórmakr Ǫgmundarson*) omskriver skölden i en lausavísa (sent 900-tal) med kenningen *stallr Hrungnis fóta* ("Hrungners fötters plattform").[60] Att jätten rövat Tors dotter framgår ingalunda, men är en tänkbar katalysator för drabbningen. En jämförbar kenning – *þrámóðnis Þrúðar* ("den som trånar efter Trud")[61] – i *Þórsdrápa* 17 av Eilif Gudrunsson (*Eilífr Goðrúnarson*) har tolkats som jätten Geirröd. Jag är inte övertygad om att jätten våldtagit hans dotter som föreslagits av Turville-Petre och Clunies Ross, även om ett sådant scenario är möjligt.[62] Det är tillräckligt ärekränkande att jätten bortfört Tors dotter som i egenskap av far inte lyckats värna om henne.

Clunies Ross menar att övergrepp mot Tors dotter var ett direkt angrepp mot Tors heder och att det får honom att framstå som *ragr*, eftersom han inte skyddat sin dotter. Kampen drivs sedan av att Tor försöker återvinna sin heder och att de söker dra skam över varandra. Att Tjalve underrättar Hrungner om att Tor ämnar angripa underifrån tolkas av Clunies Ross inte med att jätten var "merely a fool", utan hör samman med aspekter av *ergi*: "an attack from beneath as an attempt to make him *rassragr*, to subject him to rape and anal penetration."[63] Clunies Ross tillägger i en fotnot att John Lindow inte trodde att den typen av hot ingick i Tjalves bud till Hrungner, eftersom det innefattar en riktning som hör hemma på det horisontella planet, inte det vertikala som tolkningen ger uttryck för. Han menade att det är kosmologiskt förvirrande och ovanligt. I detta håller jag med Lindow, även om Clunies Ross menar att det rör sig om ett verbalt vilseledande och inte att Tor verkligen var under jorden.[64] Om vi ser till Snorres källa, *Haustlǫng*, finns inga referenser till Tjalve eller lerjätten. Vad som däremot bekräftas (strof 17) är att skölden kvickt for in under jättens fötter eftersom "gudar vållade det, diserna ville det".[65] Det kan vara en variant på ett liknande tema, men torde ändå syfta till att jätten duperas och behöver inte anspela på sexuell förnedring.[66] Sköldmotivet är svårfattligt; att det förekommer i ett par, men inte alla, källor kan vara en indikation på att det fanns lokala eller konkurrerande varianter av myten. Idag, när viktiga pusselbitar saknas, har vi inte möjlighet att fullt ut begripa dess forntida resonans. Hrungner tillhör en typ av jättar som ofta figurerar i myter om Tor. De är starka och kraftfulla, men inte nödvändigtvis uppfyllda med lärdom som de som Oden uppsöker. Den episka utformningen kräver att jätten motsvarar guden; på så sätt förhärligas guden, vars makt intygas av segern.[67] Tors hammare hade säkerligen krossat jättens stensköld om han värnat sig med denna. Hos Snorre får episoden en komisk karaktär och visar att gudarna är överlägsna jättarna, mentalt som fysiskt. På samma sätt representerar Tors hammare gudarnas dominans över jättarna. Hrungner företräder fysiskt råstyrka men vilseleds av gudarnas slughet, eller som hos Snorre av gudens hjälpreda, vilket kan ses som en variation på samma tema. Märkligt nog framställs jätten i inledningen och i Valhallepisoden som en listigare jätte än vad som senare är fallet. Kanske beror en sådan diskrepans på att Snorre inarbetat olika berättelsevarianter i sin skildring.

Det råder till stor del konsensus om att Tors kamp mot Hrungner tillhör det äldsta skiktet av kända myter, samtidigt som detaljer hos Snorre kan vara yngre. De episoder vi finner hos Snorre, men som inte omnämns i *Haustlǫng* eller andra källor, är följande:

1. Odens resa till Hrungner och deras kapplöpning till Valhall.
2. Hrungners skrävel och hot i Valhall.
3. Tjalve lurar Hrungner att ställa sig på sin sköld och kämpar mot Mökkurkalve.

Hermann Schneider förklarade Snorres version som den yngsta av fyra lager texttradition, där myten ska ha gått från muntlig epik genom skaldedikt till prosa för att slutligen utformats humoristiskt av Snorre.[68] Det finns forskare som menat att den komiska karaktären i Snorres text skulle vara hans egna burleska tillägg. Vid närmare granskning framstår den komiska formen som skenbar, vilket Jan de Vries understrukit.[69]

Tvekampen och krigarideologi

Att det rör sig om en form av initiationskontext i myten lyftes fram av Georges Dumézil 1939 i *Mythes et dieux des Germains* (en ståndpunkt som reviderades i omarbetade utgåvor). I första utgåvan menade Dumézil att det rörde sig om en "sann initiationsmyt" där Tjalve eller Tor bör ses som initiand.[70] Senare ansåg han att den unge medhjälparen inte är något krigarämne samt att Tor redan var en aktad sådan. Därför föreslog han att det kunde röra sig om initiation till en högre nivå, alltså en form av progression för guden.[71] Krigarens initiering var enligt Dumézil tydlig bland germanska folk:

> But it is the Germanic peoples of the north who furnish the most direct proof that, in the ancient world, such dummy monsters were put to use on the occasion of initiation or promotion ceremonies.

There are two documents to consider here: an account, which reads like a novel, of the first combat of a young warrior, and the account of the first "regulation duel" of the god Þórr.[72]

Först omnämns fornaldarsagan *Hrólfs saga kraka*. I denna typ av sagor finns det många rester av äldre mytmotiv eller omarbetningar av mytiska berättelser.[73] Som de Vries framhållit kan de ses som omarbetningar till prosa av ett äldre skikt hjältedikter.[74] Flera forskare har framfört åsikter om genrens opålitliga källvärde, vilket medverkat till en rädsla för att använda dem; de är en ofta underskattad källa till kunskap om äldre myter.[75] Utsikten är stor för att de åtminstone delvis återgår på gammalt muntligt traderat stoff, där drag minner om folklore och äventyrssagor, till skillnad från de (oftast) mer realistiska islänningasagorna, som i stor utsträckning är riktade till en kulturell maktelit.[76]

I *Hrólfs saga kraka* (kap. 33–36) berättas hur en man vid namn Hött (*Hǫttr*) beger sig till kung Rolfs (*Hrólfr*) hall. Där blir han, utan kungens kännedom, utsatt för grova kränkningar av kungens hirdmän. Männen har placerat Hött i en hög av ben och roar sig med att kasta köttben på honom. När sagans hjälte Bödvar (*Bǫðvar*) kommer till kungens hall ser han att Hött uppfört en mur av ben omkring sig, i tron att den skyddar honom. Bödvar sliter ut honom och tar honom under sitt beskydd. När en av männen kastar ett stort ben mot Hött fångar Bödvar det i luften och kastar det tillbaka med sådan kraft att det spräcker mannens skalle. Kungen tillkallar Bödvar och Hött och efter en kort respit vill kungen att Bödvar ska bli del av hans hird. Han svarar att han inte vill skiljas från Hött. Rolf menar att Hött inte är av rätt virke men lovar likväl utspisa honom om Bödvar antar budet. Vid juletid härjar en stor bevingad varelse landskapet som inget vapen tycks bita på. Kungens män är uppskrämda; de som gett sig av för att dräpa besten har inte återvänt. Varelsen omnämns som *mesta trǫll*, 'det största troll'. Kungen samlar sitt manskap i hallen och vill hålla dem nära. Under natten smiter Bödvar ut samman med Hött (som är så rädd att han måste bäras).[77] Bödvar möter varelsen och efter en smärre svårighet att dra sitt svärd, dräper han vidundret. Därefter ber han Hött dricka varelsens blod och äta av dess hjärta. När Hött gjort detta sparrar han med Bödvar en stund och de konstaterar att Hött transformerats till en kraftfull och modig man.[78]

Därefter säger Bödvar att de ska resa upp varelsen igen på sådant sätt att den ser ut att vara vid liv. På morgonen nås kungen av bud om att boskap och byggnader är oskadda men att varelsen närmar sig. Männen gör sig redo att försvara hallen men då de inte finner någon rörelse från varelsens håll säger kungen att de borde angripa. Bödvar föreslår att den modigaste bland dem ska göra det och ber Hött dra ut. Hött får kungens svärd Gyllenhjalt (*Gullinhjalti*)[79] med vilket han fäller varelsen. Kungen genomskådar bluffen, men häpnas över att Bödvar fått en feg man till en duglig kämpe och säger att hädanefter ska Hött benämnas *Hjalti* (efter svärdet).

Dumézil tänker sig att mötet korresponderar med ett gammalt indoeuropeiskt mytmönster, där en kämpe strider mot en motståndare som uppträder i trippelform, trehövdad, med tre kroppar eller dylikt. Tretalet i Hrungners fall hänvisas till hans trehörniga hjärta. Dumézil menar att det är frestande att tolka det återkommande mönstret som ett arv från en gemensam indoeuropeisk förhistoria.[80] Uppgift om tretal i myten är enligt min mening vag, en jätte med tre huvuden förekommer på annat håll i en strof av Veturlide (*Vetrliði Sumarliðson*), samt på en gotländsk bildsten. Dumézils tolkning blev inflytelserik. Många anslöt sig och försökte finna stöd för initiation i myten. Renauld-Krantz identifierade fyra kännetecken som enligt honom var tecken på att myten behandlar initiation:

1. Att det är Tors första envig.
2. Att det är gudens enda envig.
3. Att gudens motståndare är den starkaste hos jättarna.
4. Att både gudarna och jättarna som kollektiv är involverade i stridens utgång.

Av dessa fyra är de första två osäkra. Det sägs inte att det är Tors första envig; vad som sägs är att det är första gången han utmanas. Schjødt påpekar med rätta att inget av dessa kriterier ger något klart besked om att det rör sig om initiation överhuvudtaget:

> Therefore, it must be maintained that nothing indicates that this myth, as it has been handed down to us, forms a sequence that can be designated as either descriptive of an initiation ritual or as an initiation myth.[81]

Särskilt är kännetecken ett och två tveksamma, eftersom inget tyder på att guden aldrig stridit i en holmgång tidigare. Det kan bero på att ingen vågat utmana honom, vilket skulle tyda på dess motsats.[82] Dessutom bör det tilläggas att den berättelse Snorre återger inte handlar om en regelrätt envig mellan Tor och jätten, då deltagarna i striden inte är två utan *fyra*: Tor, Tjalve, Mökkurkalve och Hrungner. Snorre skriver att det både rör sig om envig (*einvígi*) och holmgång (*holmganga*), vilka egentligen är två skilda stridsformer. Envig verkar i stort ha varit en mer fri form av strid mellan två deltagare, medan holmgång förknippades med regler, en särskild stridsplats vid en holme eller utmärkt plats, där striden slag för slag var turbaserad.[83] Det skulle vara möjligt att med Clunies Ross argumentera för att Tjalve och lerjätten kan ses som medhjälpare av en typ som ofta assisterade krigarna vid en holmgång,[84] men då de kämpar mot varandra och ingen beter sig på det sätt medhjälpare från sagalitteraturen vanligtvis gör, är tolkningen osäker. Dumézil menar att uppgiften att Tor accepterar jättens bud bygger på Snorres uppgift att det är första gången Tor ges möjlighet att utkämpa envig på en särskilt utsedd plats, alltså vid en *holmr*.[85] Kanske är det att läsa in för mycket i Snorres redogörelse. Jag tror inte att det är av större betydelse om det är Tors första strid av den här typen, eller att det går att fastställa. Snarare bör en uppfordran till kamp av den här typen kräva att guden accepterade eftersom han i annat fall framstod som omanlig. Gwyn Jones har utrett holmgång i sagalitteraturen och framhåller:

> There was a particulary binding element about a challenge to holmgang. It was a challenge to one's manhood [...]. [T]o refuse a challenge was to refuse the manly course of action, and this laid a man open to the charge of cowardice and baseness, and the consequent reproach and abuse.[86]

En del sådana utmaningar i sagalitteraturen vittnar om att den som avböjer kamp kunde bli föremål för allvarliga ärekränkningar som värderades värre än fysiska skador, eller rentav livet självt.[87] Den mytiska tvekampen bör i detta spegla samhället. Tor, starkast bland gudar, var bunden att acceptera utmaningen eftersom hans och därmed gudarnas heder och prestige stod på spel. Som Alvar Nelson framhållit i en studie av envig och ära:

[D]et var icke lätt att i ett samhälle, vars medlemmar i äran sågo livets hjärtepunkt, finna den form, varigenom man kunde försona en ärekränkning [...]. Dem syntes den kränkta äran blott kunna återställas med våld och vapen.[88]

För en tillräckligt allvarlig kränkning var ett medel dråpshämnd genom envig, vilket tycks finna stöd i svenska landskapslagar liksom i norska lagar och sagalitteraturen.[89] Denna skamliga feghet för den som inte antar en utmaning motsvaras, som visas nedan, av den lerjätte Snorre omtalar.

Holmgångsmotivet återkommer i *Njáls saga* där en ivrig Torsanhängare, gumman Steinun (*Steinunn*), möter missionären Tangbrand (*Þangbrandr*) och en häftig ordstrid utbryter. Hon hånar med passionerad glöd missionären och menar att Tor utmanat Vite Krist till holmgång, men att Vite Krist inte vågat ställa upp. Den gamla och nya seden reduceras till företrädare för respektive tro i en duell, där den som inte ställde upp stämplades som feg. Trosåskådningarnas kosmiska och etiska perspektiv skiljer sig åt. Missionären svarar att Tor inte vore annat än stoff om inte (de kristnas) gud ville att han levde. Därefter avfyrar hon ett par skaldestrofer som gör klart att hon menar att det var Tor som låg bakom det skeppsbrott Tangbrand tidigare råkat ut för.[90]

Lerjätten är av sådana proportioner att endast ett hjärta från en märr är tillräckligt stort för att ge honom liv. Ett sådant hjärta symboliserar i en krigarkontext omanlighet. Kontrasten till Hrungners stenhjärta är tydlig, där det senare är idealbilden för ett krigarhjärta. En manlig krigares hjärta var litet, orubbligt, och hårt som sten, medan en feg uslings hjärta var stort, dallrigt, och blödigt. Att Mökkurkalve krävde ett märrhjärta skall förstås mot en symbolisk bakgrund, inte genom verkliga hjärtproportioner. Det finns flera exempel från sagalitteraturen på hur en feg man liknas vid en märr eller vid hästens brunst.[91] I *Vatnsdœla saga* (kap. 33) jämför utmanaren den som inte vågar komma till holmgång med en märr: *kom þú nú til hólmstefnunnar, ef þú hefir heldr manns hug en merar* ("kom till holmgångsplatsen om du är en man i sinnet istället för en märr").[92] Sagan innehåller även i anslutning till detta ett rest nid (en nidstång eller -stolpe) över Finnboge och Berg när de inte antar utmaningen. Det finns en klar tydlig beskyllning om *ergi* i episoden, förstärkt av att en märrkropp fästs på nidstången;

den som inte vågar komma till holmgången har märrsinne och kan liknas vid en märrs kropp. I *Egils saga* (kap. 59) finns ett liknande motiv i den så kallade nidstångsepisoden.[93] Egil reser nidstång (*níðstǫng*) mot kung Erik och drottning Gunnhild efter han blivit landsförvisad. På nidstången fäster han ett hästhuvud och ristar runor på stången, uppenbart sådana som var laddade med magisk kraft. Det sägs inte att det rör sig om en märr, men då nidet är riktat mot en man och en kvinna, är det obscena inslaget jämförligt symboliskt; det är hästens starka brunst som avses.[94] En episod hos Saxo i femte boken av *Gesta Danorum*, beskriver hur ett hästhuvud placeras på en påle av en grupp trollkarlar, i syfte att skrämma och förnedra hjälten Ericus:

> Det fik han så, og nu gjorde han sig klar til at vende tilbage til stranden med en udsøgt skare af troldmænd: Først ofrede han en hest til guderne, satte det afhuggede hoved på en stage og spærrede gabet op på det med pinde, for han håbede at det fæle syn i første omgang ville skræmme Erik fra at foretage sig noget. Han forestillede sig nemlig at sådan nogle vildmænd ville være tumpede nok til at stikke halen mellem benene hvis de mødte sådan et skræmmehoved.[95]
> (Övers. Zeeberg)

I den latinska texten benämns något senare själva nidstången som *obscenitatis apparatum*. Det nedsättande ordvalet framgår av *obscenitas* med betydelsenyanserna 'skändlighet, vanära' eller 'oanständighet, osedlighet'. Uppgift om magiskt laddade hästhuvuden eller smädande hästkroppar har troligen inte hållits isär, utan flyter ihop och uppblandas med varandra.[96] Det är helt klart att episoden överensstämmer med samma semantiska värdeskala som sagalitteraturens nidstänger. Nidstångens syfte var att skrämma Ericus samtidigt som en illvillig kränkning låg i själva handlingen. Sannolikt rörde det sig om en magisk sådan då trollkarlar reste den, fullt jämförbar med de magiska runor som ristats på Egils nidstång.[97] Nidstängernas budskap var i alla händelser klart infamerande och angrep de tilltänktas manlighet.

Mökkurkalve var utformad av slätstruken materia med ett hjärta som gjorde honom feg. Syftet var att framställa och ge liv åt en kraftfull figur, något jättarna misslyckas med. Vi känner honom bara från Snorre som exempel på jättarnas dumhet, även om de faktiskt är kapabla att både tillverka och troligen med trolldom ge gestalten liv. Lerjätten för tankarna till en överdimensionerad version av den judiska idén om *golem*, även om en direkt påverkan är föga trolig.[98] Om vi istället söker oss utanför judiska skrifter till kristna idéer som Snorre var bättre bevandrad i, är de av större betydelse. Kan Snorre tänkt sig att det rör sig om "felande gudar" och med sitt exempel dra en parallell till hur hedningar med hjälp av lera försökt blåsa liv i död materia? I Bibeln finns berättelser om hur Gud formar människan av stoft och blåser liv i henne, liksom hur en stor bildstod på annat håll minner om en gigantisk kämpe:

> Och Herren Gud danande människan av stoft från jorden och inblåste livsande i hennes näsa, och så blev människan en levande varelse. (2 *Mosebok* 2: 7)
> Tänk på hur du formade mig som lera, och nu låter du mig åter bli till stoft. (*Job* 10: 9)
> Du, o kung, såg i din syn en stor bildstod stå framför dig, och den stoden var hög och dess glans mycket stor, och den var förskräcklig att skåda. Bildstodens huvud var av bästa guld, dess bröst och armar var av silver, dess buk och höfter av koppar; Dess ben var av järn, dess fötter delvis av järn och delvis av lera. Medan du nu betraktade den, blev en sten lösriven, dock inte genom människohänder, och den träffade bildstoden på fötterna, som var av järn och lera, och krossade dem. Då blev på en gång alltsammans krossat, järnet, leran, kopparn, silvret, guldet [...]. Men av stenen som hade träffat bildstoden blev ett stort berg, som uppfyllde hela jorden. (*Daniel* 2: 31–35)[99]
>
> (*Bibeln*. 1917 års översättning)

Liknande berättelser finns även i Koranen och Thomas barndomsevangelium där Jesus formar små fåglar av lera och blåser liv i dem;[100] snarlika folkliga föreställningar kan varit kända för Snorre även om han naturligtvis inte läst Koranen. Snorre kan med berättelsen om Mökkurkalve försökt påvisa att jättarna försökt uträtta något som i hans ögon enbart Gud förmår. Resultatet blir en förspilld karikatyr. Denna tanke skulle kräva att episoden om lerjätten är Snorres konstruktion, men tecken tyder på att den inte var det, utan passar som vi sett in i en förkristen mytkontext.

I *Kormáks saga* (kap. 27) finns en parallell jag inte sett någon peka på. Den bör bygga på liknande motiv som Tors tvekamp mot Hrungner och lerjätten. I episoden befinner sig Kormak (*Kormákr*) med en härskara i Skottland. Han följer flyende fiender när en *blótrisi* plötsligt kliver ut ur skogen och angriper:

ok tóksk þar atgangr harðr. Kormákr var ósterkari, en risinn trollauknari. Kormákr leit til sverðs síns, ok var rennt ór slíðrum. Kormákr seildisk til ok hjó risann banahǫgg. Risinn lagði þó svá fast hendr at síðum Kormáks, at rifin brotnuðu, ok fell Kormákr ok risinn dauðr ofan á hann, ok komsk Kormákr eigi upp.[101]

Det blev en våldsam tvekamp. Blotmannen hade jättestyrka, Kormak var den svagare och jätten stark som ett troll. Kormak såg att hans svärd, Skrymer, hade glidit ur skidan. Han lyckades nå det och högg jätten till döds. Men jätten slog armarna så hårt om sidorna på Kormak att revbenen knäcktes, och Kormak föll till marken med jätten död ovanpå sig och kunde inte röra sig ur fläcken.[102]
(Övers. Fries)

Vad som avses med *blótrisi*, ett ord som enbart förekommer i denna saga, är oklart. En tanke som Einar Ól. Sveinsson föreslår är att det bör tolkas som keltiskt i stil med en "druid".[103] Andra har tolkat *blótrisi* som en form av förtrollad jätte, eller en levandegjord gestalt som var föremål för kult.[104] De senare är jämförbara med lerjätten hos Snorre. Jätten, som kan vara av en magisk natur, ger hjälten i dödsögonblicket en permanent skada och faller över honom så att hjälten inte kan frigöra sig. Kormaks fiende bär spår av både Hrungner och Mökkurkalve. Kormak har tidigare i sagan fått sitt svärd Skrymer från en vän som dog i en holmgång; namnet motsvarar en jätte Tor möter hos Snorre. Likheterna mellan Snorre och *Kormáks saga* kan var tillfälligheter, men jag tror att de bygger på liknande mytmotiv som de bearbetat på olika sätt; särskilt gäller det Kormaks sista strid och Tors kamp mot Hrungner och Mökkurkalve.

Mökkurkalves största svaghet är hans märrhjärta, vilken gör honom fullkomligt värdelös för strid. Han är en feg och känslig krigare, som förnedrar sig genom att kissa på sig. Snorre skriver att han blir besegrad av Tors medhjälpare "utan större ära". Mökkurkalve kan ses som Hrungners antites; Hrungner står i bjärt kontrast med ett manligt stenhjärta mot Mökkurkalve med ett dallrande kvinnohjärta. Snorre menar att det trehörniga hjärtat förklarar den ristning som kallas för Hrungnershjärta (*svá sem síðan er gert var ristubragð þat er Hrungnis hjarta heitir*). Det är oklart hur symbolen avbildades; en del har sökt märket i den så kallade valknuten (förekommer bland annat på ett par gotländska bildstenar och på Osebergskeppet) eller i triskele (en svastika med tre ben).[105] Ett hårt hjärta utmärker mod och styrka; Hrungner förkroppsligar dessa aspekter. Han är beskriven som jättarnas främste krigare. Av episka skäl förkroppsligar jätten de krav som ställs i myten för kraftmätningen mot Tor. En god krigare stålsätter sig inför en tvekamp, han kämpar manligt och är som Hrungner eller Tor, medan fega krigare motsvarar och motsvaras av Mökkurkalve.

Föreliggande undersökning har visat att myten om Hrungner är gammal och spridd i flera källor. Det har också framgått att Snorre bygger på äldre narrativ, och att det i hans version går att spåra symbolik knuten till en äldre krigarideologi. Hrungner är ingen menlös jätte, utan framhålls som en furste bland jättarna, vars makt är fullt jämförbar med gudarnas. Kampens episka proportioner klargör att Tor måste segra, annars hotas kosmos vidare existens.

Noter

1. Finnur Jónsson (*De gamle Eddadigte*: 301) härledde namnet ur fvn. *hrung-* fört till *hrang* i betydelsen 'stök, larm'. I svenskan motsvaras ordet av *runga* (i norska *rungla* och danska *runge*) som syftar på högt läte, med synonymer som "genljud", "dån", "dunder". Ordet används exempelvis i uttryck som "rungande huvudvärk". Namnet kan betyda 'rungaren, den som rungar' eftersom det är ett *nomen agentis*. En annan förklaring gavs av Jacob Grimm ((1875–78) 2007: 404), som utgick från ett germanskt **hrung*, men den är problematiskt då ordet inte förekommer som simplex, utan enbart i sammansättningar med olika suffix. Guðbrandur Vigfússon och Richard Cleasby (1874: 288) utgick från Grimm och menade att ordet kan vara besläktat med feng. f. *hrung*, 'cross-bar, staff, rod, pole, rung'. Hjalmar Falk (1914: 52) utredde svärdsnamnet Hrotti, 'lång man', efter en liknande princip, suffixet *-t* bildat till *hrung-*. Kemp Malone (1946: 284 f.) har föreslagit

att namnet hör till samma grundord: "To this group belongs the name *Hrungnir*, which is plainly made up of a base *hrung-* plus *n-*suffix. Since this name is that of a giant, it goes well with the meaning 'big person, tall man' recorded for *hrunki* and *hrotti*". Jag anser dock inte att en etymologisk utläggning är avgörande för att förstå jättens roll i myten.

2. Karl Weinhold (1858: 272) räknar in Hrungner till "Die Luftriesen" och tolkar jätten som "ein Riese des tosenden Unwetters im Gebirge"; se även Golther (1895) 2004: 331; Simrock 1864: 262–265.

3. Turville-Petre 1976: 8.

4. Min tolkning av dikten efter Ivar Lindquist 1929; *Den norsk-islandske skjaldedigtning* B1 ([red.] Finnur Jónsson); [Snorri Sturluson], *Snorres Edda* (övers. Johansson & Malm).

5. Meile är listad som son till Oden i *Þulur*. I *Hárbarðslióð* 9 kallas Tor för *Meila bróðir*. Det är oklart vem Meile är utifrån de bevarade källorna.

6. Jätten uttrycks med kenningen *myrkbeins Haka reinar* vilket tolkas av Johansson & Malm ([Snorri Sturluson], *Snorres Edda*: 119) som "Hakes vagns (= skeppets) lands (= havets) mörka bens (= stenens) väktare (= jätten)"; Lindquist (1929: 87) läser: "jättens [eg. 'åkerrenens mörka bens' = 'klippans Hake']"; Finnur Jónsson (*Den norsk-islandske skjaldedigtning* B1: 17) tolkar kenningen kort och gott som "jætten".

7. Bele (*Beli*) är känd som en jätte som kämpar mot Frej vid ragnarök. Snorre skildrar detta i *Gylfaginning* (kap. 36) då han framhåller att Frej var utan sitt svärd och dödar jätten med ett hjorthorn. Kenningar för Frej anspelar också på mötet, t.ex. *Vǫluspá* 53 där han kallas *bani Belja* 'Beles baneman'.

8. Namnet *Vingnir* är i Snorres *Nafnaþulur* listad bland heiti för Oden och Tor, samt för en jätte; se Snorri Sturluson, *Edda: Skáldskaparmál* 1 ([red.] Anthony Faulkes): 14.

9. Lindow 1996: 4.

10. *Den norsk-islandske skjaldedigtning* B1 ([red.] Finnur Jónsson): 17.

11. Se Lönnroth 1981.

12. 14: *Jarðar sunr*, 'Jords son'; *Meila blóði*, 'Meiles broder'; 15: *Ullar mágr*, 'Ulls släkting'; 16: *Baldrs barmi*, 'Balders broder'; 19: *Óðins burar*, 'Odens son'.

13. Phillpotts 1920: 77 (med hänvisning till Andreas Heusler).

14. *Edda: die Lieder des Codex Regius* [...] ([red.] Neckel & Kuhn): 80.

15. *Edda: die Lieder des Codex Regius* [...] ([red.] Neckel & Kuhn): 90.

16. *Edda: die Lieder des Codex Regius* [...] ([red.] Neckel & Kuhn): 298.

17. von See et al. 2006: 582.

18. [Edda] *Sämunds Edda* (övers. Brate): 165; även Gering & Sijmons (1931: 214) skjuter in *bana*; jfr [Edda] *De gamle Eddadigte* ([red.] Finnur Jónsson): 252.

19. [Edda] *Den poetiska Eddan* (övers. Collinder): 218. För jätten: "Grottesången", strof 9, [Edda] *Den poetiska Eddan* (övers. Collinder): 156.

20. [Edda] *Norrœn fornkvæði* ([red.] Bugge): 417.

21. Jfr "Immanent Art" i Foley 1991.

22. Clunies Ross menar att grunden var att iscensätta berättelsen och tjäna som introduktion till det egentliga temat, vilket hon liknar vid Lokes resor. Hon har ingående studerat Tors möte med Hrungner i två arbeten (Clunies Ross 1994a; 1994b) och skriver i det senare: "The initial section of Snorri's tale, in which Óðinn goes to giantland for no specific reason" (Clunies Ross 1994b: 115).

23. Lindow 1996: 8–11.

24. Denna uppgift kan jämföras med en detalj hos Saxo där Oden i en enögd främlings gestalt hjälper en ung Haddingus som lyfts upp på hans häst, varpå de galopperar över hav och land: "Hadding lå gemt under hans kappe, rystende og bævende, og da han kastade et blik ud gennem slidserne, så han til sin store forbløffelse at havet lå udbredt under hestens hove. Men da han havde fået forbud mod at se ud, måtte han tage øjnene til sig og lamslået vende blikket bort fra den skrækindjagende rejse." (Saxo Grammaticus, *Gesta Danorum* ([red.] Friis-Jensen & [övers] Zeeberg): 113).

25. Prefixet *gull(in)*- ingår i ett flertal namn på mytiska djur: *Gullinborsti* m. (Frejs svin), *Gulltopr* m. (hos Snorre Heimdalls häst, i *Grímnismál* 30 och *Þulur* en mytisk häst utan given ägare), *Gullinkambi* m. (en tupp i *Vǫluspá* 43 som kommer gala vid ragnaröks bräckning), *Gullinn* ack. (*Háttatal* 19 i en kenning där hästen

betecknar skeppet), *Gyllir* m. (en av asarnas hästar i *Gylfaginning* kap. 15 och *Þulur*). Det förekommer också hos ett par mytiska gestalter, t.ex. *Gullveig* f. (kvinna i *Vǫluspá* 21 som misshandlas av asarna), *Gullmævill* m. (en dvärg i *Þulur*) samt *Gullintanni* m. (ett epitet för Heimdall hos Snorre). Hästen Gullfaxe förekommer även på annat håll i skaldediktningen, i *Þorgrímspula* 2, där en uppräkning görs av olika mytiska hästar, varav en heter *Gyllir*. Snorre citerar ett par strofer ur dessa ramsor. De är inte kända från annat håll. Här räknas Gullfaxe upp som en av asarnas hästar *Gollfaxi ok Jór með goðum* ("Gullfaxe och Jor hos gudarna") (*Den norsk-islandske skjaldedigtning* B1 ([red.] Finnur Jónsson): 656).

26. Snorri Sturluson, *Edda: Skáldskaparmál* ([red.] Faulkes): 20; min övers.

27. Snorre berättar att Oden galopperat iväg men att jätten är nära att rida ikapp trots försprånget. Detta kan ses mot bakgrund av Odens vanliga handlingsmönster där han segrar först med hjälp av svek eller list.

28. Lindow 1996: 10.

29. Oden vill lägga beslag på Hrungners häst och genom att lura jätten till gudarnas rike var det lättare att hålla honom på plats till Tor anländer. Motivet med hur en gud förföljs av en jätte återfinns t.ex. när Oden erövrat skaldemjödet och flygandes tillbaka har Suttung tätt bakom sig, eller när Loke i falkhamn bär Idun och förföljs av Tjatse.

30. Snorri Sturluson, *Edda: Skáldskaparmál* ([red.] Faulkes): 22; min övers.

31. Lindow 1996: 10.

32. Clunies Ross 1994a: 103–143.

33. John Lindow (1996: 10) tänker sig att anledningen till att Freja skänker jätten öl, är hennes förmåga att blicka in i framtiden. Han menar att hotet om att dricka upp asarnas öl skulle beröva asarna förmågan att visa gästfrihet och anordna gillen. Det skulle vara ett direkt hot mot Oden, då hans visdom till stor del hänger samman med rusdryck eftersom han enbart livnär sig på vin. Jag tror man kan dra större växlar av skeendet och se det i perspektiv av Odens intima förbindelse med det kosmiska mjödet. Mjöd och öl hade stor betydelse i det fornnordiska samhället och jättens hot speglar att de

själva blivit berövade sin viktigaste tillgång av mjöd och öl. Odens visdom hänger till viss del samman med rusdryck men är inte fullt ut beroende av den. Uppgiften om vin bör vara en senare detalj influerad av aristokratisk miljö.

34. Snorri Sturluson, *Edda: Skáldskaparmál* ([red.] Faulkes): 21; min övers.

35. Ordet används ofta om någon särskild vis person, men kan också användas pejorativt, som i *Helgakviða Hiǫrvarðssonar* 25 där Helge hotar Hrimgerd med att hon ska ligga hos en motbjudande turs vid namn *Loðinn*, 'den ludne', den värste bland bergsfolk. Han beskrivs som *hundvíss iǫtunn*, vilket av kontexten i dikten har en klart nedsättande betydelse; se von See *et al.* 2004: 515.

36. B. K. Martin (2006: 91) diskuterar ett av mytens teman som kontrast mellan visdom och dumhet vilket är genomgående för Snorres version av myten.

37. Prosainledning till *Lokasenna*, se *Edda: die Lieder des Codex Regius* […] ([red. Neckel & Kuhn): 96; min övers.

38. Jfr *Vǫluspá* 26.

39. Codex Regius av *Snorres Edda* beskriver honom som *þrívetr*, medan handskrifterna U och W istället ger *þrínættr* (Lindow 1996: 17).

40. Schjødt 2008: 237, n. 22.

41. Mircea Eliade (1978) ger exempel på smedens koppling till det magiska och sakrala från en stor korpus texter (prosa, poesi, folklore och religiösa texter) från många kulturer.

42. von Sydow 1920: 39.

43. Ordet återfinns dialektalt i svenskan som *hen* med betydelsen 'brynstensbit, brynsticka eller brynstensflisa' och som *hena* i betydelsen 'vässa egg på skärande verktyg', se *Svenska Akademiens ordbok*, s.v. hen.

44. Mitchell 1985. Brynsten som symbol för kungamakt finner exempel från utgrävningar i England där fynd från Sutton Hoo med all säkerhet är knuten till kungamakten. Där fann man en 82 cm lång (brynstenen utgör 58,3 cm) ceremoniell spira tillverkad av gråsten, utsökt dekorerad med ansikten i toppen och botten av spiran, samt en ring i dess topp med en vackert utformad hjort. Tankarna förs till

Heorot, den danska kungen Hrodgars (*Hrōðgār*) hall i *Beowulf*, eller till hjortarna som betar på Valhalls tak. Tydligen saknar spiran större slitage, vilket tyder på att den var en statussymbol och inte ett bruksobjekt (se foto i Bruce-Mitford 1978: 312–315, bild s. 314 & Plate 10–11; diskussion av brynstenar, Bruce-Mitford 1978: 360–370; se även Ellis-Davidson 1988: 127 f.) Brynstenar, om än inte dekorativa på samma sätt som de på anglosaxiskt område, är funna även på annat håll i gravar; se t.ex. fynden från Uppsala högar, särskilt i västhögen (Lindqvist 1936: 176, 183, fig. 96, 97, 105).

45. Av fornvästnordiska begrepp för brynstenar är just *hein* det enda som är femininum. De andra är maskulina eller neutra, t.ex. *harðsteinn* (m.), *brýni* (n.), *hein* (n.), *heinbrýni* (n.) (Fritzner (1886–96) 1954, 1: 736, 201, 775).

46. *Víga-Glúms saga* ([red.] Jónas Kristjánsson): 70.

47. Mitchell 1985: 19.

48. Simek & Pálsson 2007: 229 f.

49. *Knýtlinga saga* ([red.] Bjarni Guðnason): 145.

50. *Ágrip af sǫgu Danakonunga* ([red.] Bjarni Guðnason): 331.

51. Mitchell 1985: 17 f.

52. *Knýtlinga saga* ([red.] Bjarni Guðnason): 145 f.

53. Ett bryne från Trøndelag bär två runinskrifter: A-inskriften **wate hali hino horna** översätts av Magnus Olsen: "Hornet (hvori Brynet bæres) skal væde denne (Bryne-) sten!" B-inskriften är kryptisk och lyder **haha skaþi haþu ligi.** Troligen motsvarar två av orden de fvn. verben *skeðja*, 'skada', och *liggja*, 'ligga', medan de andra är svårbegripliga. Olsen menade att **haþu** betecknar 'strid', i betydelsen 'tvekamp' eftersom han ansåg att **haha** avser 'plugg', särskilt på en holmgångsvall (sådana som utmäter holmgångsplatsen och fäster en fäll eller kappa) (Olsen 1917). Oskar Lundberg (1946) kritiserade tolkningen av B-inskriftens samband med holmgång, vilket enligt Lundberg (1946: 144) fick till följd att Olsen inte längre vidhöll sin tolkning. Jag nämner detta då Olsens tidiga tolkning, enligt Lundberg (1946: 137), refereras i forskningslitteraturen utan invändningar. Om A-inskriften meddelar Lundberg att det är vanligt bland slåtterkarlar att förvara sina brynen i ett horn med vatten, vilket gör dem färdiga för bryning av skäror eller liar (Lundberg 1946: 125).

54. Snorri Sturluson, *Edda: Skáldskaparmál* ([red.] Faulkes): 22; min övers.

55. Schröder 1927: 33–35; Bertell 2003: 222–227. Överlag finns det många likheter mellan de nordiska åskgudar som Bertell understrukit. Här finns inte utrymme att närmare undersöka detta eller detaljen att en spik i samiska gudabilders huvud kunde användas för eldslående, bl.a. med hjälp av bryne. Jag hänvisar till Bertell 2003 för detta.

56. Finnur Jónsson har ordnat och tolkat strofen som följer: *Brátt fló fǫlr randa íss und iljar bjarga gæti; bǫnd ollu því; ímun-dísir vildu svá; hraundrengr varðat at bíða lengi þaðan tíðs hǫggs frá hǫrðum ofrúna trolls trjónu fjǫllama* = ("Hurtig fløj det blege skjold under fødderne på jætten; det voldte guderne; kampdiserne vilde det så; jætten behøvede ikke derefter at vænte længe på et hurtigt hug fra den hårde ven af den knusende hammer"); *Den norsk-islandske skjaldedigtning* B1 ([red.] Finnur Jónsson): 18, not till strof 17.

57. Clunies Ross 1994b.

58. *Den norsk-islandske skjaldedigtning* B1 ([red.] Finnur Jónsson): 1.

59. Snorri Sturluson, *Edda: Skáldskaparmál* ([red.] Faulkes): 67; min övers.

60. *Den norsk-islandske skjaldedigtning* B1 ([red.] Finnur Jónsson): 73.

61. *Den norsk-islandske skjaldedigtning* B1 ([red.] Finnur Jónsson): 143. Det är oklart om kenningen istället bör förstås som att den alluderar till Tor; Finnur Jónsson har översatt "Truds kærlige fader".

62. Turville-Petre 1975: 77; de Vries 1957: 124; Clunies Ross 1994b: 52 f. Clunies Ross tänker sig vidare att en sådan handling hotar Tors manlighet; av kränkningen framstår han som *ragr*. Först genom att dräpa jätten kan han återerövra sin manlighet.

63. Clunies Ross 1994b: 69.

64. John Lindows kommentar enligt Clunies Ross 1994b: 69, n. 27. Clunies Ross tänker sig att jättens ben som faller över Tors hals kan tolkas som att guden förödmjukas genom *ragr*, ingående i samma mönster som rovet av Trud. Hon ser också den brynsten som

Hrungner kastar mot Tor som en form av "fallisk aggression" riktad mot guden, då stenen antas ha fallisk form: "Presumably the whetstone, an object of phallic shape, could be considered the instrument of Hrungnir's phallic aggression against Þórr" (Clunies Ross 1994b: 70). Detta framgår inte av myten på det sätt Snorre eller någon annan källa skildrar den, såvitt jag funnit.

65. Den långt ifrån genomskinliga strofen har Kock översatt med: "och strax därefter – makters skull var det – flög blanka skölden under sulorna på bärjens furste: nornor ville så." Det är en smärre skillnad i betydelse då diser här tolkas som nornor och tyder på att det var ödet som fick jätten att ställa sig på skölden; orsak till handlingen är fortfarande gudarna (Kock 1923, § 142).

66. En förklaring till förvirringen är att myten kanske ursprungligen återgav delar av ett kultdrama, där sköld och brynsten ingick som komponenter, med dunkel betydelse.

67. von Sydow 1920: 39; jfr Axel Olriks teori om "episke love" som han utvecklat efter Moltke Moe; se Alver 1993: 195.

68. Hermann Schneider (1952) har försökt konstruera en fornnordisk genre av humoristiska anekdoter i litteraturen.

69. de Vries 1957: 136.

70. Dumézil 1939: 99–106. En god genomgång av mytens förhållande till initiation ges av Schjødt (2008: 233–241) som konkluderar att myten i den form som vi har tillgång till, varken beskriver en initiationsritual eller kan ses som en sann initiationsmyt, även om det inte går att utesluta att den har sina rötter i initiationsritualer.

71. Dumézil ((1959) 1973: 70) jämför Tor med den iriske hjälten Cú Chulainn. Tor får efter striden en bit av Hrungners brynsten i sitt huvud vilket finns avbildat i gudafigurer med en spik i huvudet. Cú Chulainn fick efter sin första större strid en form av utstrålning från sin panna lika lång och tjock som en krigares bryne (*airnem*).

72. Dumézil (1969) 1970: 154.

73. Jättarna i fornaldarsagor är av annan typ än de som förekommer i myterna. Fornaldarsagornas jättar är representativa för en mer folklig uppfattning, utan de kosmiska dimensioner som återfinns i myterna. Dessa uppfattningar kan mycket väl funnits sida vid sida,

även om myternas episka jättar och folktrons jättar uppvisade olika drag. För hur synen på jättar förändrats, se Ármann Jakobsson 2009 och Schulz 2004.

74. de Vries 1964–67: 464.

75. En bra genomgång av hur fornaldarsagor definierats och hur man tolkat dem ges i Mitchell 1991: 8–43.

76. Jfr Mitchell 1991: 40–43; Hallberg 2003: 130 f.

77. Denna varelse påminner om Grendel, även om motivet med ett monster eller en varelse som inget vapen biter på är vanligt i folktron och behöver inte vara besläktat. Varelsen som har beteckningen "djur" (*dýr*) i sagan, beskrivs också som det största av troll (*þat er ekki dýr, heldr er þat mesta tröll*) (*Hrólfs saga kraka ok kappa hans* ([red.] Guðni Jónsson): 66). Även Bödvar minner om Beowulf; båda har betraktats som "björnkrigare" och flera partier av episoden påminner onekligen om Beowulfs kamp mot Grendel (se Panzer 1910).

78. Motivet att dricka blod eller äta av hjärtat från en besegrad motståndare för att få del av dennes kraft eller visdom är spritt. I det här fallet påminner händelseförloppet om *Vǫlsunga saga* där Sigurd dricker draken Fafners blod och äter av hans hjärta.

79. Även det svärd, smitt av jättar, som Beowulf finner har gyllene hjalt.

80. Dumézil (1959) 1973: 70 f. Främsta parallellen finner han i indoiranskt material där guden Vrtrahán (ordet återfinns oregelbundet som epitet i *Rigveda*) segrar över den trehövdade Tricephal vilken hotar att dricka ur gudarnas brygder, liksom Hrungner hotar dricka allt av gudarnas öl. Dumézil tillför även andra väsen som har ett tredelat organ, eller ett hjärta som består av samma tremönster som Hrungners. Ett exempel är hämtat ur iriska *Dinnsenchas of Rennes* (ur *Book of Leinster*) där Mechi (son till gudinnan Mórrígán) hade ett hjärta format av tre ormar som hotar att växa och förinta större delen av ön, men dödas av Mac Cécht som bränner hjärtat (Dumézil (1969) 1970: 159).

81. Schjødt 2008: 241.

82. Schjødt 2008: 241 (med referenser till Renauld-Krantz och Dumézil).

83. Ciklamini 1963; Bø 1969; Jones 1933; Lindow 1996: 11–13.

84. Clunies Ross 1994b: 65.

85. Dumézil (1959) 1973: 69.

86. Jones 1933: 208.

87. Exempelvis *Ljósvetninga saga* (kap. 16–17) beskriver vilken ära som stod på spel vid holmgångsutmaningar och hur feg den som inte antog utmaningen ansågs.

88. Nelson 1944: 75.

89. Nelson har utgått från ett fornsvenskt lagfragment, envigesstadgandet, men har samlat exempel från sagalitteratur och andra relevanta medeltida källor. Han ger också en god översikt av tidigare forskning (Nelson 1944: 69 f., n. 4).

90. *Brennu-Njáls saga* ([red.] Einar Ól. Sveinsson): 265.

91. Naturligtvis hade hästen även en positiv status, men den intima förbindelsen mellan häst och krigare som höjde hästens status blev markant i och med feodalsamhället, vilket hänger samman med riddarens höga värdering av stridshingstar.

92. *Vatnsdæla saga* ([red.] Einar Ól. Sveinsson): 88; min övers.

93. *Hann tók í hǫnd sér heslistǫng ok gekk á bergsnǫs nǫkkura þá er vissi til lands inn; þá tók hann hrosshǫfuð ok setti upp á stǫngina.* [...] *hann sneri hrosshǫfuðinu inn á land.* ("Han tog i sin hand en hasselstång och gick ut på en bergsudde, som vette något in mot land. Sedan tog han ett hästhuvud och fäste det på stången [...] därpå vred han hästhuvudet in mot land") (*Egils Saga* ([red.] Bjarni Einarsson): 98; min övers.).

94. Denna episod och likheter med *Vatnsdæla saga* har insiktsfullt undersökts av Bo Almqvist (1965: 96–107) som sakligt kritiserar Erik Noreens tolkning av episoden; den senare ville snarare betona skildringarnas olikheter. Almqvist visar övertygande att olikheterna är skenbara; se även Erik Noreens (1922: 37–65) diskussion om niddiktning. Det finns inte utrymme att närmare undersöka saken, utan vi får nöja oss med att hästen, eller en del som *pars pro toto*, är att betrakta som nid och symbol för promiskuitet eller feghet. I förhållande till Hrungnermyten är märrens hjärta en symbol för feghet och anknyter till en väl inarbetad *ergi*-symbolik.

95. Saxo Grammaticus, *Gesta Danorum* ([red.] Friis-Jensen & [övers.] Zeeberg): 298 f.

96. Almqvist 1965: 102 f.

97. En uppgift av Olaus Magnus i tredje boken av *Historia om de nordiska folken* (kap. 15) är jämförbar. Han berättar att häxor placerar ett hästhuvud högt upp på en stång som med grinande tänder riktas mot fiender: "Dessutom pläga de plantera ett hästhufvud, uppsatt högt på stång och med tänderna grinande i käkarna, emot fältlägren för att framkalla skräck" (Olaus Magnus, *Historia om de nordiska folken* (övers. Granlund): 158). Att hästhuvudet är behäftat med avskräckande, skrämmande eller apotropeiska krafter är ett spritt fenomen. En nidstång skildras också tidigare i tredje boken, kap. åtta, där Olaus Magnus menar att götarna offrade hästar till sina gudar: "hvarefter de afhöggo deras hufvuden, stucko upp dem på spjut och buro dem, sedan de med kaflar uppspärrat deras käftar, framför truppernas front" (Olaus Magnus, *Historia om de nordiska folken* (övers. Granlund): 144; fler exempel hos de Vries 1956: 200, 319.

98. För en ingående studie av föreställningen, se Idel 1990.

99. Denna bildstod påminner delvis om den hettitiska myten om hur Ullikummi besegras (jfr Wais 1952). Notera att den besegras genom ett slag mot dess fötter, vilket för tankarna till att Ullikummi liksom Hrungner besegras genom ett slag eller hot om slag mot undersidan.

100. *Koranen* (övers. Bernström) 3: 49; *Thomas barndomsevangelium* (övers. Gärtner): 83.

101. *Kormáks saga* ([red.] Einar Ól. Sveinsson): 299.

102. *Kormáks saga* (övers. Fries): 69.

103. *Kormáks saga* ([red. Einar Ól. Sveinsson): 299, n. 2. Ingered Fries, som översatt sagan, hänvisar till "druid" i en fotnot (*Kormáks saga* (övers. Fries): 69, n. 14).

104. Jfr Cleasby & Guðbrandúr Vigfússon 1874: 71 ("an enchanted champion (?)"); Fritzner (1886–96) 1954: 160 ("Rise som er Gjenstand for Afgudsdyrkelse").

105. Det är ytterst oklart hur det ikonografiska materialet bör tolkas. Jag ser ingen anledning till att sammanställa bildmotiven, som i högre

grad ser ut att vara knutna till Oden och döden, än till jätten. Andra har hänvisat till en symbol som förekommer på en själländsk runsten vid Skoldelev och som föreställer tre sammanbundna dryckeshorn; se Hellers 2012 för en grundlig genomgång, särskilt s. 40–46.

Referenser

Källor

Ágrip af sǫgu Danakonunga [1260–90]. *Danakonunga sǫgur* (Íslenzk fornrit 35), s. 323–326. [Red.] Bjarni Guðnason. Reykjavík 1982: Hið íslenzka fornritafélag.

Bibeln. Gamla och Nya Testamentet: de kanoniska böckerna. Översättningen gillad och stadfäst av Konungen 1917. Stockholm 1917 och senare: Norstedt.

Brennu-Njáls saga [sl. av 1200-t.] (Íslenzk fornrit 12). [Red.] Einar Ól. Sveinsson. Reykjavík (1954) 1971: Hið íslenzka fornritafélag.

[Edda] [800-t.–1000-t.]. *Norrœn fornkvæði: islandsk Samling af folkelige Oldtidsdigte om Nordens Guder og Heroer, almindelig kaldet Sæmundar Edda hins fróða.* [Red.] Sophus Bugge. Christiania 1867: Mallings forlagsboghandel.

——— *Edda: die Lieder des Codex Regius nebst verwandten Denkmälern.* 1, Text. [Red.] Gustav Neckel & Hans Kuhn. Heidelberg (1914) 1962: Carl Winter Universitätsverlag. (3 uppl.)

——— *Sämunds Edda.* [Övers.] Erik Brate. Stockholm 1913: P. A. Norstedt & söners förlag.

——— *De gamle Eddadigte.* [Red.] Finnur Jónsson. København 1932: Gad.

——— *Den poetiska Eddan.* Övers. Björn Collinder. Uddevalla 1972: Forum. (3 uppl.)

Egils Saga [1220–30]. [Red.] Bjarni Einarsson. London 2003: Viking Society for Northern Research.

Hrólfs saga kraka ok kappa hans [1230–1450]. *Fornaldar sögur Norðurlanda* 1, s. 1–105. [Red.] Guðni Jónsson. Reykjavík 1950: Íslendingasagnaútgáfan.

Knýtlinga saga [1250-t.]. *Danakonunga sögur* (Íslenzk fornrit 35). [Red.] Bjarni Guðnason. Reykjavík 1982: Hið íslenzka fornritafélag.

[Koranen]. *Koranens budskap* (övers. Mohammed Knut Bernström). Stockholm 1998: Proprius

Kormáks saga [1200-t.]. *Vatnsdœla saga* [...] (Íslenzk fornrit 8), s. 201–302. [Red.] Einar Ól. Sveinsson. Reykjavík (1939) 1989: Hið íslenzka fornritafélag.

——*Kormaks saga* [1200-t.] (Filologiskt arkiv 48). Övers. Ingegerd Fries. Stockholm 2008: Kungl. Vitterhets-, historie- och antikvitetsakademien.

Ljósvetninga saga [ca 1250–60] (Íslenzk fornrit 10). [Red.] Björn Sigfússon. Reykjavík (1940) 1979: Hið íslenzka fornritafélag.

Den norsk-islandske skjaldedigtning 800–1400. B, 1. [Red.] Finnur Jónsson. København (1912) 1973: Rosenkilde og Bagger.

Olaus Magnus, *Historia om de nordiska folken* (1555). 1–4. [Övers. & komm.] John Granlund. Östervåla (1951) 1976: Gidlunds förlag. (2 uppl.)

Saxo Grammaticus [d. ca 1220], *Gesta Danorum / Danmarkshistorien* 1. [Red.] Karsten Friis-Jensen. [Övers.] Peter Zeeberg, Gylling 2005: Det Danske Sprog- og Litteraturselskab & Gads Forlag.

Snorri Sturluson [d. 1241], *Edda: Skáldskaparmál.* 1, Introduction, Text and Notes. [Red.] Anthony Faulkes. London 1998: Viking Society for Northern Research.

——*Snorres Edda.* Övers. Karl G. Johansson & Mats Malm. Stockholm 1997: Fabel.

Thomas barndomsevangelieum [ca 150–200]. *Apokryferna till Nya testamentet*, s. 82–93. Urval och övers. Bertil Gärtner. Helsingborg 1972: Proprius.

Vatnsdœla saga [sl. av 1200-t.] [...] (Íslenzk fornrit 8). [Red.] Einar Ól. Sveinsson. Reykjavík (1939) 1989: Hið íslenzka fornritafélag.

Víga-Glúms saga [ca 1220–30]. *Eyfirðinga sǫgur* [...] (Íslenzk fornrit 9), s. 1–98. [Red.] Jónas Kristjánsson. Reykjavík (1956) 2001: Hið íslenzka fornritafélag.

Sekundärlitteratur

Almqvist, Bo. 1965. *Norrön niddiktning: traditionshistoriska studier i versmagi*. 1, Nid mot furstar (Nordiska studier och undersökningar 21). Uppsala: Almqvist & Wiksell.

Alver, Brynjulf. 1993. The epic laws of folk narrative. *Telling Reality: Folklore Studies in Memory of Bengt Holbek* (NIF Publications 26 / Copenhagen Folklore Studies 1), s. 195–204. [Red.] Michael Chestnutt. Copenhagen & Turku: Nordic Institute of Folklore.

Ármann Jakobsson. 2009. Identifying the ogre: the legendary Saga giants. *Fornaldarsagaerne: myter og virkelighed*, s. 181–200. [Red.] Agneta Ney & Ármann Jakobsson & Annette Lassen. København: Museum Tusculanum.

Bertell, Maths. 2003. *Tor och den nordiska åskan: föreställningar kring världsaxeln*. Stockholm: Stockholms universitet.

Bruce-Mitford, Rupert Leo Scott. 1978. *The Sutton Hoo Ship-Burial*. 2, Arms, Armour and Regalia. London: British Museum.

Bø, Olav. 1969. *Hólmganga* and *einvígi*: Scandinavian forms of the duel. *Mediaeval Scandinavia* 2, s. 132–148.

Ciklamini, Marlene H. 1963. The Old Icelandic duel. *Scandinavian Studies* 35, s. 175–194.

[Cleasby, Richard & Guðbrandur Vigfússon]. 1874. *An Icelandic–English Dictionary*. Oxford: Clarendon Press.

Clunies Ross, Margaret. 1994a. *Prolonged Echoes: Old Norse Myths in Medieval Icelandic Society*. 1, The Myths (The Viking Collection 7). Odense: Odense University Press.

——— 1994b. Thor's honour. *Studien zum Altgermanischen: Festschrift für Heinrich Beck* (Ergänzungsbände zum Reallexikon der germanischen Altertumskunde 11), s. 48–76. [Red.] Heiko Uecker. Berlin: Walter de Gruyter.

Dumézil, Georges. 1939. *Mythes et dieux des Germains: essai d'interprétation comparative* (Mythes et religions 1). Paris: E. Leroux.

——— (1969) 1970. *The Destiny of the Warrior*. [Övers.] Alf Hiltebeitel. Chicago: University of Chicago Press.

———(1959) 1973. *Gods of the Ancient Northmen* (Publications of the UCLA Center for the Study of Comparative Folklore and Mythology 3). [Red.] Einar Haugen. Los Angeles: University of California Press.

Eliade, Mircea. 1978. *The Forge and the Crucible: The Origins and Structures of Alchemy*. [Övers.] Stephen Corrin. Chicago: University of Chicago Press.

Ellis-Davidson, Hilda R. 1988. *Myths and Symbols in Pagan Europe: Early Scandinavian and Celtic Religions*. Syracuse: Syracuse University Press.

Falk, Hjalmar. 1914. *Altnordische Waffenkunde* (Videnskabsselskapet i Kristiania. 2, Historisk-filosofisk klasse, 1914: 6). Kristiania: Jacob Dybwad.

Foley, John Miles. 1991. *Immanent Art: From Structure to Meaning in Traditional Oral Epic*. Bloomington: Indiana University Press.

Fritzner, Johan. (1886–96) 1954. *Ordbog over det gamle norske sprog*. 1–3. Oslo: Tryggve Juul Møller Forlag. (2 uppl.)

Gering, Hugo & Barend Sijmons. 1931. *Kommentar zu den Liedern der Edda* (Germanistische Handbibliothek 7: 3). 2, Heldenlieder. Halle: Buchhandlung des Waisenhauses.

Golther, Wolfgang. (1895) 2004. *Handbuch der Germanischen Mythologie*. Wiesbaden: Marix Verlag.

Grimm, Jacob. (1875–78) 2007. *Deutsche Mythologie*. Wiesbaden: Marix Verlag. (4 uppl.)

Hallberg, Peter. (1962) 2003. *Den fornisländska poesien* (Verdandis skriftserie 20). Stockholm: ePan. (2 uppl.)

Hellers, Tom. 2012. ‚Valknútr': das Dreieckssymbol der Wikingerzeit (Studia medievalia septentrionalia 19). Wien: Fassbaender.

Idel, Moshe. 1990. *Golem: Jewish Magical and Mystical Traditions on the Artificial Anthropoid* (SUNY Series in Judaica). Albany: State University of New York Press.

Jones, Gwyn. 1933. Some characteristics of the Icelandic 'Hólmganga'. *The Journal of English and Germanic Philology* 32, s. 203–224.

Kock, Ernst Albin. 1923–36. *Notationes norrœnæ: anteckningar till Edda och skaldediktning* (Lunds universitets årsskrift N.F. Avd. 1.). 1–22 (§ 1–3000). Lund: Gleerup.

Lindow, John. 1996. Thor's duel with Hrungnir. *Alvíssmál* 6, s. 3–20.

Lindquist, Ivar. 1929. *Norröna lovkväden från 800- och 900-talen* (Nordisk filologi 2). Lund: Gleerups.

Lindqvist, Sune. 1936. *Uppsala högar och Ottarshögen* (Kungl. Vitterhets-, historie- och antikvitetsakademien. Monografier 23), Stockholm: Wahlström & Widstrand.

Lundberg, Oskar. 1946. Holmgång och holmgångsblot. *Arv: tidskrift för nordisk folkminnesforskning* 1946, s. 125–138.

Lönnroth, Lars. 1981. Iǫrð fannz œva né upphiminn: a formula analysis. *Speculum Norroenum: Norse Studies in Memory of Gabriel Turville-Petre*, s. 310–327. [Red.] Ursula Dronke & Guðrún P. Helgadóttir & Gerd Wolfgang Weber & Hans Bekker-Nielsen. Odense: Odense University Press.

Malone, Kemp. 1946. Hrungnir. *Arkiv för nordisk filologi* 61, s. 284–285.

Martin, B. K. 2006. Snorri's myth about Hrungnir: literary perspectives. *Old Norse Studies in the New World*, s. 84–96. [Red.] Geraldine Barnes & Margaret Clunies Ross & Judy Quinn. Sydney: Department of English, University of Sydney.

Mitchell, Stephen A. 1985. The whetstone as symbol of authority in Old English and Old Norse. *Scandinavian Studies* 57: 1, s. 1–31.

——— 1991. *Heroic Sagas and Ballads* (Myth and Poetics). Ithaca: Cornell University Press.

Nelson, Alvar. 1944. Envig och ära: en studie över ett fornsvenskt lagfragment. *Saga och sed* 1944, s. 57–94.

Noreen, Erik. 1922. *Studier i fornvästnordisk diktning*. 2 (Uppsala universitets årsskrift 1922. Filosofi, språkvetenskap och historiska vetenskaper 4). Uppsala: Uppsala universitet.

Olsen, Magnus. 1917. 52. Strøm. *Norges indskrifter med de ældre runer* 2, 1, s. 677–710. [Red.] Sophus Bugge med bistand af Magnus Olsen. Christiania: Det norske historiske kildeskriftfond.

Panzer, Friedrich. 1910. *Studien zur germanischen Sagengeschichte*, 1: Beowulf. München: Beck'sche Verlagsbuchhandlung.

Phillpotts, Berta S. 1920. *The Elder Edda and Ancient Scandinavian Drama*. Cambridge: Cambridge University Press.

Schjødt, Jens Peter. 2008. *Initiation between Two Worlds: Structure and Symbolism in Pre-Christian Scandinavian Religion* (The Viking Collection 17). [Övers.] Victor Hansen. Odense: University of Southern Denmark.

Schneider, Hermann. 1952. Die Geschichte vom Riesen Hrungnir. *Edda, Skalden, Saga: Festschrift zum 70. Geburtstag von Felix Genzmer*, s. 200–210. [Red.] Hermann Schneider. Heidelberg: Carl Winter Universitätsverlag.

Schröder, Franz Rolf. 1927. Thor und der Wetzstein. *Beiträge zur Geschichte der deutschen Sprache und Literatur* 51, s. 33–35.

Schulz, Katja. 2004. *Riesen: von Wissenshütern und Wildnisbewohnern in Edda und Saga* (Skandinavistische Arbeiten 20). Heidelberg: Winter.

von See, Klaus & Beatrice La Farge & Wolfgang Gerhold & Debora Dusse & Eve Picard & Katja Schulz. 2004. *Kommentar zu den Liedern der Edda*. 4, Heldenlieder (Helgakviða Hundingsbana 1, Helgakviða Hiörvarðssonar, Helgakviða Hundingsbana 2). Heidelberg: Winter.

von See, Klaus & Beatrice La Farge & Wolfgang Gerhold & Eve Picard & Katja Schulz. 2006. *Kommentar zu den Liedern der Edda*. 5, Heldenlieder (Frá dauða Sinfiötla, Grípisspá, Reginsmál, Fáfnismál, Sigrdrífumál). Heidelberg: Winter.

Simek, Rudolf & Hermann Pálsson. (1987) 2007. *Lexikon det altnordischen Literatur: die mittelalterliche Literatur Norwegens und Islands* (Kröners Taschenausgabe 490). Stuttgart: Kröner. (2 uppl.)

Simrock, Karl Joseph. 1864. *Handbuch der deutschen Mythologie mit Einschluss der nordischen*. Bonn: Marcus.

Svenska Akademiens ordbok. 1–35, A–tyna. http://g3.spraakdata. gu.se/saob/ (tillgänglig 15.5.2014)

von Sydow, Carl Wilhelm. 1920. *Jättarna i mytologi och folktradition: en kritisk studie*. Malmö: Knutssons boktryckeri.

Turville-Petre, E. O. Gabriel. (1964) 1975. *Myth and Religion of the North: The Religion of Ancient Scandinavia*. Westport, CT: Greenwood Press.

―――― 1976. *Scaldic Poetry*. Oxford: Clarendon Press.

de Vries, Jan. 1956. *Altgermanische Religionsgeschichte*. 1 (Grundriss der germanischen Philologie 12: 1). Berlin: de Gruyter. (2 uppl.)

―――― 1957. *Altgermanische Religionsgeschichte*. 2 (Grundriss der germanischen Philologie 12: 2). Berlin: de Gruyter. (2 uppl.)

―――― 1964–67. *Altnordische Literaturgeschichte*. 1–2 (Grundriss der germanischen Philologie 15–16). Berlin: de Gruyter. (2 uppl.)

Wais, Kurt. 1952. Ullikummi, Hrungnir, Armilus und Verwandte. *Edda, Skalden, Saga: Festschrift zum 70. Geburtstag von Felix Genzmer*, s. 211–261. [Red.] Hermann Schneider. Heidelberg: Carl Winter Universitätsverlag.

Weinhold, Karl. 1858. Die Riesen des germanischen Mythos. *Sitzungsberichte der philosophisch-historischen Klasse der kaiserlichen Akademie der Wissenschaften* 26: 2, s. 225–306.

Stridsgudinnor, själaförare eller dödsdemoner?
Bilden av valkyriorna i fornnordisk religion

Britt-Mari Nässtrom
Göteborgs universitet, Sverige

Wagners valkyrior

Den medeltida dikten *Nibelungenlied* om kampen om dvärgarnas guld bildar bakgrunden till Rickard Wagners operacykel *Ringen* eller *Nibelungens ring* som den egentligen heter. Den består av ett förspel *Rhenguldet* och tre operor, *Valkyrian*, *Siegfried* och *Ragnarök*. I de tre sistnämnda är hjältinnan framför andra valkyrian Brynhilde, vars utvecklingshistoria utspelas alltifrån hennes frimodiga utrop *Ho-yo-to-ho* till hennes dödssång på bålet. Motivet hämtade Wagner från både den medeltida dikten och från den betydligt äldre traditionen i den fornnordiska litteraturen, främst *Völsungasagan*. Som han hade för vana, lade han till en hel del själv med konstnärens frihet, främst genom en svårtolkad mytologi som avviker från de ursprungliga källorna.[1]

Wagners *Ringen* åtnjöt stor popularitet från det att verket uruppfördes under 1870-talet. Fortfarande spelas verket på operascener världen över. I handlingen ingår gudar och hjältar från den fornnordiska mytologin, som en bärande del av handlingen. Det kan ibland medföra att librettots gestalter blandas in i handböcker om den fornnordiska religionen

Med detta perspektiv för ögonen blir det nödvändigt att avwagnerisera mångt och mycket av det som sägs om valkyriorna. De fornnordiska källor som står till buds är inte helt entydiga i sina skildringar utan ger upphov till sammanblandningar med

---

Hur du refererar till det här kapitlet:
Nässtrom, B-M. 2016. Stridsgudinnor, själaförare eller dödsdemoner? Bilden av valkyriorna i fornnordisk religion. I: Rydving, H. and Olsson, S. (red.) *Krig och fred i vendel- och vikingatida traditioner*, s. 91–106. Stockholm: Stockholm University Press. DOI: http://dx.doi.org/10.16993/bah.d. License: CC-BY 4.0

andra kvinnliga väsen som exempelvis *sköldmör* (se nedan). *Valkyria* är sammansatt av *valr,* 'de döda på slagfältet', och *kjósa,* 'att välja', vilket troligen var deras primära uppgift. Den rollen delade de med gudomarna Oden och Freyja, som tänktes ta var sin del av de fallna på slagfältet hem till sina dödsriken.[2]
Wagner har också skapat en sådan scen i *Valkyrian* där Brynhilde visar sig för hjälten Sigmund. Som krigare vet han genast att uppenbarelsen innebär en nära förestående död, men eftersom han inte kan ta med sig sin älskade i döden, vädjar han till valkyrian om hjälp. Hon utväljer en annan man, men Wotan (Oden) ingriper nu och dödar Sigmund. Brynhilde straffas genom att mista sin gudomlighet och sövs sedan ner bakom en eldsmur vid Valkyrieklippan.

Så lämnar guden dig
Så kysser han din gudom bort[3]

(*Valkyrian* akt 3, scen 3)

De gestalter som Wagner befolkade operascenen med, kom att inspirera Carl Gustav Jung till de arketyper som denne ansåg vara grundläggande för mänskligheten. Bland dem fanns den unge hjälten, drakdödaren, ondskan i form av "skuggan" och den unga amazonen / valkyrian. Från Jung går sedan en linje vidare till den fantasy-värld som har dominerat populärkulturen de senaste decennierna främst representerad av rymddramat *Star Wars.*[4]

Brynhilde och hennes systrar på Valkyrieklippan i operans värld har inte så mycket att göra med den vilda och oförsonliga gestalt som man återfinner i de episka dikter och prosaberättelser som utgör *Völsungacykeln.* Detta föranleder frågan om vilka valkyriorna i den fornnordiska mytologin egentligen var? Var de stridande gudinnor som uppenbarade sig på slagfältet? Var de ledsagare till det manliga paradis som Odens Valhall utgjorde? Eller utgjorde de i själva verket inget annat än dödsdemoner som steg ner bland de fallna på slagfältet för att plåga de sårade?

Sköldmör i litteraturen

Innan dessa frågeställningar kan besvaras, måste en avgränsning göras mot begreppet *sköldmör,* vilka utgjorde en helt annan typ av litterära gestalter. De var kvinnliga krigare, som påminde i många avseende om den grekiska mytologins amazoner, Ares döttrar, som i strid uppträdde "lika som män" (*Antianeirai*) enligt de klassiska källorna.[5]

I de fornnordiska källorna förekommer de i Saxos *Gesta Danorum* (Danernas bedrifter) i de första nio böckerna, vilka är starkt färgade av rent mytologiska inslag, varför deras historiska trovärdighet torde vara begränsad. Man kan kanske undra varför en historieskrivande munk som Saxo Grammaticus ägnar stort utrymme åt att berätta om unga krigiska kvinnor i den utsträckning som han gör, men han ger själv en deklaration över sköldmöns väsen i den sjunde boken. Här förvandlas nämligen en blyg ung ungmö vid namn Alvhild till en vild viking.[6]

> För att nu ingen skall förundras över att kvinnor strävade efter kamp och strid skall jag i all korthet komma med ett litet inskott om sådana kvinnors liv och villkor. Förr i världen fanns bland danerna flickor som klädde sina vackra lemmar i mankläder och nästan dagligen övade sig att slåss.[7]
> (Min övers. efter Fisher)

Saxo menar att detta kunde ske genom att dessa kvinnor med sin viljestyrka kunde skaka av sig all kvinnlig svaghet och ombytlighet och tvinga sig till att vara som män. I denna tankegång kan man se spår av den antika dygdekatalog, där kvinnor ansågs vara mjuka och ombytliga till skillnad från männen, som var hårda och uthålliga både till kropp och till själ. "Man kunde knappt tro att de var kvinnor", menade Saxo.[8]

Sköldmörna valde nu striden i första hand i stället för att lata sig, vilket också återspeglar antika föreställningar om kvinnornas natur.[9]

> [D]e föredrog strapatsrikt leverne framför lättingslivets lockelser, de valde krig i stället för kärlek, åtrådde ej smekningar utan strid, törstade efter blod i stället för kyssar och valde vapendust i stället för älskogslust.[10]
> (Min övers. efter Fisher)

Saxo ansluter sig även till ett kristet ideal, kallat *virago*,[11] med vilket menas en kvinna som överskrider sina föregivna könsegenskaper för att bli som en man (lat. *vir*). Ordet var till en början positivt uppfattat, eftersom endast män ansågs besitta mod och den tappre mannen var den som stod högst bland människor till skillnad från kvinnor och slavar. Om hon kunde betvinga sig till den aggressivitet och kraft som uppfattades vara manliga karaktärsdrag kunde hon kallas *virago*. Virago förekom främst i religiösa sammanhang, härstammande fram *Vulgatas* översättning av *Gamla Testamentet*, där "maninna" översätts med *virago*.[12] Innebörden var således en kvinna som hon var före det fatala syndafallet, varför benämningen kunde användas om exempelvis nunnor, som uppvisat en utomordentlig kyskhet och tro med samma styrka som en man. Ordet användes i detta sammanhang fortfarande på 1500-talet, men i modern tid har det fått betydelse av "argbigga" eller "satkärring". Mot denna bakgrund kan man förstå varför Saxo prisade sköldmörna i sitt historieverk.

Även på annat håll än hos Saxo förekommer sköldmör. I *Sögubrot af nokkrum fornkonungum i Dana ok Svíaveldi* berättas om att sköldmör kämpade i slaget vid Bråvalla.[13] Både den yngre och den äldre Hervor i *Hervararsagan* kan räknas till sköldmörnas släkte.[14] Det är aldrig lätt att göra definitioner av mytologiska väsen, men man kanske törs säga att sköldmör kunde anses vara dödliga kvinnor som uppträdde som krigare, medan valkyriorna som de framställs i *Eddadikterna* och hos Snorre Sturlasson var gudomliga varelser. Sannolikt var sköldmörna lika ohistoriska som slaget vid Bråvalla.[15]

Valkyrior som stridens gudinnor

Snorre uppger i sin *Edda* att endast de män som föll i strid hade tillträde till Valhall, Odens hem.[16] Detta påstående motsäger han själv på andra håll i samma verk. Uppgiften stämmer inte heller med andra källor beträffande Valhall, "de dödas sal". Det finns många andra källor som skildrar hur man tänkte sig livet efter detta som en tillvaro öppen för goda och rättänkande människor av båda könen.[17]

Under ett pågående slag skulle valkyriorna välja bland kämparna om vilken som skulle dö på slagfältet, men i själva verket fastställde de Odens vilja. De kunde även hetsa männen till strid, medan de rörde sig på slagfältet. Oden framställs vanligen som den passive betraktaren, som sällan ingriper själv i striden.[18] De kallas valkyrior och dem sänder Oden till varje strid. De väljer vilka män som skall dö och råder över segern. Gunn och Rota och den yngsta nornan som heter Skuld rider alltid för att välja vem som skall falla och beslutar om dråpen.[19]

(Övers. Johansson & Malm)

Skuld, som kallas "den yngsta nornan", antyder ett släktskap mellan nornor, "ödesgudinnor", och valkyrior, vilket visar att man uppfattade valkyriorna som ödesbestämmande för individen genom deras funktion på slagfältet. Till detta kom att dessa båda kategorier förekom synonymt tillsammans med en tredje, *diserna,* inom poesin i form av kenningar, som exempelvis *Herjans* (= Odens) *diser* för valkyrior.[20]

I Einar Skaldaspillirs dikt *Hákonarmál* låter Oden valkyriorna Göndul och Skögul välja den kung som skulle dö, när Håkon den gode kämpade mot sina brorsöner om makten.

> Oden sände
> Göndul och Skögul,
> att välja bland kungar,
> vem av ynglingars ätt
> skulle vara hos Oden
> och sitta i Valhall.
>
> (*Hákonarmál* 1; övers. Johansson)

Deras val föll på Håkon själv, men kungen blev missnöjd när han fick se valkyriorna sitta på sina hästar:

> Varför dömde du, sade Håkon
> striden så, Spjut Skögul?
>
> (*Hákonarmál* 12; övers. Johansson)

Valkyrian svarade att han vunnit slaget, men att han nu själv skulle rida tillsamman med dem till "gudarnas gröna värld" för att möta Oden själv. Trots detta verkade inte kungen vara helt nöjd med utgången.

Valkyriornas uppdrag som stridens gudinnor avspeglar deras namn. Skögul kan tolkas som 'skakare' och Göndul som 'varg' eller 'trollstav'. Mera tydligt framkommer detta hos Gunn, 'krig', Hild, 'strid', Hlökk, 'oväsen', Rota, 'oordning', och Skeggjöld, 'hon som bär stridsyxan', som alla verkar avspegla själva stridstumultet. Till skillnad från de mytiska sköldmörna tycks inte valkyriorna själva deltagit i striden.[21]

Själaförerskor

I *Hákonarmál* skildras hur valkyriorna förde den döde kungen till Oden och Valhall. Detta var en del av deras uppdrag, en funktion som med en religionshistorisk term brukar kallas *psykopomp*, 'själaförare'. Denna har i uppdrag att lotsa den dödes själ in i den Andra Världen och förekommer i de flesta religioner. När det gäller de hjältar som valkyriorna tar hand om, framgår det tydligt att dessa består av både kropp och själ: de rider till Valhall, där de undfägnas med mat och dryck och deltar sedan i de övriga krigarnas nöjen. Det nordiska begreppet för "själ" var minst sagt mångtydigt och kan på intet sätt jämföras med andra forntida religioner eller med den kristna uppfattningen.[22]

Man föreställde sig också att valkyriorna välkomnade den fallne krigaren med en dryck vid ankomsten till Valhall. Detta anknyter troligen till den vanliga gästabudsseden att hälsa gäster genom att husets fru och andra förnäma kvinnor undfägnade kommande gäster redan när de red in på gårdstunet. Valkyrians dryck markerade även ett symboliskt inträde i en ny tillvaro, Valhall, 'de dödas sal'. Ceremonin omtalas på detta sätt i dikten *Grimnismál*:

> Hrist och Mist
> vill jag bär fram hornet till mig
> Skjeggöld och Skögul
> Hild och Trud
> Hlökk och Härfjätter
> Göll och Geirahöd
> Randgrid och Rådgrid
> och Reginleif
> De bär fram öl åt enhärjar
>
> (*Grímnismál* 36; övers. Collinder)

Snorre Sturlasson kommenterar detta: "Sedan finns det andra som tjäna i Valhall, bära fram dryck och sköta dukningen och

Stridsgudinnor, själaförare eller dödsdemoner? 97

ölkrusen".[23] Detta har medfört att valkyriorna på sina håll uppfattats som tjänsteandar[24] och inte som de allvarliga dödsbringerskor som dikterna omtalar.

Valkyriorna och erotiken

I den poetiska Eddans hjältedikter uppträder ibland enskilda valkyrior som hjälper unga män att vinna ryktbarhet genom att de lär ut sina kunskaper till dessa. De blir också hjältarnas följeslagerskor och älskarinnor i fortsättningen. Den mest kända är Sigdrifa, 'den som driver fram seger', som också är känd under namnet Brynhild och som är den valkyria som blir Sigurd Fafnesbanes första kärlek i *Völsungacykeln*. Andra exempel på en sådan förbindelse utgör den passionerade kärleken mellan Helge Hjörvardsson och valkyrian Svava som sades bli återfödda efter deras död. De skulle då ha återuppstått i form av Helge Hundingsbane och valkyrian Sigrun och senare i form av Helge Haddingaskate och Kåra Halfdansdotter.[25] Liksom Brynhild uppvisar alla dessa kvinnor de krigiska drag som kännetecknar valkyrian, men också den heta och stolta kvinna som kämpar för sin älskade in i döden. Denna kategori av valkyrior representerar två motsatta ideal – det manliga och det kvinnliga – i en och samma person. När deras manliga aspekt övervunnits, förvandlas de till hjältens ideala livskamrat samtidigt som denna process leder dem in i döden.[26]

Valkyrian som hjältens lön finns antydd i kenningen *Óðinns óskmeyar*, 'Odens önskemör', det vill säga den som fullföljer Odens önskningar (*Óddrúnargrátr* 16, *Völsungasaga* 2). Valkyrian är krigarens brud, hans belöning när han faller i strid. Kenningarna speglar denna erotiska karaktär: "Härens krigare sjunker ner under Högnes dotters tält" = skölden, eller "Hild breder en bädd för den störste hjälmkrossaren" = krigaren.[27]

Denna tanke kan möjligen förklara varför dikten *Grimnismál* anger att Oden och Freyja delar på de fallna (*valr*).

Folkvang heter det
Och där råder Freyja
över hälften av salens sittplatser
Hälften av de fallna

Väljer hon varje dag
Men hälften äger Oden.
(*Grimnismál* 14; min övers.)

Det finns dock många exempel i religionshistorien på kärleksgudinnor som samtidigt kan vara stridsgudinnor; likväl finns det något otympligt över tanken att ena hälften av de döda krigarna forslades till Valhall, medan de andra bänkade sig i Sessrumne hos Freyja. En vild gissning kan vara att båda dessa gudaboningar i själva verket var en enda, där Oden och Freyja som i mångt och mycket hade gemensamma funktioner som exempelvis sejd och strid, rådde över de döda. I den manliga krigarideologin kom Odens sida att ta överhanden, vilket sedan skildras av Snorre Sturlasson ett par århundraden senare.

Tydligt är emellertid att beskrivningarna av Valhall kom att genomsyras av den krigarideologi som präglade vikingatiden. Detta visas inte minst genom att dödriket förvandlades från de mörka rum som gick under namnet Hel, 'det höljande', till en strålande gästabudssal hos Oden. Föreställningen engagerade krigarna att ge sig in i blodiga och farliga strider. Genom konstruktionen av valkyriornas gestalter lockades män att offra sina liv, inte främst för döden på slagfältet, utan för ett evigt liv i fysisk sällhet tillsammans med sköna, unga kvinnor i Valhall.[28]

Slagfältets dödsdemoner

Många forskare har uppmärksammat krigarideologins betydelse och menat att valkyriorna nog inte ursprungligen varit de attraktiva varelser som senare utmålas i vikingatidens dikter och mytologi. Det fornengelska *wælcyrge* antyder i stället att de skulle ha sitt ursprung i häxor eller rent av dödsdemoner.[29] I en artikel har Matthias Egeler undersökt demoniska varelser i samband med krig med utgångspunkt från den irländska Morrigan, en girig dödsdemon som vandrar omkring på slagfältet. Morrigan eller snarare the Morrigans – de var flera – uppenbarar sig i samband med krig. De kan liksom valkyriorna ha erotiska förbindelser med hjältar och likheterna stannar inte vid detta. De irländska gudinnorna sägs uppträda som svarta fåglar, vilket kan jämföras med den valkyria som uppträder i en krakas skepnad i *Völsungasagan*s kapitel 2.³⁰ Båda dessa grupper gläds över de blodiga strider de bevistar. Egeler drar likheterna till bland annat de romerska furierna och de grekiska erinyerna, men framför allt till de grekiska Keres som uppenbarar sig som dödsdemoner på slagfältet och väljer ut vilka som skall dö. De flyger genom luften, vandrar runt på slagfältet och livnär sig på de sårades blod.³¹

Egeler hävdar i sin artikel en likhet mellan alla dessa demoniska väsen som han menar följer med ett krigiskt samhälle som under bronsåldern kom att påverka de delar av Europa som beskrivits. Dessa samhällen påverkade varandra genom resor vilka framför allt var statushöjande, något som kan beläggas arkeologiskt. Denna förhistoriska hjälteålder återspeglas i senare tider i form av den glorifiering av den vittbereste som förekommer i den fornisländska litteraturen.³²

Uppfattningen om de dödsdemoner som troddes vandra runt på slagfältet för att livnära sig på döende eller sårade krigare behöver dock inte bero på diffusion mellan skilda kulturer utan kan också betraktas som en fenomenologisk företeelse. I en tid när minsta sår kunde medföra döden var det lätt att tro på demoner med vassa tänder och klor som attackerade de fallna.

Keres var också identiska med människans öde och hennes död. När den slutgiltiga kampen mellan hjältarna Hektor och Akilles äger rum utanför Trojas murar, väger Zeus deras ödeslotter (*keres*). Ödeslotten förvandlas således till den skrämmande död som nu väntar Hektor på slagfältet.

> När de fjärde gången kom fram till källornas flöden,
> framtog Fadern en gyllene våg i skålar han lade
> lotter (*keres*) som ödet vigt åt dödens bestående smärta,
> en för Akilles och en för hästbetvingaren Hektor,
> grep om mitten och lyfte den – då nedsjönk mot Hades
> Hektors ödesdag och han övergavs av Apollon³³
> (Övers. Björkeson)

Valkyrian som fasansfull dödsdemon kan jämföras med de äldsta beläggen på de varelser som kallas *waelcyrge* i ärkebiskop Wulfstan II av Yorks predikan (se nedan), som förutom ovan nämnda exempel styrker en demonisk karaktär hos valkyrian. Även ett exempel från den fornnordiska litteraturen låter valkyriorna ge en glimt av slagfältets fasor.

På långfredagens morgon hände det på Caithness att en man vid namn Darrad gick ut och fick se tolv ryttare närma sig en frustuga och försvinna in i den. Han gick fram till frustugan, tittade in genom en glugg och såg att där inne fanns några kvinnor som hade satt upp en väv. Manshuvuden använde de som tyngder, tarmar som varp och väft, ett svärd som vävsked och en pil som skyttel.[34]

(*Njals saga*; övers. Lönnrot)

Visionen av de vävande valkyriorna ansluter till tanken på ödets väv, men den återger samtidigt händelserna från slaget på Clontarf mellan nordiska vikingar och kung Brian och hans iriska här långfredagen år 1014. Sången som valkyriorna sjunger medan de väver beskriver det blodiga slaget och när de slutat river de sönder väven i 12 delar, tar varsin bit och rider sedan bort, sex norrut, sex söderut.

Scenen andas magi som utövas av de vävande kvinnorna, som återkommer i kenningar som "valkyrians väv" och "Odens väv".[35] Dikten är betydligt äldre än *Njals saga* och har ibland översatts som "spjutsången", men det har också föreslagits andra tolkningar. Man törs dock förmoda att den skildrar hur de vävande kvinnorna – nornor eller valkyrior – formar stridsmännens öden i alla strider. Denna skildring har även den bidragit till att många forskare ser valkyriorna som ursprungliga dödsdemoner.[36]

Vilka var valkyriorna egentligen?

Var då valkyriorna ursprungliga dödsdemoner, som förvandlats till sköna kvinnor under vikingatiden, omskapade av en krigarideologi parallellt med förvandlingen av det skuggiga dödsriket till överjordiska paradis. Vissa forskare anser att de genomgått denna utveckling från slagfältets ursprungliga spökgestalter,[37] medan andra ser dem som stridsgudinnor i följe med Oden, som i Valhall blir de fallna kämparnas glädje.[38]

För den senare tolkningen talar den fornnordiska diktkonsten; metaforer kring valkyrior återkommer i skaldestroferna i form av kenningar som *Skǫgul hnossa*, 'ädelstenens Skögul' (ett valkyrienamn) = kvinna och *Hlǫkk horna*, 'Dryckeshornets Hlökk' (ett valkyrienamn) = kvinna. Sådana exempel finns det gott om, vilka återigen antyder den positiva uppfattningen av valkyriornas väsen.

Stridsgudinnor, själaförare eller dödsdemoner? 101

I sammanhanget bör man också granska citatet ur en predikan – återgiven i skriften *Sermo Lupus ad Anglos* – som ärkebiskop Wulfstan av York någon gång mellan 1010 och 1016 höll för engelsmännen. Landet härjades av nordiska vikingar, som under den danske kungen Sven Tveskägg hade intagit stora delar. Wulfstan uppmanar sina landsmän att iaktta högre moral och undvika att påverkas av hedendom. Tyvärr hade många drabbats av synd och mördat präster och släktingar, kvinnor hade prostituerat sig eller tagit livet av sina barn eller gift sig med syndande vällustingar. Han vänder sig till dem med orden "Här finns häxor och valkyrior (*wiccan and wælcyrian*) och här finns rövare och plundrare".[39]

Analyserar man ärkebiskop Wulfstans skrift förstår man att han uppfattar vikingarnas plundringar som ett tecken på Guds vrede och straff för folkets synder, som han ger exempel på. Visserligen sammanbinder han "häxor" och "valkyrior", vilket inte behöver betyda att termen *wælcyrge* är inhemsk, utan att han sannolikt lånat den från de okristna vikingarnas värld.[40] I samtida ordböcker är *valkyria* synonymt med Bellona,[41] den romerska personifikationen för kriget eller furie, men också kärleksgudinna, vilket fångar in de vikingatida aspekterna av ordet. De fornengelska exemplen lägger insatta i sitt historiska perspektiv inga ytterligare belägg för att valkyriorna ursprungligen varit av en demonisk natur.[42]

Sammanfattningsvis kan sägas att valkyriorna enligt källorna kan uppfattas som en aspekt av kriget, men också döden på slagfältet. Framför allt bär de löftet om en behaglig tillvaro i den andra världen, dit de för de döda krigarna, som särskilt utmärkt sig i striden. Det faktum att valkyriornas uppenbarelse innebar döden gav dem drag av dödsgudomligheter, men de utgjorde samtidigt en väg till livet hos gudar och gudinnor. Valkyriorna förmedlade bilden av krigarlivets ära bortom slagfältets fasor och var med all sannolikhet en viktig symbol för vikingatidens krigiska ideal.

Noter

1. Arvidsson 2005: 106.

2. *Grímnismal* ([red.] Guðni Jónsson): 14; jfr Näsström 1996: 135–140.

3. Wagner (1870) 1987.

4. Näsström 2003b: 147–150.

5. Jfr Näsström 2003a: 134–137.

6. Strand 1980: 10

7. Saxo Grammaticus, *The History of the Danes* ([övers.] Fisher): 212.

8. Saxo Grammaticus, *The History of the Danes* ([övers.] Fisher): 212, se även s. 280

9. Jfr Näsström 2005: 112–115.

10. Saxo Grammaticus, *The History of the Danes* ([övers.] Fisher): 212 f.

11. Strand 1980: 58 f.

12. Strand 1980: 58.

13. *Sögubrot af nokkrum fornkonungum i Dana ok Svíaveldi* (netútgáfan). Beträffande Bråvallaslagets historicitet, se Harrison 2009: 71.

14. *Hervarar saga og Heidreks* ([red.] Guðni Jónsson).

15. Simek (1984) 1993: 349; för en annan uppfattning se Jochens 1996: 88–96.

16. *Snorres Edda* (övers. Johansson & Malm): 49 f.

17. Nordberg 2003: 125; Näsström 2009: 182.

18. Nordberg 2003: 129 f.

19. *Snorres Edda* (övers. Johansson & Malm): 61 f.

20. Näsström 1995: 124; Price 2002: 335.

21. Price 2002: 337–340.

22. Simek (1984) 1993: 298.

23. *Snorres Edda* (övers. Johansson & Malm): 61.

24. Ström 1961: 161; i rättvisans namn beskriver han deras ödesaspekt på s. 134.

25. *Den poetiska Eddan* (övers. Collinder): 134–141.

26. Meulengracht-Sørenssen 1983: 22 ff.

27. Quinn 2007: 95–118.

28. Simek (1984) 1993: 117 f.; Clunies Ross 1994: 255.
29. de Vries (1956–57) 1970: 1, 273 f.; Simek (1984) 1993: 349.
30. *Völsunga saga* ([red.] Guðni Jónsson): kap. 2.
31. Egeler 2009: 326 ff.
32. Kristianssen & Larsson 2005: 32–61.
33. Homeros, *Iliaden* (övers. Björkeson): 22, 208–213
34. *Njals saga* (övers. Lönnrot): 392.
35. Holtsmark (1939) 1956: 193.
36. Simek (1984) 1993: 57; Holtsmark 1976.
37. Holtsmark 1976; Simek (1984) 1993.
38. Quinn 2007: 97–118.
39. [Wulfstan], *The Homilies* [...] ([red.] Bethurum): 273
40. Hutton (1991) 2009: 298
41. Näsström 2005: 63.
42. North 1997: 105 f.; se även Price 2002: 346

Referenser

Källor

Grímnismál [början av 900-t.]. *Eddukvæði: Sæmundar-Edda* 1, s. 59–69. [Red.] Guðni Jónsson. Reykjavík 1954: Íslendingasagnaútgáfan.

Hákonarmál [960-t.]. *Nordiska kungasagor* 1, s. 161–166. Övers. Karl G. Johansson. Stockholm 1991: Faber förlag.

Hervarar saga og Heidreks [1200-t.]. *Fornaldar sögur Norðurlanda* 1, s. 1–71. [Red.] Guðni Jónsson. Reykjavík 1954: Íslendingaútgáfan.

Homeros, *Iliaden* [sannolikt 700-t. f.Kr.]. Övers. Ingvar Björkeson. Stockholm 1999: Natur och Kultur.

Njals saga [sl. av 1200-t.]. Övers. Lars Lönnroth. Stockholm 2006: Atlantis.

Óddrúnarkviða [1000-t.?]. *Eddukvæði: Sæmundar-Edda*, s. 385–395. [Red.] Guðni Jónsson. Reykjavík 1954: Íslendingasagnaútgáfan.

Den poetiska Eddan [800-t.–1000-t.]. Övers. Björn Collinder. Helsingfors 1957: Forum.

Saxo Grammaticus [d. ca 1220], *The History of the Danes: Books 1–9*. 1, English Text; 2, Commentary. [Red.] Hilda R. Ellis Davidsson. [Övers.] Peter Fischer. Cambridge 1979–80: D. S. Brewer.

[Snorri Sturluson] [d. 1241], *Snorres Edda*. Övers. Karl G. Johansson & Mats Malm. Stockholm 1997: Fabel.

Sögubrot af nokkrum fornkonungum i Dana ok Svíaveldi [sl. av 1200-t.] (Netútgáfan). *http://www.snerpa.is/net/forn/sogubrot.htm* (tillgänglig 5.5.2014).

Wagner, Richard. (1870) 1987. *Valkyrian / Die Walküre*. Tysk text Richard Wagner; svensk text efter Sigrid Elmblad (Operans textböcker 2). Stockholm: Operan.

[Wulfstan] [d. 1023], *The Homilies of Wulfstan*. [Red.] Dorothy Bethurum. Oxford 1957: Clarendon Press.

Völsunga saga [sl. av 1200-t.]. *Fornaldar sögur Norðurlanda* 1, s. 107–218. [Red.] Guðni Jónsson. Reykjavík 1954: Íslendingaútgáfan.

Sekundärlitteratur

Arvidsson, Stefan. 2005. Slita dvärg: om frånvaron av arbete i Nibelungentraditionen. *Hedendomen i historiens spegel* (Vägar till Midgård 6), s. 97–132. Red. Catharina Raudvere & Anders Andrén & Kristina Jennbert. Lund: Nordic Akademis Press.

Clunies Ross, Margaret. 1994. *Prolonged Echoes: Old Norse Myths in Medieval Northern Society*. 1, The Myths (The Viking Collection 7). Odense: Odense University Press.

Egeler, Matthias. 2009. Textual perspectives on prehistoric contacts: some consideration on female death demons, heroic ideologies and the notion on elite travel in European prehistory. *Indo-European Journal* 37: 3–4, s. 321–349.

Harrison, Dick. 2009. *Sveriges historia 600–1350*. Stockholm: Norstedts.

Holtsmark, Anne. (1939) 1956. «Vefr Darraðar». *Studier i norrøn diktning*, s. 177–197. Oslo: Gyldendal.

―――― 1975. Valkyrje. *Kulturhistoriskt lexikon för nordisk medeltid* 19, sp. 468–469. Malmö: Allhem.

Hutton, Ronald. (1991) 2009. *The Pagan Religions of the British Isles: Their Nature and Legacy.* Oxford: Blackwell.

Jochens, Jenny. 1996. *Old Norse Images of Women* (The Middle Ages). Philadelphia: University of Pennsylvania Press.

Kristianssen, Kristian & Thomas B. Larsson. 2005. *The Rise of Bronze Age Society: Travels, Transmissions and Transformations.* Cambridge: Cambridge University Press.

Meulengracht-Sørenssen, Preben. 1983. *The Unmanly Man: Concepts of Sexual Defamation in early Northern Society* (Viking Collection 1). [Övers.] J. Turville-Petre. Odense: Odense University Press.

Nordberg, Andreas. 2003. *Krigarna i Odins sal: dödsföreställningar och krigarkult i fornnordisk religion.* Stockholm: Stockholms universitet.

North, Richard. 1997. *Heathen Gods in Old English Literature* (Cambridge Studies in Anglo-Saxon England 22). Cambridge: Cambridge University Press.

Näsström, Britt-Mari. 1995. *Freyja: The Great Goddess of the North* (Lund Studies in History of Religions 5). Stockholm: Almqvist & Wiksell International.

―――― 2003a. *Forntida religioner.* Lund: Studentlitteratur.

―――― 2003b. Hjältens väg – bakgrunden till George Lucas Star Wars-filmer. *Talande tro: ungdomar, religion och identitet*, s. 143–154. Red. Göran Larsson. Lund: Studentlitteratur.

―――― 2005. *Romersk religion.* Lund: Studentlitteratur.

―――― 2009. *Nordiska gudinnor: nytolkningar av den förkristna mytologin.* Stockholm: Bonniers.

Price, Neil S. 2002. *The Viking Way: Religion and War in Late Iron Age Scandinavia* (Aun 31). Uppsala: Institutionen för arkeologi och antik historia, Uppsala universitet.

Quinn, Judy. 2007. Hildr prepares a bed for most helmet damagers: Snorres treatment of a traditional poetic motif in his Edda.

Reflections on Old Norse Myths (Studies in Viking and Medieval Scandinavia 1), s. 95–118. [Red.] Pernille Herrmann & Jens Peter Schjødt & Rasmus Tranum Kristensen. Turnhout: Brepols.

Simek, Rudolf. (1984) 1993. *Dictionary of Northern Mythology*. [Övers.] Angela Hall. Cambridge. Brewer.

Strand, Birgit. 1980. *Kvinnor och män i* Gesta Danorum (Kvinnohistoriskt arkiv 18). Göteborg: Historiska institutionen, Göteborgs universitet.

Ström, Folke. 1961. *Nordisk hedendom: tro och sed i förkristen tid* (Scandinavian University Books). Göteborg: Akademiförlaget / Gumpert.

de Vries, Jan. (1956–57) 1970. *Altgermanische Religionsgeschichte*. 1 (Grundriss der germanischen Philologie 12: 1). Berlin: de Gruyter. (3 uppl.)

Mǫrnir
Från förhandling till mottagande

Maths Bertell
Mittuniversitetet, Sverige

I denna artikel lägger jag fram hypotesen att *marnō* ur roten **mə-r*, 'hand', skulle ligga till grund för det feminina substantivet *mǫrnir*, nominativ plural i *Vǫlsaþáttr*. Forskningen inom språkvetenskap och religionshistoria har under lång tid brottats med den problematik som *Vǫlsaþáttr* ur *Flateyjarbok* erbjuder. Det första mer ingående arbetet gjordes av Andreas Heusler, som följts av bland andra Folke Ström, Wolf von Unwerth och Gabriel Turville-Petre.[1] Tåten ger en inblick i ett blot som utförs inomhus på hösten vid en gård i norra Norge. Kung Olav den helige är närvarande inkognito vid ritualen, men avslöjar sig mot slutet. Kung Olavs närvaro och agerande i tåten är sannolikt en sen konstruktion för att ge den en moralisk missionspoäng och ge Olav ökad status som den som kristnat Norge. Ritualen kretsar kring en i lök och lin balsamerad hästpenis, Vǫlsi. Den går i tur och ordning runt i sällskapet och var och en får läsa en vers över denna kraftsymbol. *Húsfreyia*, 'husfrun', leder det hela och hela hushållet är med, även trälarna. Verserna är burdusa och ekivoka. Varje vers innehåller raden *þiggi mǫrnir þetta blœti* (min normalisering), det vill säga '*mǫrnir* är mottagare av offret', och det är just *mǫrnir* som är det stora problemet. Det som varit språkhistoriskt rimligt har varit svårt att få att passa ihop i ett religionshistoriskt sammanhang och tvärtom har religionshistoriska hypoteser varit svåra att förklara språkhistoriskt. Kontexten för detta *mǫrnir* låter jag exemplifieras av versen när *húsfreyia* bär in Vǫlsi.

Hur du refererar till det här kapitlet:
Bertell, M. 2016. Mǫrnir. Från förhandling till mottagande. I: Rydving, H. and Olsson, S. (red.) *Krig och fred i vendel- och vikingatida traditioner*, s. 107–124. Stockholm: Stockholm University Press. DOI: http://dx.doi.org/10.16993/bah.e. License: CC-BY 4.0

Aukinn ertu Uolse	Välvuxen är du Vǫlsi
ok vpp vm tekinn	och uppställd,
lini gæddr	klädd i lin
en laukum studdr	och stödd av lök
þiggi Maurnir þetta blœti	tag *mǫrnir* detta blot
en þu bonde sealfr	och du själv bonde
ber þu at per Uolsa.[2]	tag du Vǫlsi till dig
	(Min övers.)

Ordet *mǫrnir* har av tidigare forskning getts en rad olika tolkningar. Turville-Petre vill se det som en maskulin fruktbarhetsgudom, det vill säga den falliske Freyr.[3] Von Unwerth, Heusler, Ström, Steinsland och Vogt har istället velat se ett kollektiv av kvinnliga väsen, antingen släkt med maror och diser, eller med mytens jättinnor.[4] Jag vill också uppmärksamma att gudomligheterna kring fruktbarheten alla kommer in i de mytologiska framställningarna som en del av konfliktlösningar och som en del av en uppgörelse. Det här är inte helt olikt uppgörelser och alliansbildningar i samband med bröllop som fruktbarhetsgudomligheterna starkt förknippas med.

Jag har för avsikt att testa hypotesen att *mǫrnir* går tillbaka på ett **marnō* f. som skulle vara relaterat till albanska *marr*, 'taga, mottaga, hålla i', och hur den skulle fungera i kontexten i *Vǫlsaþáttr*. Innan jag prövar den hypotesen ger jag en kort genomgång av tidigare tolkningar.

Kontexten i *Vǫlsa þáttr* enligt tidigare forskning

Andreas Heusler

Andreas Heusler menar att *mǫrnir* är svårt att förklara språkligt. Han resonerar kring möjligheterna med *maurnir* som ett maskulint ord i singular. Han menar dock inte att Vǫlsi är en gudomlighet eftersom den balsamerade penisen är själva offerföremålet. *Mǫrnir* å andra sidan kan enligt Heusler inte vara någon grupp gudinnor, då ordet främst betecknar kvinnliga jättinnor och demoniska väsen.[5] Heusler försöker också hitta likheter med det fornindiska hästoffret och Vǫlsi, men förutom att det är ett rituellt sexuellt förhållande mellan en död hingst och en kvinna, är likheterna små i fråga om syfte och iscensättning. Han stöder sig på det resonemang som förs i K. F. Johanssons framställning av det fornindiska hästoffret. Själva ritualen i det fornindiska sammanhanget är förknippad med den kungliga ideologin och utförs offentligt; hela den döda hästen ligger bredvid prästinnan under ett täcke. Däremot finns en likhet i den verbaliserade bekräftelsen av vad hästen och prästinnan förväntas göra. Åskådarna använder sig av ett obscent språk för att åskådliggöra det som är dolt för publiken. Men Heuslers tolkning är att Mǫrn/mǫrnir är ett epitet knutet till Freyr och offret av Vǫlsi blir därför ett självoffer, likt Óðinn i trädet.[6]

Folke Ström

För Folke Ström råder det ingen tvekan om att Vǫlsi är en hypostas av Freyr. Han räknar guden som en hästgud och tänker sig att Vǫlsi speglar dennes animaliska fruktbarhetsaspekt, medan Byggvir i *Lokasenna* speglar den vegetativa. Däremot är det inte lika självklart vem eller vilka *mǫrnir* kan tänkas vara.[7] Han menar att von Unwerth i sin artikel från 1910 är den som kommit närmast att tolka ordet korrekt. Von Unwerth framhåller att ordet är en feminin *u*-stam, och inte som Heusler menar en *i*-stam.[8] I vilket fall som helst är denna tolkning att föredra framför Heuslers maskulina singularform. För denna kan endast ett belägg räknas, nämligen ett heiti för "svärd".[9] Von Unwerth menade att *mǫrnir* ska ses som en grupp själsliknande andar, *seelischer Geister*, och hade störst likhet med alfer och diser. Han knöt också *mǫrnir* till föreställningen om maran och stödde sin idé på *Selkolluvísur* där Selkolla, en karaktär som påminner om mara-föreställningen, figurerar under epitetet *mǫrn*.[10] Ström förkastar von Unwerths själateori, men tycker att de språkliga resonemangen är trovärdiga. Han menar att ett språkligt samband mellan *mǫrn* och mara verkar rimligt, men tycks inte själv kunna göra en språklig bedömning. Dock tycker han att den språkliga bedömningen behöver kompletteras med en saklig.[11] Ströms starkaste ledtråd till vem denna *mǫrn/mǫrnir* är hittar han i *Grímnismál*, där Þjazi kallas *Marnar faðir*, '*mǫrn*s fader'. *Mǫrn/mǫrnir* är alltså Skaði i Ströms resonemang. Skaði-Njǫrðr, Freyr-Freyja är gudapar som har avlöst varandra och egentligen fyllt samma funktion, fruktbarhetsgudaparet som förenas i ett *hieros gamos*.[12] Ström finner stöd för detta genom att hänvisa till *Njǫrðr*-namnets tidiga belägg i Nerthuskulten hos Tacitus. Skaði är ett maskulint ord och förhållandet bör ha varit att Skaði från början har varit guden och Njǫrðr/Nerthus gudinnan. Varför Ström nödvändigtvis ska reducera *Mǫrn/mǫrnir* till en gudinna och inte behåller ett kollektiv (som pluralformen föreslår) är höljt i dunkel. Ströms viktigaste nyckel till gåtans lösning finner han i den mening som säger att sonen i huset ska ge Vǫlsi till "brudkvinnorna", *beri þer beytill firir bruðkonur*.[13]

Gro Steinsland och Kari Vogt

I Gro Steinsland och Kari Vogts utmärkta artikel i *Arkiv för nordisk filologi* 96 ges en grundlig genomgång av *Vǫlsaþáttr* både vad gäller text och innehåll. Då jag i stort sett håller med om deras resonemang kommer jag här i korthet gå igenom resultatet av deras undersökning för att visa hur min hypotes om **marnō* överensstämmer med denna.

Medverkande vid blotet på gården, som sägs ligga i norra Norge, är nio personer. Dessa nio delar Steinsland och Vogt in i grupper om tre:

1. tre kvinnor: husfrun, dottern och trälinnan;
2. tre män: husbonden, sonen och trälen;
3. tre gäster: också de män, som alla kallar sig Grimr men egentligen är kung Olav på missionsuppdrag och två av hans mannar.[14]

Grupperingen antyder alltså kvinnor kontra män och gårdsfolk kontra främlingar.[15] Den springande punkten är att det är kvinnorna som är de aktiva. Det är husfrun som har balsamerat fallosen och det är kvinnorna som står för den privata kulten. Detta understryks av att trälinnan ges en lika viktig och aktiv roll i riten som de andra kvinnorna. Vidare är det så att alla männen avvisar Vǫlsi och uttrycker detta klart.[16]

Det rituella förloppet är sådant att gårdens häst dör under hösten och mannen bär in hästfallosen till kvinnorna i huset som bereder den med *lin* och *laukr*. Den förvaras i husfruns kista. Löken hade en magisk ställning i det historiska Norden. Linet antyder ett bröllop och sonen kväder till sin syster: *Beri þer beytill / firir bruðkonur*, 'Bära fram könslemmen / till brudkvinnorna'. *Beytill*, 'könslem', härleds ur *bauta*, 'stöta', och är här synonymt med Vǫlsi. Det skall alltså till ett bröllop mellan kvinnorna i huset och Vǫlsi.[17] Detta symboliserar ett så kallat *hieros gamos*, det vill säga ett heligt bröllop mellan två gudomliga kontrahenter. Å ena sidan har vi den manlige Vǫlsi och å andra sidan har vi kvinnliga *mǫrnir*. Det som skall fullborda riten är ett samlag och detta gör trälinnan ingen hemlighet av:

> *Vist æigi mætta ek* Visst kunne eg ikkje
> *uid um bindazst* halde meg frå
> *j mig at keyra* å køyre han i meg
> *Ef vid æin lægum* dersom vi låg åleine
> *j andketu*[18] i gjensidig vellyst.[19]
> (Övers. Steinsland & Vogt)

Om husfrun och Vǫlsi heter det: *hann ma standa hea húsfreyiu ef hon uill*, 'han kan stå hos husfrun om hon vill'.[20] Steinsland och Vogt menar att *mǫrnir* skulle vara en benämning på jättinnor och det är även min åsikt, men jag vill precisera benämningen något. I ritualen representerar gårdens kvinnor de mytiska jättinnorna i ett *hieros gamos*. I den fornnordiska mytologin har jättinnorna just denna funktion: de gifter sig med fruktbarhetsgudarna ur vanernas släktled. Njǫrðr gifter sig med Skaði, dotter till jätten Þjazi; Freyr gifter sig med Gerðr. Jättinnorna byter här status genom giftermål och är inte längre att betrakta som jättinnor i social bemärkelse. Allmänt omvittnat är att bröllop är en stark komponent för allianser i historisk tid, både under fornnordisk tid och under kristen tid. Eftersom dessa mer eller mindre var arrangerade, blir även bröllopet en ritual som bekräftar en förhandling.

Vi har här således mytens rituella motsvarighet till förhållandet mellan vanagudinnor och vanagudar.[21] Folke Ström menade att *mǫrnir* skulle vara ett kvinnligt gudomligt väsen, Skaði, i ett hieros gamos med Freyr.[22] Och som synes nedan, så är det etymologiskt möjligt. Däremot tycks ritualen vända sig till kvinnorna som grupp, inte till en enskild kvinna.

Det är skillnad mellan jättinnor och jättar och deras maktförhållande till gudarna. Jättar är ett hot, medan jättinnor nästan uteslutande ses som älskarinnor, hustrur och möjliga mödrar. De tre kvinnliga gestalterna som på olika sätt kopplats till den vanagudomliga sfären stärker idén om texten som reflekterande en sexuellt laddad ritual. Asynjorna förknippas i mycket lägre grad, om alls, med sexualitet. I *Lokasenna* anklagas visserligen Frigg och Iðunn för lösaktighet, men det gör å andra sidan i princip alla gudinnor, så uppgiften ska nog inte tas för allvarligt.[23] Snarare är det nog så att det i dessa fall är just för att de inte förknippas med sex som anklagelsen riktas mot dem, i hopp om att skapa så mycket otrevnad som möjligt.

Clive Tolley

Clive Tolley redogör för två möjliga analogier som skulle kunna hjälpa oss att förstå *Vǫlsaþáttr*. Den ena är den antika Dionysoskultens falliska inslag, som dock Tolley avfärdar då det finns avgörande skillnader. Dionysoskulten riktar sig till mysterna och upptagandet av nya medlemmar i en krets, och meningen med framtagandet av fallosen är att chocka den unga flicka som ska tas upp i en kvinnlig krets. De antika källorna talar aldrig om en animalisk fallos eller om offer till fruktbarhetsgudomligheter. Möjligen finns en snarlikhet i att Vǫlsi förvaras i en låda och fallosen i Dionysosakten i en korg. Tolley resonerar kring huruvida den antika kulten kan ha varit känd för *Vǫlsaþáttrs* författare och framhåller Augustinus *De civitate Dei* som en möjlig källa, eftersom denne på flera ställen fördömer den här typen av kultbruk. Likheterna är dock för små i både utförande och i syfte. Likheten ligger endast i ett ytligt religiöst hyllande (*worship*).[24] I stället kan man konstatera att *Vǫlsaþáttr* är mycket strukturerad och närmast författad och tillrättalagd. På grund av detta är den inte av någon högre ålder, menar Tolley, utom möjligen ordet *mǫrnir*. Framställningen och dess relation till andra norröna texter är ett annat drag som gör att vi skulle kunna anta att vissa drag är ålderdomliga: delar tycks syfta på *Baldrs draumar*; de tre männen som kallar sig Grim på *Grímnismál* och Óðinn.[25] Han pekar också på en möjlig genrelikhet med *Gautreks saga*: en isolerad familj i obygden som lever utanför normen och som får besök av kungen och denne sedan gör slut på. Tolley förnekar inte att det finns förkristna element i *Gautreks saga*, men menar också att det fanns en stor portion kreativitet hos den som komponerat sagan under medeltiden. På samma sätt bör *Vǫlsaþáttr* ha tillkommit. Inslaget av *lín* och *laukr* är ett sådant motiv som kan ha överlevt från förkristen tid, men det kan ha använts helt medvetet för att ge en ålderdomlig och hednisk prägel åt texten. Tolley ifrågasätter också en eventuell falloskult i Norden, kopplad till Freyr.²⁶ Adams beskrivning av gudomligheterna i Uppsala är dock svår att ifrågasätta, menar jag.²⁷ Tolley går sedan vidare och diskuterar *mǫrnir*. Han håller inte med Steinsland och Vogt om att det handlade om en jättinnekult, men menar att tåtens tema som något väldigt icke-kristet späs på av kvinnliga kultledare i ett scenario med stark sexuell laddning. Kontrasten och dess effekt är helt avsiktlig och ett argument för att den är skapad närmare i tid till *Flateyjarbók*s tillblivelse än till förkristen tid.²⁸

Analys

Jag vill hypotetiskt pröva vad det skulle innebära för tolkningen av *mǫrnir* om ordet uppfattas som relaterat till ett **marnō* av roten *mar-* (jämför albanska *marr*, 'taga, mottaga, hålla i'),²⁹ med suffixet *-nō* som bildar feminina abstrakter och konkreter. *Mǫrnir* (f. pl.) skulle i så fall vara de fysiska mottagarna av offret och de som avses i frasen *þiggi mǫrnir þetta blœti* är de kvinnor som är närvarande vid ceremonin och som rituellt gestaltar den kvinnliga vanagudomarna. Detta passar väl in i den repeterade frasens verb *þiggi*.³⁰ Det albanska *marr* kan tyckas långsökt, men roten *mər-*, 'hand', som ingår finns även i andra sammanhang. James Mallory och Douglas Adams lägger till dessa möjligheter:

> ../ˊhandˊ, **méh ᵃr* (oblique stem **méh ᵃn-*, has been seen to have an underlying semantic connotation of 'power' as in 'hand over' (e.g. Lat *manus* 'hand', OE '[palm of the] hand, protection', Goth *manwus* 'at hand, ready', Grk *márē*, 'hand', *iómōros* 'having arrows at hand', and the related Alb *marr* 'take, grasp', Hit *māniyahh-* 'hand over', *māri* 'manual tool, weapon').³¹

Det är konkret och det passar, som vi ska se nedan, bäst in i kontexten vi undersöker.

Avledningar

Ordets andra del styr bildandet av omljud i den första och är avgörande för hur ordet kom att uttalas.³² Jag kommer därför att argumentera för att de delar som bildar ett urnordiskt ord som föregått *mǫrnir* bör ha varit ett icke belagt, men rekonstruerat *marnō-*. Detta alternativ skulle ge en ō-stam vilket i sig medför vissa problem eftersom ändelsen -*ir* inte finns i ō-stamsparadigmet. Men då många ō-stammar har övergått till *i*-stamsböjning så är det ändå möjligt. Suffixet -*nō-* förekommer i såväl primära som sekundära bildningar av feminina substantiv. Vi har flera exempel; suffixet bildar både abstrakter och konkreter. Som exempel på abstrakter har vi got. *rūna*, feng. *rūn*, fsax. fht. *rūna*, 'hemlighet', av urn. *runō*, fvn. *rún*, 'viskning, hemlighet', fisl. *feikn*, 'otur'. Bildade konkreter är ofta namn på kroppsdelar som till exempel fsax. *fersna*, fht. *fersana*, 'hals', fisl. *gaupn*, fht. *gouf(a)na*, 'handfull'. Andra konkreta exempel är got. *wulla*, fisl. *ull*, fht. *wolla*, 'ull', got. *smarna*, 'lort', fisl. *lón*, 'lugnt ställe i en flod'.[33] *Mǫrnir* (f. sg.) skulle alltså ha ett betydelseursprung som rör sig i området 'hand, ta emot, beredd'. Betydelsen går inte att ringa in mer än så då redan rotens betydelse är mycket dunkel. *Mǫrnir* (f. pl.) är alltså de fysiska mottagarna av offret och de som avses i frasen *þiggi mǫrnir þetta blœti* är de kvinnor som är närvarande vid ceremonin och som rituellt gestaltar de kvinnliga vanagudomarna. Detta passar, som jag tidigare nämnt, väl in i den repeterade frasens *þiggi* som uppmanar mottagaren att med sina händer ta emot Vǫlsi. Substantivet *marnō* har också ytterligare fördelar. Det bildar singularformen *mǫrn* med *marnar* som genitiv och den stämmer således helt in på beskrivningen av Skaði.

Freyja, Skaði och Gerðr

Skírnismál erbjuder en intressant beskrivning av en förhandling mellan jättinnan Gerðr och Skírnir. Med lock och pock och senare något som snarare liknar hugg och slag får Skírnir sin herre Freyrs vilja igenom. Detsamma kan sägas om jättinnan Skaði. När Gerðr tvingas in i en relation med Freyr ställer hon inga krav, utan framförallt är det tvånget och undvikandet av en förlorad heder som gör att hon ger efter. Hon har inget intresse av att komma in i det gudomliga sammanhanget.[34] Skaði däremot, har en tydlig plan att komma så högt upp i rang som möjligt: hon vill gifta sig med Baldr. Asarna ser dock till att så inte blir fallet. Resultatet blir alltså detsamma för de båda jättinnorna. När vanerna förhandlar med asarna visar det sig också att de har blivit lurade.[35] Fruktbarhetens gudomligheter kommer alltså in i mytologin genom förhandling och som ett slags troféer och processerna präglas av motvilja och falskspel.

Vǫlsaþáttr innehåller starka sexuella drag, drag som vanligtvis förknippas med Freyja. Att hon är den av gudinnorna som främst förknippas med sexualakten är allmänt vedertaget. När Þórr använder styrka, Óðinn svek och list, Loki transformerar sig, så använder sig Freyja av sin sexualitet för att få det hon önskar. Det kan också vara så att Freyja kan knytas till linet, om Hǫrn kan knytas till henne genom ett heiti, men detta är osäkert.[36] I Vǫluspá 53 omtalas Hlín som en gudinna, men här är det sannolikt Frigg som avses. Frigg och Freyja har ett intressant förhållande till varandra i källmaterialet där den ena tycks representera kärleken inom äktenskapet och den andra den utomäktenskapliga. Freyja är visserligen inte en jättinna, men däremot av lägre rang som vanagudinna. Mǫrnir kan därför ses som ett epitet för en grupp med ett visst kvinnligt sexuellt beteende som passar in även på Skaði och på Gerðr som kvinnlig gemål åt Freyjas bror. Jag menar att dessa tre kvinnliga gestalter alla befinner sig inom den vanagudomliga sfären, som tydligast representerar den gudomliga sidan av fruktbarhet och sexualitet. Fruktbarhetstendenser finns ju även hos asarna, bland annat genom åsk- och väderguden Þórr,[37] och möjligen Frigg och Iðunn, men de har inte samma sexuella anstrykning som vanagudomarna.

Skaði tas in i den gudomliga skaran som en del av boten för hennes far Þjazi. Hon uppträder som en manlig arvinge iklädd rustning. Asarna låter henne dock veta sin plats och hon luras att gifta sig med Njǫrðr istället för Baldr och blir på så vis en del av den vanagudomliga sfären. Att en jättinna får den här platsen är inte så märkligt, eftersom jättinnorna i stor utsträckning förknippas med sexualitet och barnalstring.[38] Hon tillåts alltså gifta sig med Njǫrðr, till skillnad från älskarinnorna till Óðinn och Þórr, som får nöja sig med frillostatus. Det här påpekas av Clunies Ross,[39] även om hon inte berör vad detta mytologiskt skulle betyda för

Skaðis och Gerðrs tillgänglighet som mottagare av offer och andra ritualer. Etymologin till namnet Skaði är något oklar, men enligt Jan de Vries överraskar det maskulina ordbildningsmönstret på namnet på en gudinna.[40] Skaði nämns i det fornnordiska källmaterialet ett fåtal gånger, bland annat då hon kräver bot för sin far. I denna myt ingår sekvensen där Loki ska få henne att skratta. Loki löser saken på sitt sätt och binder ett snöre mellan skägget på en get och sin egen pung. När geten drar skriker Loki, faller sedan ned i Skaðis knä och får henne så att skratta. Framställningen kan ses som en sexualiserad form av underkastelse med kastrationsinslag, där Skaði har kommit till Asgård klädd som man och där Loki, om än på lek, simulerar en snöpning av sig själv. Manligt och kvinnligt ställs här upp och ned.[41] Intressant nog är Skaði starkt knuten till ordet mǫrnir, då hennes far Þjazi i Haustlǫng kallas för faðir marnar (sg. gen.) i verserna 6 och 12.[42] Flera har påpekat att kult av jättinnor är osannolikt, men i fallet Skaði är det frågan om vi inte har flera indikationer som pekar på detta. I Lokasenna 51 omtalas hennes Vi och Vang, namn som eventuellt kan beläggas i ortnamnsskicket. Förleden i exempelvis Skadevi i nuvarande Sverige är dock språkhistoriskt problematisk.[43]

Gerðr är den andra kända jättinnan som lyfts in i den vanagudomliga sfären, med samma argument som för Skaði, även om Gerðr mer aktivt frias till av Freyr, via Skírnir. Den här händelsen, om man ska fästa någon vikt vid den, tycks ske efter episoden med Skaði. Njorðr och Skaði nämns i prosainledningen till Skírnismál, men denna brukar anses som sekundär i förhållande till själva dikten. Även Gerðr tillåts gifta sig in i den gudomliga gemenskapen. Etymologin brukar traditionellt relatera namnet till garðr, 'gård', och att Gerðr därför ska ses som en personifiering av den inhägnade odlade marken.[44] Det sexualiserade språket i Skírnismál bekräftar jättinnornas sexuella natur och deras plats i mytologin.

Freyjas äktenskap med Freyr visar att hon hör hemma i den vanagudomliga sfären även om äktenskapet måste upplösas när de anländer till Asgård. Freyja är gift med Oð, en diffus karaktär med ett namn som bär samma etymologiska bakgrund som Óðinn, men sannolikt endast är en litterär ordlek som visar att Freyja inte är ensam. Ingen får vara ogift i den inhemska nordiska religionen. Flateyjarbók nämner Freyja som frilla till Óðinn och detta är i vårt sammanhang helt logiskt. Hon tillåts inte att gifta sig uppåt i hierarkin; asar äktar endast asynjor.[45] Den ritualiserade sexuella akten skymtar till i *Vǫlsaþáttr* och att den skulle vara riktad mot vanagudomligheterna är helt naturligt, samt att det är just en balsamerad hästpenis som används, stämmer väl in i sammanhanget då Freyr vid flera tillfällen associeras med just hästar (de heliga hästarna, som hästen i *Hrafnkell saga Freysgoða* och hästen Blóðughófi i Snorris *Edda*).[46] Hästen är i ett jämförande religionshistoriskt perspektiv förknippad med stark sexualiserad fruktbarhet och ritualer med hästar och prästinnor i sexuellt samspel har förekommit i olika kontexter, men den mest kända är väl Ashvamedha-ritualen i *Rigveda*.[47] Det grova sexuella språket i *Vǫlsaþáttr* tycks också falla in väl med andra nordiska källor: Adam av Bremen skriver om sångerna i Uppsala som så grova att de bäst borde förtigas.[48] Det blir därför inte heller någon större överraskning att kung Olav och hans båda följeslagare agerar mot denna omoral som de goda kristna de är.

Jättinnor förknippas precis som jättar med en gränslöst stor sexuell aptit, i motsats till asynjorna. De mytologiska framställningarna av jättinnor är ofta sexuellt orienterade. I *Vǫluspá* och i Snorri Sturlusons *Edda* omtalas de tre jättinnorna som hotar Asgård efter en längre guldålder. Freyja däremot är starkt förknippad med sin sexualitet och hon använder den också för att uppnå sina mål. Männen i *Vǫlsaþáttr* kan därför liknas vid asarna. Jättekvinnorna och vanagudinnorna är aktiva och söker sig uppåt i hierarkin. Den starka sexualiteten hos Freyja är alltså egentligen ett jättinnedrag.[49]

Slutsatser

I denna artikel lägger jag fram hypotesen att **marnō* ur roten **mə-r*, 'hand', skulle ligga till grund for det feminina substantivet *mǫrnir*, nominativ plural.[50] Ett maskulint *mǫrnir* sg. nom. skulle vara en personifiering av en manlig guddom och *Vǫlsi* skulle då vara en form av offer som kan jämföras med Oðinns offer av sig själv till sig själv. Det är religionshistoriskt inte orimligt. Förklaringen lämnar dock luckor i den etymologiska bakgrunden av ordet.[51]

*Marnō däremot har flera förtjänster:

1. Roten *ma-r, 'hand, ta emot, beredd' ger en konkret betydelse till mǫrnir (f. pl.) och syftar till den funktion kvinnorna har i ritualen; den är inte synonym med "jättinnor", utan istället gruppen kvinnliga vanagudinnor, antingen det är Freyja, Skaði eller Gerðr. Släktskap genom blod eller genom ingifte spelar här ingen roll, utan båda är likställda.
2. Suffixet -no har även en stark anknytning till bildandet av namn på kroppsdelar, vilket inte kan anses som negativt i detta sammanhang. Överräckandet av Vǫlsi och att den går från hand till hand talar för detta.
3. Min föreslagna tolkning av det feminina mǫrnir tycks gå väl ihop med Steinsland och Vogts textanalys av Vǫlsaþáttr, men med en precisering: kvinnorna som närvarar vid blotet motsvarar Freyja och de jättinnor som i den fornnordiska myten är gifta med fruktbarhetsgudarna, vanerna. Beteckningen kommer av att de lämnas över, antingen av sig själva eller i en utväxling som föregåtts av förhandling. Namnet hänger då ihop med bröllopsritual där bruden överlämnas / ges till en ny familj / familjekonstellation och då får en ny status. Namnet mǫrnir kan alltså inte enbart förklaras av kontexten i Vǫlsaþáttr.

Men denna tolkning görs givetvis inte utan problem. Som vi sett finns det många gudanamn som har ändelsen -ir och det feminina, kollektiva plurala mǫrnir står ganska ensamt i källmaterialet. Den rent etymologiska undersökningen är också svag, eftersom det finns få paralleller i närliggande språk. Detta har troligen varit ett problem även för andra religionshistoriker och filologer och någon rent språklig undersökning verkar inte ha publicerats. Men tydligt pekar etymologin ändå mot en handling som passar i en ritual som den som beskrivs. Dessutom har vi det rent religionshistoriska problemet att en kult riktad till fruktbarhetens gudinnor och framförallt till jättinnor, inte är belagd någon annanstans än möjligen här. Men jag menar att de indicier i form av hästkult, fallisk kult, inslaget av lök och lin, samt de grova verserna som läses över Vǫlsi, starkt knyter textens innehåll till fruktbarhetskulten och att den etymologiska undersökningen stärker tesen som Vogt och Steinsland för fram. Vidare talar framställningen i sin helhet för att kvinnorna symboliserar en enhet. Att inte Vǫlsi ges till en specifik kvinna visar att kollektivet är mottagare. Steinsland och andra har påpekat att det har funnits en gängse uppfattning om att jättar och jättinnor inte har varit föremål för kult. Jättinnorna inom fruktbarhetssfären tycks emellertid ha varit det, så som upptagna i vanagudomligheternas sfär genom giftermål och de har på så sätt uppnått en förändrad status. Sedan är det ju också så att långtifrån alla asar och asynjor har varit tillägnade kult. De mytologiska karaktärerna är många gånger delar av en föreställning som inte nödvändigtvis behöver vara ritualiserad i någon form. Den som starkast knyts till ordet mǫrnir är Skaði, som möjligen också finns representerad i ortnamnsmaterialet. Mǫrnir är alltså en fristående grupp, skild från jättinnor, dísir och vanir, de som tar emot / är mottagare i en fallisk fruktbarhetskult.

Noter

1. Heusler 1903; Ström 1954; von Unwert 1910; Turville-Petre 1964; jfr Steinsland & Vogt 1981: 88.

2. Vǫlsa þáttr ([red.] Guðbrandur Vigfússon & Unger): 333.

3. Turville-Petre 1964.

4. von Unwert 1910; Heusler 1903: 24–39; Ström 1954; Steinsland & Vogt 1981: 87–106.

5. Heusler 1903: 35 f.

6. Heusler 1903: 36 ff.

7. Ström 1954: 24 f.

8. von Unwerth 1910: 161 f.

9. Heusler 1903: 37.

10. von Unwerth 1910: 177.

11. Ström 1954: 30.

12. Ström 1954: 28.

13. Ström 1954: 28.

14. Steinsland & Vogt 1981: 89.
15. Steinsland & Vogt 1981: 89 f.
16. Steinsland & Vogt 1981: 90 f.
17. Steinsland & Vogt 1981: 92 f.
18. Vǫlsa þáttr ([red.] Guðbrandur Vigfússon & Unger): 334
19. Steinsland & Vogt 1981: 98.
20. Steinsland & Vogt 1981: 98; se även en mycket grundlig genomgång i Steinsland 1986.
21. Steinsland & Vogt 1981: 100.
22. Ström 1954: 29 f.
23. Simek 1993: 287.
24. Tolley 2009: 602.
25. Tolley 2009: 610.
26. Tolley 2009: 613.
27. Hultgård 1997: 42 f.
28. Tolley 2009: 615 f.
29. Pokorny 1959–69.
30. Fisl. mǫrn-ir är, kan vi utläsa av -ir-ändelsen, antingen en maskulin ija-stam nom. sg., maskulin i-stam nom. pl., eller en feminin i-stam nom. pl. I strofen þiggi mǫrnir þetta blœti står verbet þiggi i antingen 3 sg. eller 3 pl.
31. Mallory & Adams 2006: 181.
32. Ett tillfredsställande avledningssuffix med -w- som bildar substantiv har jag inte kunnat hitta, och jag har därför inte några exempel på -w-omljud av a. Detta ger ett antal möjliga kombinationer att experimentera med. De möjligheter som finns är: *mar-un-, *mar-ōni-, *mar-nu- och *mar-nō-.
33. Krahe & Meid 1969: 106 f.
34. Edda ([red.] Neckel & Kuhn): 69–77.
35. Snorri Sturluson, Heimskringla 1 ([red.] Bjarni Aðalbjarnarson): 13.

36. Vikstrand 2001: 305 f.

37. Bertell 2003: *passim*.

38. I Snorri Sturlusons *Edda* är det främst i dessa sammanhang som jättinnor nämns; jfr Snorri Sturluson, *Edda: Prologue and Gylfaginning* ([red.] Faulkes): 13; *Edda: Skáldskaparmál* ([red.] Faulkes): 19, 22.

39. Clunies Ross (1994) 1998: 123, 130.

40. de Vries 1962.

41. Clunies Ross (1994) 1998: 150 f.

42. *Den norsk-islandske skjaldedigtning* B1 ([red.] Finnur Jónsson): v. 6 och v. 12.

43. Steinsland 1986: 213; Vikstrand 2001: 357 f.

44. Olsen 1909; Janzén 1947.

45. Clunies Ross (1994) 1998: 198 f., 228.

46. *Hrafnkell saga Freysgoða* ([red.] Jón Helgason); Snorri Sturluson, *Edda: Prologue and Gylfaginning* ([red.] Faulkes); *Edda: Skáldskaparmál* ([red.] Faulkes).

47. Heusler 1903: 36 ff.

48. Adam av Bremen, *Historien om Hamburgstiftet och dess biskopar* (övers. Svenberg): kap. 27.

49. Clunies Ross (1994) 1998: 197; Snorri Sturluson, *Edda: Prologue and Gylfaginning* ([red.] Faulkes) 14: 30–31; *Edda* ([red.] Neckel & Kuhn), *Vǫluspá* 8.

50. Vi har ovan sett att andra forskare föreslagit stammen **marun-*, men då jag inte kunnat hitta något avledningssuffix *-un-* som bildar ord av en sådan karaktär att de skulle passa in i den semantiska kontexten, vare sig maskulina eller feminina, menar jag att den är orimlig. Inte heller de andra prövade stammarna har gett något rimligt alternativ och jag har därför även förkastat dessa.

51. Ett *-un-* som avledningssuffix ger inte en sådan betydelse, utan anger i bästa fall en tillhörighet till en grupp eller ett folk. Ändelsen var dessutom aktiv senast i förgermansk tid. Förklaringen av ett maskulint *mǫrnir* har ansetts komma ur verbet *merja*, 'stöta', och då

förekommande som svärdsheiti. Ett feminint mǫrnir ur *marun- har aldrig förklarats etymologiskt.

Referenser

Källor

[Adam av Bremen] [d. 1080-t.], *Historien om Hamburgstiftet och dess biskopar* (Skrifter utgivna av Samfundet Pro fide et christianismo 6). Övers. Emanuel Svenberg. Stockholm 1984: Proprius förlag.

Edda [800-t.–1000-t.]: *die Lieder des Codex Regius nebst verwandten Denkmälern.* 1, Text. [Red.] Gustav Neckel & Hans Kuhn. Heidelberg (1914) 1983: Carl Winter Universitätsverlag. (5 uppl.)

Hrafnkell saga Freysgoða (Nordisk filologi. Serie A, Tekster 2). [Red.] Jón Helgason. København 1950: Munksgaard.

Den norsk-islandske skjaldedigtning 800–1400. B, 1. [Red.] Finnur Jónsson. København (1912) 1973: Rosenkilde og Bagger.

Snorri Sturluson [d. 1241], *Edda: Prologue and Gylfaginning.* [Red.] Anthony Faulkes. London 1988: Viking Society for Northern Research.

—— *Edda: Skáldskaparmál.* 1, Introduction, Text and Notes. [Red.] Anthony Faulkes. London 1998: Viking Society for Northern Research.

—— *Heimskringla* 1 (Íslenzk fornrit 26). [Red.] Bjarni Aðalbjarnarson. Reykjavík (1941) 2002: Hið íslenzka fornritafélag.

Vǫlsa þáttr [1200-t.]. *Flateyjarbók* 3, s. 331–336. [Red.] Guðbrandur Vigfússon & C. R. Unger. Christiania 1868: P. T. Mallings forlagsboghandel.

Sekundärlitteratur

Bertell, Maths. 2003. *Tor och den nordiska åskan: föreställningar kring världsaxeln.* Stockholm: Stockholms universitet.

Clunies Ross, Margaret. (1994) 1998. *Hedniska ekon: myt och samhälle i fornnordisk litteratur.* Gråbo: Anthropos.

Heusler, Andreas. 1903. Die Geschichte von Völsi, eine altnordische Bekehrungsanekdote. *Zeitschrift des Vereins für Volkskunde* 13, s. 25–39.

Hultgård, Anders. 1997. Från ögonvittnesskildring till retorik: Adam av Bremens notiser om Uppsalakulten i religionshistorisk belysning. *Uppsalakulten och Adam av Bremen*, s. 9–50. Red. A. Hultgård. Nora: Nya Doxa.

Janzén, Assar. 1947. De fornvästnordiska personnamnen. *Personnamn* (Nordisk kultur 7), s. 22–186. Utg. Assar Janzén. Stockholm: Bonnier.

Krahe, Hans & Wolfgang Meid. 1969. *Germanische Sprachwissenschaft.* 3, Wortbildungslehre (Sammlung Göschen 2234). Berlin: de Gruyter.

Mallory, J. P. & Douglas Q. Adams. 2006. *The Oxford Introduction to Proto-Indo-European and the Proto-Indo-European World* (Oxford Linguistics). Oxford: Oxford University Press.

Olsen, Magnus. 1909. Fløksandindskriften 2. *Bergens museums aarbog* 7, s. 15–44.

Pokorny, Julius. 1959–69. *Indogermanisches etymologisches Wörterbuch.* 1–2. Bern: Francke.

Simek, Rudolf. (1984) 1993. *Dictionary of Northern Mythology.* [Övers.] Angela Hall. Cambridge. Brewer.

Steinsland, Gro. 1986. Giants as recipients of cult in the Viking Age? *Words and Objects: Towards a Dialogue between Archaeology and History of Religion* (Instituttet for sammenlignende kulturforskning. Serie B, Skrifter 71), s. 212–222. [Red.] Gro Steinsland. Oslo: Norwegian University Press.

Steinsland, Gro & Kari Vogt. 1981. "Aukinn ertu Uolse ok vpp vm tekinn": en religionshistorisk analyse av *Vǫlsaþáttr* i *Flateyjarbók*. *Arkiv för nordisk filologi* 96, s. 87–106.

Ström, Folke. 1954. *Diser, nornor, valkyrjor: fruktbarhetskult och sakralt kungadöme i Norden* (Kungl. Vitterhets-, historie- och antikvitetsakademiens handlingar. Filologisk-filosofiska serien 1). Stockholm: Almqvist & Wiksell.

Tolley, Clive. 2009. *Vǫlsa þáttr*: Pagan lore or Christian lie? *Analecta Septentrionalia: Beiträge zur nordgermanischen Kultur- und*

Literaturgeschichte (Ergänzungsbände zum Reallexikon der germanischen Altertumskunde 65), s. 680–700. [Red.] W. Heizmann & K. Böldl & H. Beck. Berlin: de Gruyter.

Turville-Petre, E. O. Gabriel. 1964. *Myth and Religion of the North: The Religion of Ancient Scandinavia* (History of Religion). London: Weidenfeld and Nicolson.

von Unwerth, Wolf. 1910. Eine isländische Mährensage. *Wörter und Sachen: kulturhistorische Zeitschrift für Sprach- und Sachforschung* 2, s. 161–182.

Vikstrand, Per. 2001. *Gudarnas platser: förkristna sakrala ortnamn i Mälarlandskapen* (Acta Academiae Regiae Gustavi Adolphi 77 / Studier till en svensk ortnamnsatlas 17). Uppsala: Kungl. Gustav Adolfs akademien för svensk folkkultur.

de Vries, Jan. (1961) 1962. *Altnordisches etymologisches Wörterbuch*. Leiden: Brill. (2 uppl.)

Gammalnordiske sjelsførestellingar i samband med angrep

Eldar Heide
Høgskolen i Bergen, Norge

I.

Eit pionerarbeid når det gjeld gammalnordiske sjelsførestellingar er artikkelen «Hamen og fylgja» av Ingjald Reichborn-Kjennerud.[1] Andre viktige arbeid har Dag Strömbäck, Folke Ström og Else Mundal skrive.[2] Dei kjem eg inn på etter kvart, og særleg kva dei seier om sjelsførestellingar i samband med våpenkamp. Det siste viktige arbeidet er doktoravhandlinga til Neil Price, som er den som mest har drøfta overnaturleg påverknad på kamp. Det han særleg dreg fram når det gjeld dette temaet er:[3]

a. Trolldomskunnige som i dyreham er med i slag.
b. Folk som blir drepne med trolldom, mellom anna *seiðr*, men ikkje i våpenkamp.
c. Valkyrjer som styrer kampen og vel kven som skal falle.
d. Overnaturleg makt som grip inn etter å ha fått offer (særleg Torgjerd Holgabrur).
e. Våpen som med trolldom har fått einestående eigenskapar.
f. Krigarar som er usårlege på grunn av trolldom.
g. Klesplagg som gjer beraren magisk usårleg.
h. Berserkar.

Price ser ut til å vera særleg interessert i korleis rituelle spesialistar kan påverke slag, og særskilt korleis dei kan påverke sjølve kampen, og ikkje minst gjennom trolldomsforma *seiðr* (kanskje tydelegast i presentasjonen på baksida av boka). Avhandlinga til Price er interessant og eit svært solid arbeid, på mange måtar. Forslaget

---

Hvordan du siterer til dette kapitlet:
Heide, E. 2016. Gammalnordiske sjelsførestellingar i samband med angrep.
I: Rydving, H. and Olsson, S. (red.) *Krig och fred i vendel- och vikingatida traditioner*, s. 125–143. Stockholm: Stockholm University Press. DOI: http://dx.doi.org/10.16993/bah.f. License: CC-BY 4.0

hans om at metallstavar som er funne i kvinnegraver frå vikingtida er seidstavar har eg stor tru på, og har bygd vidare på det.[4] Det ser ikkje ut til å vera noko direkte gale i det han seier om trolldom og kamp (punkta ovanfor). Likevel var det neppe noko sterkt samband mellom seid og krig. Sant nok tenkte folk seg mange slag overnaturlege innslag i kamp, men i kjeldene er det vanlegvis heilt andre ting akkurat seid dreiar seg om. Kanskje halvparten av gongene seid er nemnt i dei norrøne tekstane, er målet med seiden å dra til seg personar eller ressursar. Det nest vanlegaste målet med seid er spådom.[5] Nokre døme er det på at seid blir brukt til drap eller drapsforsøk (punkt b. ovanfor: Kåre blir drepen av Kotkjellfolket i *Laxdøla saga*, seidkonene i *Friðþjófs saga* prøver å drepa Fridtjov på havet),[6] men det er i heilt andre situasjonar enn våpenkamp. Så vidt eg kan sjå, er det berre to døme på at ordet *seiðr* er nemnt i samband med innblanding i sjølve våpenkampen. I *Hrolfs saga kraka* slåst Skuld, kalla *seiðkona*, i galteham i eit slag, samtidig som rette kroppen hennar sit på ein *seiðhjallr*, så hamskiftet er tydelegvis oppnådd gjennom seid (For motparten slåst helten Bòdvar i bjørneham, medan kroppen hans ligg i senga.). I *Þiðreks saga* slåst dronning Ostasia i drakeham i eit slag, og soga nemner seid i samband med dette.[7] Begge desse kjeldene er svært fantasifulle, og i *Þiðreks saga* blir ikkje ordet *seiðr* brukt om hamskiftet og slåstinga i drakeham, men om at dronninga før slaget lokkar til seg dyr som ho dresserer til kampdyr.

Det er altså ikkje så godt kjeldegrunnlag for den koplinga av kamp og *seiðr* som Price gjer. Likevel ser det ut til å vera eit visst indirekte samband mellom seid og våpenkamp, skal vi sjå etter kvart. Når det gjeld andre slag overnaturlege innslag i kamp, meiner eg Price bommar litt på kva som er *sentralt* i kjeldene, på to måtar. For det fyrste verkar det som han særleg er oppteken av punkt a. ovanfor, korleis rituelle spesialistar involverer seg personleg i sjølve slaget. Men akkurat det er det få døme på; dei klåraste er dei to nemnde frå *Hrolfs saga kraka* og *Þiðreks saga*. For det andre: Når kjeldene fortel om overnaturlege innslag i kamp, så er det oftast ikkje i sjølve kampen, men før kampen. Det er meir snakk om tiltak som blir gjorde lenge før det blir kamp – våpen får magiske eigenskapar og krigarar blir gjorde usårlege, anten direkte, eller med at dei får klesplagg med magiske eigenskapar (altså punkt e., f. og g. ovanfor).[8]

I tilfelle der det likevel er overnaturleg påverknad direkte på motstandarar, så skjer det særleg litt før kampen, ikkje i sjølve kampen: Følgjeånder med nær tilknyting til mennesket sitt fer i førevegen til den mennesket tenkjer på, nemleg motstandaren, og påverkar han. Dette i seg sjølv er velkjent, men granskarane har ikkje innsett eller ikkje kommentert at dette kan vera viktig for utfallet av våpenkamp, både utilsikta og medvete taktisk. Før eg går nærare inn på det, vil eg gjera nærare greie for ideane om følgjeånder.

II.

I norrøn litteratur var det to typar følgjeånder som kunne kallast *fylgjur* (sg. *fylgja*, f.), endå dei var svært ulike. Den eine typen viser seg ofte som eit dyr og blir derfor i dag gjerne kalla «dyrefylgje». Den definerer Folke Ström slik:

> Människans inre jag, hennes själ, agerar under vissa omständigheter frigjord från kroppen i gestalten av ett djur, som uppfattas som personens alter ego el. skyddsande. Föreställningen har nära beröringspunkter både med varseltron och den tro på psykiska emanationer, som är förknippad med begreppen *hugr* […] och *hamr*. Det gemensamma för hela föreställningskomplexet är tanken på en materielt förnimbar, fjärrverkande manifestation av människans psykiskt aktiva jag. Djurf[ylgjan]s närvaro uppfattas i regel av den, mot vilken ägarens aktivitet är riktad, och nästan genomgående uppleves den i drömmen. Fysiska symptom såsom plötslig sömnighet, gäspningar o[ch] dyl[ikt] utgör karakteristiska förebud.[9]

Om den andre typen, som gjerne viser seg som ei eller fleire kvinner og derfor blir kalla «kvinnefylgje» i dag (i tekstane *fylgja*, *fylgjukona*, *draumkona*, *dís*, m.m.), seier Ström:

> Hon ger sig i motsats till djurf[ylgjan] i första hand tillkänna för den person vars skyddsande hon är el. till vars släkt hon är knuten. Varnande el. förebådande individens snara död uppenbarar sig kvinnof[ylgjan] vanligen i drömmen. Medan djurf[ylgjan] är bunden till en bestämd person är kvinnof[ylgjan] icke sällan ett släktens skyddsväsen (*ættarfylgja*) om också närmast knuten till dess huvudman. Såsom framgår av Hallfreds saga (kap. 11) synes

tanken vara, att f[ylgjan] vid vederbörandes död övergår till den i släkten närmast stående. Som ett kollektiv omtalas kvinnof[ylgjan] i enstaka fall.[10] Dyrefylgja og kvinnefylgja har ikkje stort meir enn nemninga sams, seier Ström. Han peikar på at «djurf[ylgja]tron har en klar anknytning till primitiv själatro», medan kvinnefylgjeideen «pekar [...] mot ett samband med den väl dokumenterade dyrkan av till släkten knutna kvinnliga väsen».[11] Dyrefylgja kan overlappe med *gandr*[12] og med *hugr*, som Svale Solheim definerer slik:

> sjel som heilskapen av alle menneskelege sjelseigenskapar (tanke, sinn), også når sjela etter eldgammal folketru kunne gjera seg fri frå kroppen og verka på eiga hand. Denne frigjorde, aktive h[ugr] kunne som eit slag tankeoverføring verka på fråstand på andre menneske, sjeleleg som kroppsleg. Refleksfenomen som geisping, nysing, hiksting, klåe osb. vart såleis oppfatta som verknaden av eit menneskes h[ugr], når vedkommande tenkte sterkt på ein.[13]

Kvinnefylgja hadde fri vilje og kunne opptre heilt sjølstendig frå mennesket eller menneska ho følgde, og kunne stundom gripe inn i våpenkamp, peikar Mundal på.[14] Likevel er det ikkje kvinnefylgja eg skal ta føre meg her. Sjølvstendet til kvinnefylgjene innebar nemleg at ein part i ein væpna konflikt ikkje kunne bruke kvinnefylgjene sine til sin fordel, han kunne berre vone at dei ville stø han. Dyrefylgja, derimot, kunne ein i større eller mindre grad påverke, meir eller mindre medvete.

III.

Utgangspunktet for mine poeng er dei fysiske symptoma ein merkar når fiendens dyrefylgjer / hugar kjem til ein: «plötslig sömnighet, gäspningar o[ch] dyl[ikt]» hos Ström, «geisping, nysing, hiksting, klåe osb.» hos Solheim. Eit opplysande døme finn vi i *Orkneyinga saga*,[15] ein gong Svein Åsleivsson på Orknøyane sit og drikk i lag med huskarane sine i jula. *Hann tók til orða ok gneri nefit: «Þat er ætlun mín, at nú sé Haraldr jarl á fǫr til eyjanna.»* 'Han gneid seg på nasen og sa: «Eg trur at no er Harald jarl på veg [hit] til øyane»'. Det har huskarane vondt for å tru, for det er uvêr. Svein ser òg det, og derfor vil han ikkje varsle jarlen sin om dette *hugboð*, som soga kallar den føreaninga han har fått, endå han er redd at det kjem til å syne seg uklokt. Det gjer det, Harald jarl gjer landgang tre dagar etter, og det blir kamp. Reichborn-Kjennerud har peika på at det er kløen i nasen som fortel Svein at jarlen er på veg. Det er rimeleg i lys av seinare folketru. «Nasehug (nesehau, nåsåhau), klæjing og stiking i nosi, er den dag i dag etter folketrui eit fyrefar eller ein hug frå nokon», seier Reichborn-Kjennerud, og nemner som døme frå Østfold: «D'æ vriner så i nasan, d'er visst non som har hau te mei».[16] Nils Lid seier meir om dette: På Romerike blir kløe i nasen kalla *nasehug* og tolka som teikn på at nokon står og ventar på ein. I slike tilfelle kan dei i Trøndelag seia at «det *hågår* folk på nasen min».[17] I folketradisjonane blir kløe andre stader på kroppen òg tolka som vardøger, men særleg kløe i nasen. Seinare i *Orkneyinga saga* nys Ragnvald jarl kraftig dagen før han blir drepen, og nyset blir oppfatta som varsel om det som skal skje.[18] Denne episoden er lite påansa, men sluttar seg til dei nemnde, sidan nysing kjem av nasekløe.

Det er òg mange døme på at ein får kløe på kroppen der ein seinare blir såra. *Droplaugarsona saga* har eit spesielt detaljert tilfelle: Helge Droplaugsson jamrar seg (*lét illa*) i søvne ei natt. Når han dagen etter er ute og rid med mennene sine, må han leggja seg ned og kvile, han blir så trøytt. *Þá kló hann kinn sína ok gneri hǫkuna ok mælti þetta: «Þat er vænna, áðr kveld, at þar klóí*[19] *lítt»*. 'Då klødde han seg på kinnet og gneid seg på haka og sa: "Det kjem nok til å klø litt før kvelden"'. Så fortel han kva han drøymde om natta: Dei reid den same vegen som no, og ved ein viss haug sprang atten eller tjue ulvar fram og gjekk laus på dei (*sóttu at*, infinitiv *sǿkja at*), *ok kleif einn í hǫku mér ok í tanngarðinn*, 'og ein av dei klatra opp til haka og tanngarden på meg', men då vart han vekt. Ein av mennene seier dette tyder at det sit folk i bakhald for dei. Likevel rid dei vidare, og når dei kjem til haugen Helge har drøymt om, blir dei angripne av atten menn. Helge får eit sverdhogg i ansiktet, gjennom tanngarden og underleppa – og blir drepen seinare i kampen.[20] I samtidssoga *Sturlunga saga* klør Sæmund Ormsson fælt ikring halsen ein kveld etter eit bad. Han får kona som tørkar han til å gnu hardt ikring halsen hans med handduken, men det hjelper ikkje, så han tek handduken sjølv og gnikar det han er god for. Dagen etter blir han fanga i eit bakhald og halshoggen. Seinare i soga skjer det same med Tord Andresson. Det klør fælt ikring halsen på han, han får ein kar til å klø seg, det hjelper ikkje stort, og så blir han sviken, fanga og halshoggen.[21] I desse tilfella må vi oppfatte kløen på same viset som i *Droplaugarsona saga*: Hugane (= dei fiendslege tankane til angriparane) har fare i førevegen og går laus på offeret før angriparmennene når fram. På bakgrunn av dette er det tydeleg at kløen på kinnet til Helge Droplaugsson er meiningsberande. Både kløen på kinnet og haka og ulveangrepet i draumen varslar bakhaldet og angrepet.

Kanskje særleg Strömbäck har peika på at vi finn ein variant av dette motivet mange stader i dei norrøne kjeldene i samband med væpna konfliktar, i situasjonen der den angripande parten nærmar seg: I mange soger får folk tilsvarande varsel når dei i draume ser ulvar eller andre dyr – kalla *manna hugir* – nærme seg.[22] I lys av parallelle forteljingar kan vi gå ut frå at trøyttheita til Helge i *Droplaugarsona saga* òg er eit slikt varsel, slik Strömbäck peikar på.[23] Hugane til angriparane *søkja at*, 'angrip', på alle tre måtane, som varsel om det røynlege angrepet som snart kjem. Trøyttheit som del av slikt angrep finn vi i fleire soger. Når *úfriðarfylgjur*, 'ufredsfylgjer', i *Njáls saga søkja at*, 'angrip', Tord, så artar det seg slik at han blir trøytt, og i *Íslendinga saga* gjer *úvinafylgjur* Hall Hallsson så trøytt at han ikkje klarer å ta vare på seg sjølv når ufredsmenn er på veg, så dei får tak i han. Også i *Njáls saga* er det slik at når fylgjene *søkja at*, 'angrip', så merkar Usviv det på at han tek til å geispe. I *Þorsteins þáttr uxafóts* snik Torstein seg inn i bustaden til ein jotun. Då høyrer han ei jotunjente spørja: «*Hvárt syfjar þik, Járnskjöldr faðir?*» «*Eigi er, Skjalddís dottir, liggja á mér hugir stórra manna.*» '«Er du trøytt, far Jarnskjold?» «Nei, dotter Skjolddis. Hugane til store menn plagar meg.»' Her er det tydelegvis den fiendslege hugen til Torstein som svæver jotunen, og ikkje lenge etter drep Torstein Jarnskjold.[24] Dette er berre nokre av døma.[25]

Jamvel om det vart mindre våpenkamp mellom folk etter mellomalderen, finn vi refleksar av alt dette i folketradisjonane heilt fram til vår tid. At trøyttheit varslar at nokon kjem, er vanleg også i nyare svensk, norsk og islandsk folketru.[26] Islendingane kallar enno slik trøyttheit for *aðsókn*. Eg (med foreldre frå Trøndelag og

Troms) er oppvaksen med tru på *vardøger* (*vardøgre* / *vardøgle* / *vardyvle* / *vardivle*, av *varðhygli, samansett av *vǫrðr*, 'vaktar / *følgjeånd' og ei avleiing av *hugr*, jf. adjektivet *hugall*[27]), som elles i norsk tradisjon kan heite *vord* (<*vǫrðr*), *gongham*, *føreferd*, på svensk *varsel*, *vård* (<*vǫrðr*), *vål* (med tjukk *l*, <*vǫrðr), *vålnad* / *vårdnad*, og så bortetter. Tradisjonen eg særleg kjenner er at når ein ventar nokon heim, så høyrer ein nokon som kjem opp trappa, tek i døra, går inn i gangen, henger av seg – men så blir det stilt, og går ein og ser etter, så er det ingen der. Men ti minutt etter, så høyrer ein dei same lydane, og då kjem personen. Det var vardøgeret ein høyrde fyrste gongen. Andre variantar eg kjenner som levande tradisjon i Noreg er at ein kjenner kløe i nasen eller må nyse når nokon er på veg til ein.

IV.

Alt eg har gått gjennom i punkt III er manifestasjonar av følgjeåndene til folk som nærmar seg. Variantane i ulveham eller med kloring viser at motivet høyrer til det vi gjerne kallar dyrefylgjer, fordi dei ofte har dyreham når ein ser dei i draumen eller synske ser dei. Det kan vera mange slag dyreham, men ulveham er spesielt vanleg. Dette har Ström, Solheim og Mundal greidd ut.[28] Følgjeåndene er attmed mennesket sitt gjennom livet, men ligg litt på forskot heile tida. Derfor er dyrefylgja eit vanleg motiv i spådomsdraumar – i draumen ser ein noko som skjer med dyrefylgja si, og det skjer med ein sjølv nokre dagar seinare. Når angriparar sine følgjeånder kan liggja fleire dagar på forskot, så er det fordi dei har svært nært samband med tankane, dei er mesta eitt med tankane; jamfør at ordet *hugr*, 'sinn, hug', ofte blir brukt om dette – slik at når angriparen tenkjer på den han skal angripe, så fer tankane i veg dit, og blir då merkbare for den som blir angripen – om det så er på andre sida av havet, slik som i *Orkneyinga saga*. Slik er det òg i dei tilgrensande finsk-ugriske tradisjonane.[29]

Desse følgjeåndene, vardøgera, påverkar våpenkamp på fleire måtar, men så vidt eg veit har ingen av dei vore peika på av tidlegare granskarar. For det fyrste kan vardøgera åtvara offeret – han får veta litt i førevegen, ein time eller nokre dagar – at ein angripar nærmar seg, og det kan i prinsippet hjelpe han til å unngå faren, slik at han kan koma seg bort eller hindre angriparane. Det skjer i nokre tilfelle, men berre når den angripne har spesielle evner, eller er i lag med nokon som har det (som Usviv i *Njáls saga* og Sturla Sigvatsson med hjelp av Rakel i *Sturlunga saga*; jf. korleis Torstein og Atle blir åtvara i søvne i *Þorsteins saga Víkingssonar* og *Hávarðar saga Ísfirðings*, sjå nedanfor, og Tormod med hjelp av Grima i *Fóstbrǿðra saga*[30]). For det andre: Dersom den angripne ikkje har hjelp av spesielle evner, så skjer det motsette. Han blir likeglad, i mange tilfelle apatisk og viljelaus, og stundom sovnar han beint fram. Det skjer særleg når det står at den angripne geispar og blir trøytt på grunn av vardøgera. Den reaksjonen er ein stor fordel for angriparen, for når den angripne ikkje er i stand til å ta vare på seg sjølv når angriparane når fram, så blir han eit lett bytte. Dette er det mange døme på i dei norrøne tekstane.[31] Nemningane tyder òg på at folk tenkte seg at vardøgera kunne spela ei rolle i væpna konflitar: Den innverknaden (same kva type det er) som vardøgera har på offeret blir i regelen kalla for *atsókn*, 'angrep', eller det heiter at dei *sókja at*, 'angrip', ikkje minst når offeret begynner å geispe. Strömbäck og Mundal har ikkje oppfatta dette bokstavleg, som angrep.[32] Mundal seier *atsókn* frå hugar / vardøger i islendingsogene ikkje gjer annan skade enn at offeret «kjenner seg trøytt og gjerne sovnar». Men den som gjer dét like før fiendar kjem er jo fortapt.

Slike følgjeånder som vi har sett på her fer i førevegen utan vidare når dei angripande mennene tenkjer på den som dei er på veg til. Då fer tankane / følgjeåndene / vardøgera dit anten angriparane vil eller ikkje, og anten dei har spesielle evner eller ikkje. Men folk som har spesielle evner har ei mulegheit som andre ikkje har: Dei kan sende ut følgjeåndene sine medvete, og styre dei. Det er svært nyttig for våpenkamp på ein annan måte, fordi slike folk kan bruke åndene til å skaffe opplysningar om fienden. Dei kan sende ut hugen sin litt slik krigførande makter brukar dronar i dag, og sende ut eit «fjernstyrt auge» som kan skaffe overblikk eller finne fienden før dei angrip. Dette har vi nokre døme på i den norrøne litteraturen. Det klåraste finn vi i *Þorsteins saga Víkingssonar*:[33] To gutar, Torstein og Tore, ligg i dekning for stormannen Jǫkul, som vil drepa dei, og Jǫkul hyrer to trolldomskunnige til å finne dei, Gautan og Ugautan. Dei legg seg til å sova tre døgn i eit avstengt hus, og når dei vaknar, kan dei fortelja kor gutane er (Men vi får ikkje veta kva dei har gjort i søvne for å finne det ut.). Så fer Jøkul og skal drepa gutane, og den morgonen han og flokken hans nærmar seg, vaknar Torstein og har drøymt at tretti ulvar, sju bjørnar og ein isbjørn, og to revetisper, kom springande mot gøymestaden deira (*hingat runnu þrjátigi vargar, ok váru sjau bjarndýr ok inn áttundi rauðkinni* […], *ok at auk tvær refkeilur*). Dette tolkar Torstein som *fygljur*ne til menn som er på veg for å ta dei. Revetispene er Gautan og Ugautan, og dei andre er mennene deira. Torstein og Tore overlever slaget, kjem seg unna og går i dekning ein annan stad. Der blir dei òg funne, og då får vi veta korleis leitinga skjer: Gutane er på veg heim ein kveld, og då får dei sjå ei lita revetispe (*refkeila lítil*) som «vêra i alle retningar og snuste under kvart tre» (*viðraði í allar ættir ok snuðraði undir hverja eik*). Torstein kjenner henne att frå draumen og kallar henne «tispeskinnet Ugautan» (*bikkjustakkrinn*), så det er tydeleg at revetispa er Ugautan si *fylgja*. Når vi ser draumen og leiteepisoden i samanheng, er det naturleg å gå ut frå at leitinga i begge tilfella skjedde på den måten at dei to trolldomskunnige sette seg i søvntranse[34] og i den tilstanden sende fylgjedyra sine ut som spionar.

I *Hávarðar saga Ísfirðings* er det ein «kortversjon» av dette:[35] Torgrim Dyrason er på veg med 18 mann for å drepa Atle, som bur på garden Otradalur. Når dei er mesta framme ved garden, tidleg ein morgon, seier Torgrim han er trøytt, og legg seg ned og søv, og jamrar seg i søvne (*lét illa í svefni*). Den same morgonen vaknar folket i Otradalur av at Atle jamrar seg slik i søvne at ingen får sova. Han kastar seg att og fram og stønnar og både slår og sparkar i senga, til Torve Valbrandsson vekker han. Atle set seg opp og stryk seg over skallen, og kan fortelja at han i draumen tykte han gjekk ut or huset og såg 18 ulvar springe mot garden, med ei revetispe som leiar. «Ho kika ikring seg og ville sjå på alt (*skyggndisk víða, ok á ǫllu vildi* […*hon*] *augu hafa*) […]. Då dei var framme ved husa, vekte Torve meg, og eg er viss på at det var mannehugar», seier Atle, før han og mennene hans står opp og væpnar seg. På sin kant vaknar Torgrim og er vorten varm (*orðit heitt*), og seier han har vore på garden, men er så forvilla at det går heilt rundt for han (*Heima hefi ek verit um hríð á bónum, ok er svá villt fyrir mér, at ek veit eigi frá mér).* Etter dette angrip Torgrim garden med flokken sin, men taper, for han har mista overraskingsmomentet. Det er tydeleg at hugen (fylgjedyret) til Atle møtte Torgrim sin hug (fylgjedyr, revetispa) i søvne og slåst med han; jamfør at Atle slår og sparkar og at kastar seg ikring som i ein brytekamp. Korkje på Torgrim eller Atle bit det jarn i slaget, så begge er tydelegvis trolldomskunnige.

Strömbäck[36] meiner Torgrim blir trøytt fordi han merkar Atle sin hug eller fylgje, men det verkar ikkje som den rimelegaste tolkinga. Slik vi har sett, *er* det eit vanleg motiv at ein blir søvnig av fiendefylgjer, men elles er det alltid *angriparane* sine fylgjer eller hugar som gjer offeret trøytt, og forteljingsfunksjonen er alltid at angrepet blir varsla. Det ville derfor vera underleg om det i *Hávarðar saga* skulle vera omvendt. Men så står det heller ikkje at Torgrim *er* så trøytt at han må å leggja seg nedpå, men at han seier det. Ut frå samanhengen i soga er det heller slik at Torgrim av eiga interesse legg seg for å få opplysningar om kva som skjer på garden før han angrip. Det er tydeleg at revetispa er ute etter slike opplysningar, og utfallet av angrepet står og fell med om ho klarer det. Det kan derfor tenkjast at Torgrim berre seier han er trøytt for å få sendt i veg hugen sin utan å vedgå at han driv med slik trolldom. Det kan ha vore skammeleg for mannfolk; jamfør at hugen til Torgrim er ei tispe og at seid, som dette minner om,[37] var ukarsleg.[38]

I *Fóstbrǿðra saga* finn vi eit tilfelle som liknar det i *Hávarðar saga Ísfirðings:*[39] Tordis på Longunes (på Grønland) søv uroleg ei natt, og derfor reknar sonen med at ho i søvne får sjå (*bera fyrir*) ting ho lurer på. Når ho vaknar, kan Tordis fortelja at ho har sendt *gandar* vidt ikring om natta (*Víða hefi ek gǫndum rennt í nótt*[40]) og slik fått veta at Tormod Kolbrunarskald er i live og kor han gøymer seg. Så sender ho folk i veg for å ta han, for han har drepe ein av sønene hennar. Dette tilfellet er parallelt til dei nemnde fordi *gandr* overlappar med *hugr* og *fylgja,*[41] men det står ikkje at Tordis medvete sender ut gandane sine som ein del av taktikken for å ta Tormod. Det er det likevel ikkje urimeleg å tru, for Tordis har vore svært oppsett på å ta Tormod.

Somme vil kanskje innvende at det i desse døma på medveten utsending ikkje er følgjeånder som blir utsende, bortsett frå i *Fóstbrǿðra saga*, men sjølve sjela til den trolldomskunnige. Undersøker ein nærare i kjeldene, så ser det likevel ut til at det er ein moderne idé å skilja mellom desse tinga, for dei glid over i kvarandre. Hultkrantz peikar på at det er «an academic undertaking» å prøve å skilja sjela til noaiden og hjelpeåndene hans i samisk tradisjon; det er ein «basic identity» mellom dei. Det ser slik ut i dei norrøne kjeldene òg.[42]

Det er verd å leggja merke til at når ein person med spesielle evner sender i veg hugen sin slik vi har sett, kan han møte hugen til ein som har tilsvarande evner hos fienden, og at det då blir ein kamp om lag som mellom dei samiske noaidane når dei ligg i transe og slåst med kvarandre, gjerne i reinsokseham.[43] Dét seier noko om kor viktig ein tenkte seg at slik avstandskamp på førehand kunne vera for utfallet av den seinare ordinære kampen.

V.

Så var det det indirekte sambandet mellom seid og våpenkamp: Seid går ut på å sende ut åndeutsendingar som kan utrette ulike ærend, og dei åndeutsendingane er nettopp slike som vi har sett på. Det inneber slett ikkje at utsending av hugar / hjelpeånder alltid kunne kallast *seiðr*, men seid høyrde til dette sjelsførestellingskomplekset, og i nokre tilfelle der ordet *seiðr* er brukt dreiar det seg om passivisering av motstandar i konfliktsituasjonar som har ein del felles med dei vi har sett på. Strömbäck peikar på at seid verkar slik på både Kåre i *Laxdǿla saga* og kong Vanlande i *Ynglinga saga* at dei både blir trøytte og får lyst til å gå / fara dit seidaren er, som om dei ikkje har eigen vilje lenger. Det finst òg døme i andre norrøne tekstar og seinare islandsk folketru.[44] Seiddrapet på Kåre inngår dessutan i ein våpenfeide, ein slik som er så typisk for islendingsogene. Seiden mot Vanlande inngår òg i ein konflikt der våpenbruk ville vore det normale. Slik bruk av seid er likevel ikkje typisk.

VI.

Eg vil avslutte med å kommentere variasjonen i dei fysiske symptoma ein merkar når dyrefylgjer / hugar kjem til ein, frå fiendar som nærmar seg eller andre: Kløe i nasen, nysing, kløe der på kroppen som ein seinare blir såra, geisping / trøyttheit; fylgjedyr, særleg ulvar, som ein i draume ser nærme seg og som stundom klorar. I seinare nedskriven folketradisjon over store delar av Nord-Europa kan ein òg bli kvalm og kaste opp eller få magesjuke av følgjeånder som nærmar seg / når nokon tenkjer på ein. Utbreiinga av denne folketrua, i tillegg til den shetlanske bruken av ordet *gandr* (*gandr*, *gandigo* m.m.) og ein episode i *Þorsteins þáttr uxafóts*, tyder på at dette er gammalt.[45] Men korleis kan dette vera variantar av det same?

Det med kløe på kroppen er lett forståeleg dersom det er usynlege ulvar som klorar, slik vi ser i nokre norrøne tekstar og kulturfossil-ord som norsk *vordklor*, islandsk *varðrispur* og svensk *vårdnöp*, nedskrivne i nyare tid. Men kløe i nasen og nysing er noko anna, for ikkje å snakke om geisping og trøyttheit, det passar ikkje med kloring. Eg har sett fram ei forklaring som bygger på at ånd i utgangspunktet er pust, slik vi ser av at same ord blir brukt om både pust og ånd eller sjel i språk over heile verda. Når ånder forlet kroppen, fer dei derfor ut gjennom luftvegane (jamfør ideen om at vi *andast* eller *utånder* når vi døyr), og då er det naturleg om dei fer inn i eit offer på same måte. Det finn vi døme på i seinare folketradisjon: Den som blir angripen av fiendsleg ånd kan bli oppblåsen som ein ballong. Kløe i nasen og nysing passar med at vardøgeråndene angrip den vegen, og det kan geispinga òg gjera, for geisping er djup innpusting. Kvalme, oppkast og magesjuke kan òg passe inn i dette, for ein kan ha tenkt seg at når ei fiendsleg ånd fer inn, så trenger ho ut det som er der frå før. Her kan eg berre skissere dette, fyldigare argumentasjon står i arbeid eg har publisert før.[46] Men sidan den gongen er eg vorten klar over at ein også i islamsk kultur finn kløe, nysing og geisping i samband med at ånder slår seg til i eit menneske, så det blir besett,[47] og at «[t]he breathing in (and out) of spirits» er vanleg i sibirsk sjamanisme.[48] Truleg er slike ting noko vi finn i mange kulturar.

VII.

Det eg har drøfta her er det vi ser i den norrøne litteraturen vi kjenner frå 1200- og 1300-talet, og det er eit tema som er interessant i seg sjølv. I kva grad slike førestellingar fanst i førkristen tid, kan vi ikkje veta. Likevel er det sannsynleg at mesteparten av komplekset er førkriste, fordi nemningane er heimlege, og fordi vi finn tilsvarande førestellingar i tilgrensande nordeuropeiske kulturar, der òg under heimlege nemne, samtidig som det er vanskeleg å sjå noka kjelde for desse førestellingane i kristendomen. At mykje av komplekset har endra seg lite på dei 600, 700 eller 800 åra frå høgmellomalderen og fram til moderne tid, gjev òg ein peikepinn. Då er det vanskeleg å sjå kvifor det skulle ha endra seg dramatisk eller beint fram ha oppstått på dei 200 eller 300 åra frå kristninga og fram til dei tekstane vi kjenner. At dette førestellingskomplekset kan ha fått leva nokså uforstyrra av kristendomen er rimeleg fordi det ikkje direkte strid mot eller utfordrar kristen lære; det er heller noko anna, på sida av den kristne læra.

Notar

1. Reichborn-Kjennerud 1927.

2. Strömbäck 1935; 1975; Ström 1954; Mundal 1974; 1997.

3. Price 2002: 329–388.

4. Price 2002: 175–204; Heide 2006b; 2006a, kap. 4.15.

5. Sjå oversynet i Strömbäck 1935.

6. *Laxdœla saga* ([red.] Einar Ól. Sveinsson): 106; *Friðþjófs saga* ([red.] Larsson: 14–27; *Friðþjófs saga* ([red.] Einar Ól. Sveinsson): 82–88.

7. *Hrólfs saga kraka* ([red.] Finnur Jónsson): 95 ff.; *Saga Þiðriks konungs af Bern* ([red.] Unger): 303 f.

8. Ein del døme på dette er nemnde i Heide 2006a: 254–257.

9. Ström 1960.

10. Ström 1960.

11. Ström 1960.

12. Heide 2006a: kap. 4.5.

13. Solheim 1962: 34.

14. Sjå Mundal 1974: 69, 84, 92.

15. *Orkneyinga saga* ([red.] Finnbogi Guðmundsson): 247 (kap. 93).

16. Reichborn-Kjennerud 1927: 2.

17. Lid 1935: 9 f.

18. *Orkneyinga saga* ([red.] Finnbogi Guðmundsson): 276–278 (kap. 103).

19. For å unngå unødvendig forvirring skriv eg norrøn lang ø som *ó*, slik norsk skikk er i dag, også når eg siterer frå utgåver som brukar *œ* (men endrar sjølvsagt ikkje boktitlar).

20. *Droplaugarsona saga* ([red.] Jón Jóhannesson): 161 ff.

21. *Sturlunga saga* ([red.] Gudbrand Vigfusson), 2; 94, 263.

22. Sjå opprekning av døme hos Mundal (1974: 27 f.), dei tekststadene ho grupperer som «Blanda dyrefylgje- og hugmotiv», og sju tekststader Mundal (1974: 68 f., 74, 95, 99), ulikt Ström (1960), reknar til kvinnefylgjene (*Brennu-Njáls saga* ([red.] Einar Ól. Sveinsson): 37; *Sturlunga saga* ([red.] Gudbrand Vigfusson), 1: 285; 2: 46; *Hrólfs saga kraka* ([red.] Finnur Jónsson): 6; *Þórðar saga hreðu* ([red.] Jóhannes Halldórsson): 195; Snorri Sturluson, *Olafs saga hins helga* ([red.] Johnsen): 6; og *Sverris saga* ([red.] Þorleifur Hauksson): 179 f.)). Eg er samd med Ström i at alt dette er dyrefylgjemotiv. Mundal sine argument er at det i desse sju tilfella er snakk om fylgjer som kjem med *atsókn* og grip inn i denne verda, og at dette berre stemmer med kvinnefylgjer. Men det er mange døme på *søkja at / atsókn* i samband med dyrefylgjer, og på at dyrefylgjer grip inn i denne verda, nemleg på den måten eg drøftar her (jf. Heide 2006a: 150 f.).

23. Strömbäck 1935: 152 ff. Opplisting av døme på trøyttleiksmotivet der, jf. Ström 1960: 38 f.; Solheim 1962: 34; og Heide 2006a: 154.

24. *Þórðar saga hreðu* ([red.] Jóhannes Halldórsson): 195; *Sturlunga saga* ([red.] Kålund), 2: 57; *Brennu-Njáls saga* ([red.] Einar Ól. Sveinsson): 37; *Þorsteins þáttr uxafóts* ([red.] Bjarni Vilhjálmsson & Þórhallur Vilmundarson): 361.

25. Jf. fotnote 22.

26. Lid 1935: 11; Strömbäck 1975: 8; Jón Árnason (1862–64) 1954–61: 1, 344.

27. Heide 2006a: 152.

28. Ström 1960; Solheim 1962: 34; Mundal 1974, men jf. fotnote 22.

29. Heide 2006a: 155.

30. *Brennu-Njáls saga* ([red.] Einar Ól. Sveinsson): 37 f.; *Sturlunga saga* ([red.] Kålund) 1: 399; *Þorsteins saga Víkingssonar* ([red.] Guðni Jónsson): 27 ff.; *Hávarðar saga Ísfirðings* ([red.] Guðni Jónsson): 349 ff.; *Fóstbrœðra saga* ([red.] Einar Ól. Sveinsson): 244; jf. drøfting av dei to nest siste tekststadene i Heide 2006a: 140, fotnote.

31. Jf. fotnote 22.

32. Strömbäck 1975: 6 f.; Mundal 1974: 43, 99; 1997: 17.

33. *Þorsteins saga Víkingssonar* ([red.] Guðni Jónsson): 27 ff. Same framgangsmåten brukar to samar i *Vatnsdœla saga* ([red.] Einar Ól. Sveinsson): 35 når dei fer på leiting til Island, men ikkje som førebuing til væpna angrep.

34. Om søvn som transe, sjå Heide 2006a: 144–146.

35. *Hávarðar saga Ísfirðings* ([red.] Guðni Jónsson): 349 ff.

36. Strömbäck 1935: 155.

37. Jf. nedanfor.

38. Jamfør m.a. Solli 2002.

39. *Fóstbrœðra saga* ([red.] Einar Ól. Sveinsson): 243.

40. Det er all grunn til å tru at verbet *renna* dreiar seg om utsending; sjå Heide 2006a: 130.

41. Heide 2006a: 130 f., 146 ff.

42. Bäckman og Hultkrantz 1978: 100; Heide 2006a: 128 f., 181.

43. Kildal [1730 og seinare] 1945: 138 f.; stort sett det same i Kildal [1730] 1910: 91 f.; jf. Heide 2006a: 268 f.

44. Strömbäck 1935: 152 f.; *Laxdœla saga* ([red.] Einar Ól. Sveinsson): 106; Snorri Sturluson, *Ynglinga saga* ([red.] Bjarni Aðalbjarnarson): 29.

45. Heide 2006c; Heide 2006a: 169 f.

46. Heide 2006c; Heide 2006a: 169 f.
47. Winkler 1936: 63. Takk til Richard Natvig for å ha gjort meg merksam på dette.
48. Tolley 2009, 1: 472, 519.

Referansar

Kjelder

Brennu-Njáls saga [sl. av 1200-t.] (Íslenzk fornrit 12). [Red.] Einar Ól. Sveinsson. Reykjavík (1954) 1971: Hið íslenzka fornritafélag.

Droplaugarsona saga [ca. 1220]. *Austfirðinga sǫgur* (Íslenzk fornrit 11), s. 135–180. [Red.] Jón Jóhannesson. Reykjavík 1950: Hið íslenzka fornritafélag.

Fóstbrœðra saga [byrj. av 1200-t.]. *Vestfirðinga sǫgur* (Íslenzk fornrit 6), s. 119–276. [Red.] Einar Ól. Sveinsson. Reykjavík 1943: Hið íslenzka fornritafélag.

Friðþjófs saga ins frœkna [ca. 1300] (Altnordische Saga-Bibliothek 9). [Red.] Ludvig Larsson. Halle 1901: Max Niemeyer.

——— *Fornaldar sögur Norðurlanda* 3, s. 75–104. [Red.] Guðni Jónsson. Reykjavík 1954: Íslendingasagnaútgáfan.

Hávarðar saga Ísfirðings [byrj. av 1300-t.]. *Vestfirðinga sǫgur* (Íslenzk fornrit 6), s. 289–358. [Red.] Guðni Jónsson. Reykjavík 1943: Hið íslenzka fornritafélag.

Hrólfs saga kraka [1230–1450] og *Bjarkarímur* (Skrifter 32). [Red.] Finnur Jónsson. København 1904: Samfundet til udgivelse af gammel nordisk litteratur.

Kildal, Jens. [1730] 1910. Ur Jens Kildals Appendix till hans verk «Afguderiets Dempelse». *Källskrifter till lapparnas mytologi*, s. 88–98. Red. Edgar Reuterskiöld. Stockholm: Ivar Hæggströms boktryckeri.

——— [1730 og seinare] 1945. Afguderiets Dempelse, og den Sande Lærdoms Fremgang [...]. *Nordlands og Troms finner i eldre håndskrifter* (Nordnorske samlinger 5: 2), s. 97–152. [Red.] Marie Krekling. Oslo: Brøgger.

Laxdœla saga [byrj. av 1200-t.] (Íslenzk fornrit 5). [Red.] Einar Ól. Sveinsson. Reykjavík 1934: Hið íslenzka fornritafélag.

Orkneyinga saga [1200-t.] (Íslenzk fornrit 34). [Red.] Finnbogi Guðmundsson. Reykjavík 1965: Hið íslenska fornritafélag.

Saga Điðriks konungs af Bern: fortælling om kong Thidrik af Bern og hans Kæmper. I norsk bearbeidelse fra det trettende aarhundrede efter tydske kilder. [Red.] Carl Richard Unger. Christiania 1853: Feilberg & Landmark.

Snorri Sturluson [d. 1241], *Olafs saga hins helga* (Det norske historiske kildeskriftfonds skrifter 47). [Red.] Oscar Albert Johnsen. Kristiania 1922: Jacob Dybwad.

––––––– Ynglinga saga. *Heimskringla* 1 (Íslenzk fornrit 26), s. 1–83. [Red.] Bjarni Aðalbjarnarson. Reykjavík 1941: Hið íslenzka fornritafélag.

Sturlunga Saga, Including the Íslendinga Saga of Lawman Sturla Thordsson and Other Works [1100–1200-t.]. 1–2. [Red.] Gudbrand Vigfusson. Oxford 1878: Clarendon Press.

––––––– *Sturlunga saga: efter Membranen Króksfjarðarbók, udfyldt efter Reykjarfjarðarbók* (Det Kongelige Nordiske Oldskriftselskab). 1–2. [Red.] Peder Erasmus Kristian Kålund. København 1906–11: Gyldendal.

Sverris saga [ca. 1200] (Íslenzk fornrit 30). [Red.] Þorleifur Hauksson. Reykjavík 2007: Hið íslenzka fornritafélag.

Þórðar saga hreðu [ca. 1350]. *Kjalnesinga saga* (Íslenzk fornrit 14), s. 161–226. [Red.] Jóhannes Halldórsson. Reykavík 1959: Hið íslenzka fornritafélag.

Þorsteins saga Víkingssonar [byrj. av 1300-t.]. *Fornaldar sögur Norðurlanda* 3, s. 1–73. [Red.] Guðni Jónsson. Reykjavík 1954: Íslendingasagnaútgáfan.

Þorsteins þáttr uxafóts [ca. 1300]. *Harðar saga* [...] (Íslenzk fornrit 13), s. 339–370. [Red.] Bjarni Vilhjálmsson & Þórhallur Vilmundarson. Reykjavík 1991: Hið íslenzka fornritafélag.

Vatnsdæla saga [sl. av 1200-t.]. *Vatnsdæla saga* [...] (Íslenzk fornrit 8), s. 1–131. [Red.] Einar Ól. Sveinsson. Reykjavík 1939: Hið íslenzka fornritafélag.

Sekundærlitteratur

Bäckman, Louise & Åke Hultkrantz. 1978. *Studies in Lapp Shamanism* (Stockholm Studies in Comparative Religion 16). Stockholm: Almqvist & Wiksell.

Heide, Eldar. 2006a. *Gand, seid og åndevind*. Bergen: Universitetet i Bergen.

――― 2006b. Spinning seiðr. Old Norse Religion in Long-Term Perspectives: Origins, Changes, and Interactions (Vägar till Midgård 8), s. 164–170. [Red.] Anders Andrén & Kristina Jennbert & Catharina Raudvere. Lund: Nordic Academic Press.

――― 2006c. Spirits through respiratory passages. *The Fantastic in Old Norse / Icelandic Literature: Sagas and the British Isles* (Preprint Papers of the Thirteenth International Saga Conference, Durham and York, 6th–12th August 2006), s. 350–358 [Red.] John McKinnel & David Ashurst & Donata Kick. Durham: University of Durham.

Jón Árnason. (1862–64) 1954–61. *Íslenzkar þjóðsögur og ævintýri.* 1–6. [Red.] Árni Böðvarsson & Bjarni Vilhjálmsson. Reykjavík: Bókaútgáfan þjóðsaga.

Lid, Nils. 1935. Magiske fyrestellingar og bruk. *Folketru / Folktro* (Nordisk kultur 19), s. 3–76. Red. Nils Lid. Stockholm: Bonnier.

Mundal, Else. 1974. *Fylgjemotiva i norrøn litteratur* (Skrifter fra instituttene for nordisk språk og litteratur ved Universitetene i Bergen, Oslo, Trondheim og Tromsø 5). Oslo: Universitetsforlaget.

――― 1997. Sjelsførestellingane i den heidne norrøne kulturen. *Kropp og sjel i middelalderen* (Onsdagskvelder i Bryggens museum 11), s. 7–30. Red. Anne Ågotnes. [Bergen]: Bryggens museum.

Price, Neil S. 2002. *The Viking Way: Religion and War in Late Iron Age Scandinavia* (Aun 31). Uppsala: Institutionen för arkeologi och antik historia, Uppsala universitet.

Reichborn-Kjennerud, Ingjald. 1927. Hamen og fylgja. *Syn og segn* 1927: 1, s. 1–6.

Solheim, Svale, 1962. Hug. *Kulturhistorisk leksikon for nordisk middelalder*. 7, sp. 34–36. Oslo: Gyldendal.

Solli, Brit. 2002. *Seid: myter, sjamanisme og kjønn i vikingenes tid*. Oslo: Pax.

Ström, Folke. 1954. *Diser, nornor, valkyrjor: fruktbarhetskult och sakralt kungadöme i Norden* (Kungl. Vitterhets-, historie- och antikvitetsakademiens handlingar. Filologisk-filosofiska serien 1). Stockholm: Almqvist & Wiksell.

―――― 1960. Fylgja. *Kulturhistorisk leksikon for nordisk middelalder* 5, sp. 38–39. Oslo: Gyldendal.

Strömbäck, Dag. 1935. *Sejd: textstudier i nordisk religionshistoria* (Nordiska texter och undersökningar 5). Stockholm: Geber.

―――― 1975. The concept of the soul in Nordic tradition. *Arv: tidskrift för nordisk folkminnesforskning* 31, s. 5–22.

Tolley, Clive. 2009. *Shamanism in Norse Myth and Magic*. 1–2 (FF Communications 296–297). Helsinki: Finnish Academy of Science and Letters.

Winkler, Hans Alexander. 1936. *Die reitenden Geister der Toten: eine Studie über die Besessenheit des 'Abd er-Râdi und über Gespenster und Dämonen, Heilige und Verzückte, Totenkult und Priestertum in einem oberägyptischen Dorfe*. Stuttgart: Kohlhammer.

Att *hasla vǫll* inför fältslag
En analys utifrån kategorin *siðr*

Torsten Blomkvist
Högskolan Dalarna, Sverige

Denna artikel tar sin utgångspunkt i de uppgifter som i ett antal norröna källor berättar om bruket att med hasselstänger inhägna en plats (*hasla vǫll*) inför fältslag. Denna utgångspunkt motiveras bland annat av att dessa religionshistoriskt intressanta uppgifter inte i någon högre utsträckning har berörts i tidigare forskning.[1] Vidare diskuteras hur det inhemska begreppet fvn. *siðr*, 'sed, tradition, kultbruk', kan användas som vetenskaplig kategori för analys dels av bruket att *hasla vǫll*, dels av det fornskandinaviska källmaterialet i allmänhet. I det sammanhanget diskuterar jag avslutningsvis en pågående debatt om inhemska kategorier och religionsbegreppet i relation till fornskandinaviska förhållanden.[2]

Artikelns syfte är följaktligen att undersöka bruket att *hasla vǫll* och diskutera hur det inhemska begreppet *siðr* kan användas som analytisk kategori i analysen av detta bruk i synnerhet och fornskandinaviskt källmaterial i allmänhet. Viktigt att poängtera är att denna undersökning har karaktären av en pilotstudie. Genom att föra in historiska kontexter och komparationer skulle undersökningen både kunna fördjupas och breddas. Även artikelns övriga resonemang skulle kunna utvecklas. Artikeln bör snarast ses som en förstudie till en kommande större artikel eller bok.

Att *hasla vǫll* inför fältslag: källbelägg och tolkningar

Bruket att *hasla vǫll* innebär att en kampplats utmärks med hasselstänger.[3] Detta bruk omnämns på ett antal ställen i den isländska sagotraditionen. I den här artikeln fokuserar jag på de textställen

---

Hur du refererar till det här kapitlet:
Blomkvist, T. 2016. Att *hasla vǫll* inför fältslag. En analys utifrån kategorin *siðr*. I: Rydving, H. and Olsson, S. (red.) *Krig och fred i vendel- och vikingatida traditioner*, s. 144–166. Stockholm: Stockholm University Press. DOI: http://dx.doi.org/10.16993/bah.g. License: CC-BY 4.0

där bruket omnämns i samband med fältslag. Det mest utförliga
belägget finns i avsnittet om slaget vid Vinaheden i *Egils saga*. Där
berättas följande:

> *Siðan gera þeir sendimenn til Óláfs konungs ok finna þat til øren-
> da, at Aðalsteinn konungr vill hasla honum vǫll ok bjóða orrostu-
> stað á Vínheiði við Vínuskóga, ok hann vill, at þeir heri eigi á land
> hans, en sá þeira ráði ríki á Englandi, er sigr fær í orrostu, lagði
> til vikustef um fund þeira, en sá biðr annars viku, er fyrr kemr. En
> þat var þa siðr, þegar konungi var vǫllr haslaðr, at hann skyldi eigi
> herja at skammlausu, fyrr en orrostu væri lokit.*[4]

Därefter sändas män till konung Olav med budskapet att kon-
ung Adalstein vill hassla honom vall och bjuda honom drabbning
på Vinaheden vid Vinaskogen. Han vill att de icke skola härja i
hans land, men den av dem skall råda över England, som vinner i
drabbningen. En veckas frist satte han för kampen, och den som
komme först, skulle vänta på den andre en vecka. På den tiden var
det sed att när vall hasslats för en kung, kunde han ej utan vanära
härja, förrän striden stått.[5]

(Övers. Alving)

Konung Olav följde denna sed och tågade till Vinaheden först på
den avtalade dagen. När hans här kom till platsen berättas att:

> *en er þeir menn kómu í þann stað, er vǫllrinn var haslaðr, þá váru
> þar settar upp heslistengr alt til ummerkja, þar er sá staðr var, er
> orrostan skyldi vera.*[6]

När de kommo dit, där vallen var hasslad, voro där uppsatta
hasselstänger till avgränsning av platsen, där slaget skulle stå.[7]

(Övers. Alving)

Även i *Heimskringla* omnämns bruket att *hasla vǫll*. I *Saga Hákonar
góða* berättas, om slaget vid Frädeberg mot Erikssönerna, att:

> *Hákon konungr sendi þeim boð ok bað þá á land ganga, segir, at
> hann hafði þeim vǫll haslat á Rastarkálf; þar eru sléttir vellir ok
> miklir, en fyrir ofan gengr brekka lǫng ok heldr lág.*[8]

Kung Hakon sände bud till dem och bad dem att gå i land. Han
sade att han hade märkt upp en äng åt dem på Rastarkalv. Där var
en stor och slät äng och ovanför sträckte sig en lång och ganska
låg backe.[9]

(Övers. Johansson)

Även i *Ólafs saga Tryggvasonar* omnämns bruket. När Håkan Jarl vänder mot Sogn och där möter Ragnfred berättas det att:

Lagði jarl skipum sínum at landi ok haslaði vǫll Ragnfrøði konungi ok tók orrostu-stað.[10]
Jarlen lade sina skepp vid land och utmärkte en äng för kung Ragnfred och valde stridsplats.[11]

(Övers. Johansson)

Paralleller finns också i fornaldarsagorna. I *Hervarar saga* förekommer ett liknande förfarande i samband med en beskrivning av en strid mellan hunner och goter. Då Gissur åtar sig att fungera som sändebud och bjuda hunnerna till kamp vid Donaus hed berättas det att:

Þat váru lög Heiðreks konungs, ef herr var í landi, en landskonungr haslaði vǫll ok lagði orrostustað, þá skyldu víkingar ekki herja, aðr orrostar væri reynd.[12]
Så var kung Heidreks lag, att om en främmande här bröt in i landet och dess konung utmanade den till kamp på en förutbestämd plats omgärdad med hasselkvistar, fick angriparna inte härja förrän kampen var avgjord.[13]

(Övers. Lönnroth)

Även i *Norna-gests þáttr* omnämns bruket inför slaget mellan Gjukungarna och Gandalfs söner. I samband med detta berättas om hur Gandalfs söner hasslade vall åt Gjukungarna vid landsgränsen. När sedan Gjukungarna kom fram såg de att nära hamnen fanns det hasselstänger (*heslistengr*) uppsatta som markerade var slaget skulle stå.[14]

I förhållande till dessa uppgifter finns naturligtvis en omfattande källkritisk problematik. Frågan är om uppgifterna återspeglar en verklighet under vikingatiden eller om det handlar om en romantisering av forntida strider där holmgången har fått fungera som en ideal prototyp. Detta gäller framförallt fornaldarsagorna, men även uppgifterna i *Egils saga* och *Heimskringla*. Finnur Jónsson kommenterar bruket i sin textutgåva av *Egils saga*. Han menar att detta bruk endast kan ha fungerat om härarna var så små att de kunde rymmas inom avgränsningen. Han antar vidare att bruket sannolikt endast förekommit vid tvekamper, såsom det omnämns exempelvis i *Kormáks saga*.[15]

Även Lars Lönnroth har kopplat bruket till tvekamper:

Seden att utmärka en kamp med hasselkvistar [...] omtalas i flera fornisländska källor. Förmodligen har det från början rört sig om tvekamp och inte som här om strid mellan regelrätta härar.[16]

Militärhistorikern Paddy Griffith ställer sig också kritisk till bruket. Han argumenterar utifrån militärstrategiska perspektiv och menar att när så stora massor av människor är i rörelse, och så stora risker står på spel, man knappast kan ha låtit sig styras av den här typen av formaliteter. Griffith ställer sig överhuvudtaget kritisk till tanken om förutbestämda platser och tider för fältslag. Även han anknyter till holmgången och lyfter fram duellen som en modell för uppgifterna om att *hasla vǫll* inför fältslag.[17]

Utan att direkt ta ställning till huruvida detta bruk faktiskt har förekommit under vikingatiden vill jag problematisera kopplingen mellan *hasla vǫll* och envig, holmgång och motsvarande. Jag vill göra det med utgångspunkten att *hasla vǫll* innebär att en avgränsning görs.

Avgränsningar och gränser i de fornskandinaviska samhällena

Beträffande de fornskandinaviska samhällena är det intressant att ta fasta på hur ytor knutna till vissa funktioner avgränsades med hjälp av inhägnader eller motsvarande. Dessa avgränsningar kunde vara av fysisk karaktär, men de förekom också på ett mentalt, symboliskt plan.

Jan de Vries har lyft fram inhägnaden som central i de fornskandinaviska samhällena. Han pekar exempelvis på episoden i *Egils saga* där det berättas om hur tingsplatsen omgärdas av *vébǫnd*, 'heliga band'. I sammanhanget nämner de Vries också begreppen *stafgarþ*, 'stavgård', och *dómhringr*, 'domarring', som exempel på motsvarande inhägnade områden. *Stafgarþ* syftar enligt de Vries på en renodlad kultplats medan *dómhringr* syftar på tingsplatser eller domsplatser. De Vries tolkar bruket att avgränsa eller ringa in platser som ett sätt att markera att platsen är helig, och därmed åtskild från den profana världen. Beträffande uppgifterna om hasselinhägnader i samband med holmgång bevisar dessa enligt de Vries att den rättsliga tvekampen hade en sakral karaktär.[18] Liknande avgränsningar och inhägnader har förekommit på ett symboliskt plan. Centrala begrepp i det sammanhanget är fvn. *baugr*, 'ring', och fvn. *bǫnd*, 'band'. Det förstnämnda begreppet kan knytas till den betydelse ringar tycks ha haft, både i juridiska och kultiska kontexter, till exempel uttryckt i *baugeiðr* ('ringed').[19] Begreppet *bǫnd* har, tillsammans med *regin* och *hǫpt*, lyfts fram som ett centralt begrepp i den fornskandinaviska föreställningsvärlden som en kollektivbeteckning på gudarna.[20]

Utifrån *Gutasagan* och *Gutalagen* går det att belysa hur avgränsningar kom till uttryck dels på ett symboliskt plan, dels på ett konkret fysiskt plan i den lokala gotländska kontexten. *Gutasagan* inleds med vad som kan betraktas som en ursprungsmyt med anknytning till Gotland. Sagan berättar om hur Tjälvar kom till Gotland som då var ett förtrollat land. Det berättas om hur han var den första som bar eld till landet. Tjälvar hade en son som hette Havde, som i sin tur hade en hustru som hette Vitstjärna. Vitstjärna drömde en dröm om hur ormar slingrade i hennes barm, en dröm som Havde uttydde. Havdes tolkning av drömmen uttrycks i form av en förmodat interpolerad skaldevers i *Gutasagan* som inleds med frasen *alt ir baugum bundit* ('allt är bundet i ringar').[21] Termerna *baugum bundit* kan både betydelsemässigt och etymologiskt relateras till *baugr* och *bǫnd*. Därefter skaldas om att detta land ska vara bebyggt och att de (Havde och Vitstjärna) ska få tre söner.[22] Versen uttrycker möjligtvis någon slags juridiskt bindande formel.[23] I detta sammanhang är det emellertid relevant att lyfta fram att frasen *alt ir baugum bundit* kan uttrycka "symboliska inhägnader", det vill säga symboliska avgränsningar.

I *Gutalagen* förekommer ytterligare ett i förhållande till *bǫnd* betydelsemässigt och etymologiskt relaterat begrepp, nämligen **vatu banda* (f.). Hugo Pipping har definierat detta begrepp som en "provisorisk fredskrets, dragen af dråpare omedelbart efter det dråpet skett".[24] I *Gutalagen* beskrivs hur en person som begått ett dråp kunde fly med de närmaste i fyrtio dagar till en kyrka som alla män hade tagit i helgd. Dessa kyrkor var Fardhem, Tingstäde och Atlingbo. Där hade dråparen fred och fristad både i prästgården och på kyrkogården. Men när den tiden var förbi red dråparen till ett ställe där han ville dra sin fridskrets (*vatu banda),²⁵ en fysisk avgränsning vars syfte var att ge asylrätt åt den som begått ett dråp. I relation till gränser är också de dikotomier som källmaterialet har tolkats uttrycka och som ofta lyfts fram i forskningen intressanta. Tidigare berördes hur Jan de Vries såg inhägnader markera en helig sfär i motsats till en profan sfär. Andra dikotomier är exempelvis helgat land – ohelgat land, inmark – utmark, midgård – utgård eller fred – ofred. Ett citat från Folke Ström, som behandlar fred – ofred, får illustrera hur dessa dikotomier ibland kommit till uttryck i tidigare forskning:

> Med "fred" avses först och främst det ideala tillstånd inom samhället, då lag råder okränkt och människorna kan njuta det skydd och den säkerhet, det lugn och den trygghet den lagliga ordningen skänker. [...] Motsatsen till "fred" var "ofred" (*ufriðr*), det tillstånd då kamp, strid och krig råder och samhället hotas av ödeläggelse, vare sig den härrör av inre split eller fienders härjningar.²⁶

Detta dikotomiska sätt att se på de fornskandinaviska källorna ger utan tvivel forskaren en tydlig struktur att analysera sitt material utifrån. Frågan är emellertid om den komplexitet som mänskligt interagerande innebär på ett rättvisande sätt kan täckas in utifrån en sådan referensram.²⁷ Jag vill i det följande argumentera för att det finns potential att istället för att försöka identifiera vad som finns på respektive sida av en gräns eller innanför och utanför en avgränsning, fokusera på själva gränsen och gränsdragandet.

Avgränsningar, gränser och begreppet *siðr*

Sociologen Niklas Luhmann har konstruerat en teori om hur man kan analysera komplexa sociala system där gränser spelar en viktig roll. Luhmann menar att upprätthållande av gränser är detsamma som upprätthållande av systemet vilket medför att gränser blir avgörande för ett systems existens och utformning. Gränser är också komplexa, de är inte statiska utan rörliga och kan ses som separerande men samtidigt relationsskapande.²⁸ Genom gränserna förhåller sig det sociala systemet till omgivningen samtidigt som interna förhållanden regleras. Gränser korrigeras och regleras genom kommunikation. Just kommunikation är också basen i ett socialt system enligt Luhmann och skapar de sociala gränser som är konstituerande för systemet.[29] Luhmanns teori är mycket omfattande och jag gör i detta sammanhang inget anspråk på att sammanfatta den i sin helhet eller ens något av dess fundament. Snarare inspireras det fortsatta resonemanget av den vikt som Luhmann ger gränser och gränsskapande i uppbyggnaden av ett socialt system. I det följande utgår jag från idén om gränsers ordnande och upprätthållande funktion.

Med utgångspunkt i Luhmanns teori skulle jag vilja lyfta fram begreppet fvn. *siðr*, som i det fornvästnordiska sammanhanget har använts för att beteckna ungefär sed, tradition, kultbruk. Detta är det begrepp som allmänt anses vara den närmaste motsvarighet de fornvästnordiska språken har till religionsbegreppet.[30] Begreppet *siðr* (m.) går tillbaka på ett protogermanskt **siðuz* och har flera motsvarigheter inom det germanska språkområdet med betydelser liknande *siðr*. Jan de Vries presenterar två etymologier till ordet. Enligt den ena etymologin skulle en betydelse 'sed, bruk, vana' i princip ha varit konstant och gå tillbaka på skr. *svadhā*, 'egenart, vana'. Den andra etymologin relaterar ordet till verbet *siða* och antar en betydelseutveckling 'gärdsgård runt ett hus' – 'tun, mansring' – 'seder och bruk'.[31] Verbet *siða* är intressant i sammanhanget och betyder ungefär 'att sedliggöra'. I de isländska sagorna har *siða* använts i betydelsen 'bringa ordning i ett land' samt 'underordna sig kristendomens budskap'.[32]

När det gäller begreppets användning i det fornskandinaviska materialet har Olof Sundqvist tagit upp ett antal exempel i en artikel om *siðr* i *Reallexikon der germanischen Altertumskunde*. Utifrån Sundqvists sammanställning står det tydligt att begreppet används i mycket skiftande kontexter. Trots detta skulle jag vilja argumentera för att det finns en gemensam nämnare, nämligen att *siðr* i samtliga fall kan sägas uttrycka någon form av ordning. Detta gäller när *siðr* används för att beteckna allmänna sociala ordningar, till exempel om hur en man bör bete sig, men också ordningar av mer specifik karaktär, som att man alltid ska möta kungen obeväpnad. Den ordningsskapande funktionen blir också tydlig då *siðr* används i relation till hur *landnám* ska gå till eller i förhållande till den fornskandinaviska kulten. Sundqvist avslutar med att identifiera ett antal olika kontexter där begreppet har använts; nämligen magisk-religiösa kontexter, moraliska kontexter, legala kontexter och i samband med kristnandeprocessen.[33]

De betydelser av begreppet *siðr* som ovan har diskuterats blir intressanta i förhållande till Luhmanns teori om att gränser bygger upp sociala system. Det är detta förhållande jag nu ska gå över till att diskutera.

Siðr som analytisk kategori och bruket att *hasla vǫll*

Min utgångspunkt beträffande analytiska kategorier ligger i linje med hur Eva Hellman beskriver ett heuristiskt religionsbegrepp. Hellman menar att den centrala frågan för forskaren som arbetar med religionsbegreppet som heuristisk kategori är: "Vad bör jag avse med religion för att termen ska vara till nytta i en kritisk, vetenskaplig reflektion över just den företeelse jag vill undersöka?".[34] Enligt denna utgångspunkt har inte ett begrepp någon självklar betydelse utan blir istället det verktyg som forskaren använder för att avgränsa och analysera en given empiri.[35] Begreppen kan således anpassas till forskningsuppgiften.

Jag har tidigare använt mig av begreppet *siðr* definierat som "ritualiserad tradition". Med begreppet "ritualiserad tradition" var ambitionen att ringa in aktivitet relaterad till ett auktoritativt förflutet och i undersökningen kom aktivitet relaterad till förfäder att spela en central roll. Begreppet syftade i den aktuella studien till att identifiera maktlegitimerande strategier och kontrastera dessa mot motsvarande strategier inom kristendomen.[36] Utifrån resonemanget ovan vill jag föreslå en ny definition som är mer allmängiltig till sin karaktär. Den nya definitionen knyter begreppet *siðr* till ordning och gränser. Enligt Luhmanns teori skulle man kunna hävda att ordningar skapas genom att gränser dras. *Siðr* definieras därför som *ordningsskapande*, ett skapande som sker genom att gränser dras och att avgränsningar görs, fysiska som symboliska. Men *siðr* innefattar också en substantiell innehållslig nivå, det vill säga de skapade ordningarnas betydelser, betydelser som skapas i samband med att gränser konstrueras. Dessa betydelser måste emellertid betraktas som svåra att studera då de kan variera beroende på allt från tid och rum till enskilda individers tolkningar. I detta sammanhang kan det vara intressant att ta fasta på de kontexter som Olof Sundqvist har identifierat i relation till begreppet *siðr*.³⁷ Eftersom begreppet används som analytisk kategori gör definitionen inget anspråk på att täcka in alla de sätt *siðr* kan ha använts på under vikingatiden. Den analytiska kategorin är i den meningen åtskild från en empirisk nivå. Emellertid skulle jag vilja argumentera för att det kan innebära en analytisk fördel om definitionen av ett begrepp har en så innehållslig och betydelsemässig förankring som möjligt i den empiri som ska studeras.

Utifrån den föreslagna definitionen – *siðr* som ordningsskapande – skulle jag vilja problematisera den tidigare kopplingen mellan seden att *hasla vǫll* och holmgångar, envig och dueller. Utgångspunkten är att en ordning skapas när avgränsningen görs, det vill säga när vallen hasslas. Denna ordning kan ses som separat och behöver inte nödvändigtvis vara kopplad till ett motsvarande bruk i samband med holmgång. I *Egils saga* och *Hervarar saga* beskrivs också den ordning som en hasslad vall innebär. När en vall har hasslats kan inte en inkräktande här plundra och skövla landet utan vanära. Att vallen var hasslad behöver således inte handla om att holmgångsordningen överfördes på fältslaget, och i ingen av sagorna finns någon antydan om att hasselstängerna har fyllt någon funktion i själva slaget. Däremot får den hasslade vallen i *Egils saga* en betydelse i samband med de förhandlingar som föregår slaget vid Vinaheden. Genom att vallen hasslas ges utrymme för förhandlingar och den ger kung Adalstein utrymme att samla sina styrkor.³⁸

Den hasslade vallen kan således ha fyllt funktioner inför snarare än under fältslaget. Man får också komma ihåg att de aktörer som är inblandade i fältslagen i *Egils saga* och *Heimskringla* samtliga tillhör en aristokratisk och kunglig miljö. Kanske fanns det i strider mellan aktörer på denna nivå ett behov av att ge utrymme för förhandling, men kanske också att i eftermälet påvisa att striden vunnits utan vanära. Det senare leder över till den källkritiska problematik som otvetydigt finns beträffande de här uppgifterna.

Mot bakgrund av detta föreslås härmed två alternativa tolkningsförslag till uppgifterna om att *hasla vǫll*. Det första är att detta faktiskt var ett bruk som existerade under vikingatiden, och att det handlade om att dels förhindra en inkräktande härs plundringar, dels skapa ett utrymme för förhandlingar. Det andra är att uppgifterna reflekterar en symbolisk betydelse med innebörden att en strid är vunnen på ett ärofullt sätt och enligt *siðr*. Uppgifterna om att *hasla vǫll* kan utifrån denna tolkning ha tillförts i efterhand.

Avsikten är således att föreslå ett nytt sätt att närma sig bruket att *hasla vǫll*, men vidare också att lyfta fram *siðr*-begreppets potential som analytisk kategori i undersökningar av de fornskandinaviska källorna. Jag kommer att återkomma till begreppets potential, men innan dess måste jag ta upp den kritiska diskussion som finns beträffande användandet av inhemska kategorier i allmänhet och specifikt begreppet *siðr* vid analysen av fornskandinaviska källor.

Kritik mot begreppet *siðr* som analytisk kategori

Under senare år har förhållandet mellan religionsbegreppet och inhemska kategorier i studiet av fornskandinaviska förhållanden debatterats.[39] I det sammanhanget har en av mina tidigare studier kritiserats. I den använde jag begreppet *siðr* – definierat som "ritualiserad tradition" – som analytisk kategori beträffande förhållanden under yngre järnåldern och begreppet "religion" beträffande förhållanden under medeltiden.[40] I det följande vill jag bemöta kritiken, men också peka på det problematiska med att diskussionen om religionsbegreppet som har vuxit fram beträffande det fornskandinaviska området i hög utsträckning har varit normativ till sin karaktär.[41]

Ann-Mari Hållans Stenholm sätter i sin nyligen utkomna avhandling fingret på kritikens kärna, i ett sammanhang där hon kortfattat redogör för mitt begreppspar *siðr* / ritualiserad tradition och (institutionaliserad) religion:

> Det som är problematiskt är emellertid att de analytiska begreppsparen blir normativa. Genom att använda dem riskerar han [förf.] att indirekt säga att kristendomen var mer "religiös" än "hedendomen", trots att han egentligen vill betona att de är lika "religiösa" eller har samma sociala implikationer i transcendent mening.[42]

Hållans Stenholm illustrerar på ett intressant sätt en norm där religion och religiositet är det eftersträvansvärda eller ideala, alltså en norm där "religion" värderas högre än "siðr / ritualiserad tradition". Ett begrepp är emellertid inte normativt "i sig självt" och "blir" inte heller bara normativt utan vidare. Snarare är det så att ett begrepp görs normativt genom det sätt på vilket det används och refereras till, och det är detta jag nu övergår till att diskutera.

Den forskare som framförallt har riktat kritik mot mitt begreppspar är Anette Lindberg.[43] I den aktuella artikeln berör hon ett flertal metodiskt intressanta frågor som är väl värda att diskutera. Emellertid blir Lindbergs resonemang om begreppsparet siðr / ritualiserad tradition och religion problematiskt. I korthet menar hon att begreppsparet innebär att en aktivitetsorienterad förkristen religion centrerad till förfäderskult sätts i motsättning till en kristen religion präglad av modern protestantism innefattande personlig religiositet, trosföreställningar och heliga skrifter.[44] Vidare menar Lindberg att begreppet siðr / ritualiserad tradition är underordnat religionsbegreppet, och att det blir problematiskt att ett underordnat inhemskt begrepp används för förkristna förhållanden, och ett överordnat religionsbegrepp för kristendomen.[45] Lindberg menar slutligen att jag, liksom ett flertal andra som resonerat på liknande sätt, går i evolutionisternas fotspår. Slutsatsen blir att:

> In describing the religion of pre-Christian Scandinavian societies with the category 'ritualized tradition' or any other such concept, I believe that we are imposing ideas of primitivism on these societies. This religion was certainly not merely an uncomplicated conglomeration of customs and practices. Replacing the concept of religion with that of ritualized tradition/forn siðr/custom/ritual activities may thus create far more problems than it solves.[46]

Emellertid finns en påtaglig diskrepans mellan den bild Lindberg ger av mina utgångspunkter och de resonemang jag faktiskt för i den aktuella studien. För det första tillämpar jag genomgående ett aktivitets- och aktörsperspektiv och skriver fram att ett aktivitetsperspektiv ligger till grund för användandet av all terminologi. Begreppen siðr / ritualiserad tradition och religion är således lika "aktivitetsorienterade".[47] Jag skrev heller inte fram religionsbegreppet som överordnat *siðr* / ritualiserad tradition utan använder dem som två parallella begrepp vilka överlappar varandra på ett komplext sätt.[48] Viktigt i sammanhanget är också att det i den aktuella studien anläggs ett maktperspektiv som avgränsas till att behandla "religion" som dels en organisatorisk företeelse, dels en strategi för maktlegitimering.[49] Den (prototypiska) religionsdefinition jag anger används för att uttrycka en strategi för att legitimera makt och syftar till att komma åt det sätt på vilket kristendomen som institution legitimerades. Aspekter som "personlig religiositet" ingick inte i min undersökning.[50]

Min slutsats beträffande diskrepansen mellan Lindbergs bild av min studie och det som faktiskt står i den är att kritiken i mångt och mycket tycks ha styrts av normativa antaganden där religionsbegreppet i någon mening uppfattats som överordnat begreppet *siðr* / ritualiserad tradition. Genom att Lindberg dessutom länkar samman begreppet *siðr* / ritualiserad tradition med pejorativa termer som "primitivism", reproduceras religionsbegreppet som det normerande samtidigt som inhemska motsvarigheter – i detta sammanhang *siðr* / ritualiserad tradition – nedvärderas.[51] I den aktuella studien används *siðr* / ritualiserad tradition utifrån helt andra utgångspunkter än de som låg bakom evolutionismens begreppsliga distinktioner. Ambitionen var tvärtom att lyfta fram och jämställa begreppet *siðr* / ritualiserad tradition med begreppet religion.[52] I de här refererade kritiska artiklarna har den vetenskapliga motivering till varför jag använde begreppsparet egentligen inte bemötts:

> Genom att använda termen ritualiserad tradition på järnåldern och religion på medeltiden kan man på ett tydligare sätt [än genom ett överordnat religionsbegrepp] förklara de organisatoriska och sociala förändringar som kristendomens införande innebar.[53]

Om religionsvetenskapen verkligen ska kunna bryta med seglivade evolutionistiska strukturer går det inte att fortsätta med att mer eller mindre direkt tillskriva religionsbegreppet en exklusivitet i förhållande till inhemska kategorier och andra alternativa begrepp. Även om vi aldrig kan uppnå en helt värdeneutral begreppsapparat bör detta ändå vara målet om ambitionen är att det religionshistoriska ämnet ska vara en vetenskaplig disciplin.

Siðr-begreppets (religions)vetenskapliga potential: avslutande reflektioner

Det ovanstående betyder naturligtvis inte att de teoretiska resonemang jag fört om begreppsparet *siðr* / ritualiserad tradition och religion går fria från all kritik. Idag skulle jag exempelvis i en motsvarande studie ha utgått från en mer utpräglat normkritisk ansats vilket hade medfört ett mer distanserat användande av religionsbegreppet. Just den normkritiska ansatsen är viktig då den kan påvisa hur den akademiska tradition som ett begrepp uttrycker påverkar analysen av ett studieobjekt. Detta öppnar för ett religionsstudium där det akademiska sammanhang som forskaren är en del av kritiskt granskas i samband med att studieobjekt analyseras. Samtidigt som forskaren bidrar till ny kunskap om studieobjektet bidrar studieobjektet till ny kunskap om religionsbegreppet och den religionshistoriska disciplinen.[54]

Bruket av inhemsk terminologi kan utifrån detta vara lämpligt eftersom det i någon mening innebär en problematisering av den egna disciplinens tolkningsföreträde. Ett vedertaget vetenskapligt begrepp är alltid en produkt av en vetenskaplig tradition (diskurs) som, om än omedvetet, styr den vetenskapliga analysen. En utgångspunkt i religionsbegreppet för exempelvis ofta med sig att man som forskare använder en specifik grupp av källor, ställer en specifik typ av frågor, utnyttjar en specifik begreppsapparat och tar sin utgångspunkt i ett antal karakteristiska analytiska perspektiv. En utgångspunkt i ett alternativt begrepp kan öppna upp för nya källmaterial, frågor och analytiska perspektiv samt ge förutsättningar för nya vetenskapliga samarbeten.

Detta förhållande kan exemplifieras med föreliggande studie av bruket att *hasla vǫll* inför fältslag. Som konstaterades inledningsvis har detta bruk inte berörts i någon högre utsträckning i forskningen, trots att det borde vara en religionshistoriskt intressant företeelse. Detta kan antagligen förklaras av att denna företeelse hamnar i periferin av det som vanligtvis brukar inbegripas i religionsbegreppet. Begreppet *siðr*, å andra sidan, förekommer till och med i en av källorna, och harmonierar därför i detta sammanhang med källmaterialet på ett annat sätt än religionsbegreppet. Den analytiska kategorin *siðr*, definierad som gränsskapande och

Att *hasla vǫll* inför fältslag 157

ordningskapande, borde kunna öppna upp för ett religionshistoriskt studium av fornskandinaviska källor där:

- utgångspunkten är gränser och avgränsningar, men där diskussioner om gränsernas och avgränsningarnas betydelser också blir viktiga;
- tidigare svårhanterliga dikotomier som heligt – profant och religiöst – icke-religiöst blir möjliga att lösa upp;
- det blir möjligt att lösa upp på samma sätt svårhanterliga förhållanden mellan exempelvis "religion" och "samhälle" och "religion" och "rätt";
- nya frågor, perspektiv, samarbeten och källmaterial kan aktualiseras; samt
- möjlighet ges att behandla "perifera" aspekter av det som traditionellt kallas fornskandinavisk religion.

En fråga som kan ställas i relation till ovanstående är huruvida användandet av begreppet *siðr* innebär att det inte fanns en "religion" i det förkristna Skandinavien. Då begrepp används som analytiska eller heuristiska kategorier, och begreppet blir forskarens verktyg, blir frågor som "fanns det en religion i Skandinavien under yngre järnålder?" i princip oväsentliga. Det intressanta är snarare ett begrepps *tillämpbarhet* på fornskandinaviska förhållanden utifrån givna definitioner.[55] En fråga som därmed uppkommer är varför exempelvis inte religionsbegreppet i denna studie skulle kunna definieras som "ordningsskapande". Detta skulle naturligtvis vara möjligt. Det bör i så fall göras utifrån en bedömning av i vilken utsträckning begreppets kommunikativa funktion påverkas av definitionen. Frågan är om religionsbegreppet definierat som "ordningsskapande" hamnar för långt från den etablerade akademiska förståelsen av religionsbegreppet.

Avslutningsvis vill jag poängtera att inhemska kategorier naturligtvis inte är fria från problem. Inhemska kategorier har inget självklart värde i det vetenskapliga sammanhanget utan måste motiveras och definieras precis som redan etablerade akademiska begrepp. Det är enligt min mening viktigt att inte låsa sig vid begrepp, utan att det är den specifika studien och det därtill hörande källmaterialet som måste styra valet av terminologi. Ibland kan religionsbegreppet bedömas vara den term som bäst bidrar till kunskapsutveckling inom ett givet område, ibland kan det vara någon annan kategori. Det är en vetenskaplig avvägning som måste göras. Däremot kan jag inte se något enda skäl till att avfärda begreppet *siðr*, eller andra inhemska begrepp, utifrån normativ grund. Ett sådant förfarande tillför inget annat än att den problematiska reproduktionen av ett normativt och exklusivt religionsbegrepp fortsätter.

Noter

1. Detta förhållande kan illustreras av att uppgifterna om att *hasla vǫll* inför fältslag inte berörs i standardverken om fornskandinavisk religion. Inte ens i Jan de Vries i övrigt närmast heltäckande standardverk *Altgermanische Religionsgeschichte* (1956 & 1957) berörs detta bruk. Däremot berörs bruket att med hasselstänger inhägna en plats beträffande *holmgangr*, 'holmgång' och *þing*, 'ting'; jfr också standardverk av Folke Ström ((1961) 1993) och Britt-Mari Näsström ((2001) 2002).

2. Denna diskussion inbegriper att jag förhåller mig till den kritik som har riktats mot användningen av inhemska kategorier på fornskandinaviska källor; jfr Blomkvist 2002; Lindberg 2009; och Nordberg 2012.

3. Fritzner 1886, *s.v. hasla* (v).

4. *Egils saga Skallagrímssonar* ([red.] Finnur Jónsson): 148.

5. *Egil Skallagrimssons saga* (övers. Alving): 115.

6. *Egils saga Skallagrímssonar* ([red.] Finnur Jónsson): 149.

7. *Egil Skallagrimssons saga* (övers. Alving): 115.

8. Snorri Sturluson, *Saga Hákonar goða* ([red.] Finnur Jónsson): 203.

9. Snorri Sturluson, *Hakon den godes saga* (övers. Johansson): 150.

10. Snorri Sturluson, *Ólafs saga Tryggvasonar* ([red.] Finnur Jónsson): 286.

11. Snorri Sturluson, *Olav Tryggvasons saga* (övers. Johansson): 204.

12. *Hervarar saga* ([red.] Turville-Petre): 63.

13. *Hervararsagan* (övers. Lönnroth): 80.

14. *Norna-Gests þáttr* ([red.] Guðbrandur Vigfússon & Unger): 353; *Jultåten om Norna-Gäst* (övers. Lönnroth): 105.

15. Finnur Jónsson (1894) 1924: 148, n. 11.

16. Lönnroth 1995: 130, n. 32.

17. Griffith 1995: 185.

18. de Vries 1956: 373–375. Jag har själv varit inne på frågan om gränsers och avgränsningars funktioner i de fornskandinaviska samhällena. Exempelvis har jag berört begreppet *stafgarþ* så som det kommer till uttryck på Gotland (Blomkvist 2002: 148), men också påtalat avgränsningen som uttryckande något centralt i de fornskandinaviska samhällena (Blomkvist & Jackson 1999: 21 f.).

19. Å. V. Ström 1975: 206; F. Ström (1961) 1993: 72. Ringens roll i det fornskandinaviska samhället behandlas av Sundqvist (2007: 175–185); han argumenterar i sammanhanget för de isländska sagornas källvärde beträffande ringeden; se även Brink 1996.

20. de Vries 1957: 1; F. Ström (1961) 1993: 101; Å. V. Ström 1975: 352. Beträffande begreppet *baugr*, se Sundqvist 2007: 175 f.; se också Blomkvist & Jackson 1999 och Blomkvist 2002: 166–169.

21. *Guta saga* ([red.] Pipping): 62.

22. *Guta saga* ([red.] Pipping): 62.

23. Blomkvist 2002: 166 f.; Blomkvist & Jackson 1999.

24. Pipping 1905–07: 81.

25. *Guta lag* ([red.] Pipping): 15 f. För nysvensk översättning, se *Skånelagen och Gutalagen* (övers. Holmbäck & Wessén): 212.

26. F. Ström (1961) 1993: 73.

27. Jfr emellertid Clunies Ross 1998.

28. Luhmann (1984) 1995: 17, 28–30.

29. Luhmann (1984) 1995: 126, 194–197; jfr Bailey 2001: 393–395.

30. de Vries (1961) 1977: *s.v. siðr*; Fritzner 1896: *s.v. siðr*; jfr också Sundqvist 2005. Begreppet användes under tidig medeltid även för att beteckna kristendomen: "[...] senni sum ai fylgir cristnum siþi [...]" (*Guta lag* ([red.] Pipping): 7).

31. de Vries (1961) 1977: *s.v. siðr*.

32. Fritzner 1896: *s.v. siða*.

33. Sundqvist 2005.

34. Hellman 2011: 112.

35. Jfr Blomkvist 2002: 14 f.

36. Blomkvist 2002. Begreppet "ritualiserad tradition" har emellertid kritiserats, något jag återkommer till.

37. Jfr Blomkvist & Sundqvist 2006.

38. Det är också intressant att detta förfarande beskrivs som *siðr* i *Egils saga Skallagrímsonar* (([red.] Finnur Jónsson): 148). I *Hervarar saga* (([red.] Turville-Petre): 63) beskrivs det som *lög*, också det ett intressant begrepp som är närbesläktat med *siðr*. Åke V. Ström (1975: 286) kopplar ihop *lög* med begreppet ordning. Som analytisk kategori är dock *siðr* lämpligare eftersom dess användningsområde tycks ha varit bredare och kanske har det dessutom varit ett mer betydelsefullt begrepp i de fornskandinaviska samhällena.

39. Denna "lokala debatt" har som allmänt är känt en motsvarighet i en bredare internationell diskussion. En av de intressantaste debatterna i sammanhanget är enligt min mening den mellan Bruce Lincoln (2006) och Timothy Fitzgerald (2007), detta även om diskussionen snarare berör religionsvetenskapens kunskapsteoretiska och metodologiska premisser än vilka specifika begrepp som ska användas. Ett relativt nytt inlägg i debatten har givits av Eva Hellman (2011) där bruket av inhemska kategorier berörs på s. 99–103. En radikalt annorlunda lösning på kritiken mot religionsbegreppet har nyligen föreslagits av Steven Sutcliffe (2013), nämligen att i modifierad form återuppväcka Durkheims begrepp "religionens elementära former".

40. Blomkvist 2002.

41. Det finns många intressanta metodologiska och teoretiska frågor som tas upp till diskussion i de artiklar där kritiken framförs, men i detta sammanhang finner jag det mest angeläget att ta fasta på kritikens normativa dimensioner. Eventuellt kommer jag att i en kommande artikel mer systematiskt gå igenom de frågor som har lyfts fram.

42. Hållans Stenholm 2012: 49.

43. Lindberg 2009. I artikeln riktas också kritik mot bland annat ett flertal arkeologer som enligt Lindberg inspirerats av Blomkvist 2002. Även Andreas Nordberg (2012) berör frågan om religionsbegreppets

tillämpande på fornskandinaviska förhållanden och hänvisar till Lindbergs artikel.

44. Lindberg 2009: 95, 97 f., 112.

45. Lindberg 2009: 103 f.

46. Lindberg 2009: 113 f.

47. För mig handlade detta om en kunskapsteoretisk utgångspunkt; jfr diskussion om aktivitetsperspektiv: "Ett fokus på den mänskliga aktiviteten kommer i denna framställning att ligga till grund för användandet av all terminologi" (Blomkvist 2002: 18). I relation till begreppsparet skrev jag: "Den principiella åtskillnaden mellan religion och ritualiserad tradition är sålunda att medan aktiviteten som inbegrips i religionsbegreppet är riktad gentemot en upplevd transcendent/ övernaturlig sfär är den aktivitet som inbegrips i begreppet ritualiserad tradition primärt riktad till ett auktoritärt förflutet" (Blomkvist 2002: 26).

48. Jfr diskussionen i Blomkvist 2002 om relationen mellan begreppen där det bland annat står: "Den ordning som inbegrips i den ritualiserade traditionen kan innehålla allt från kosmiska föreställningar till regler som reglerar förhållandet mellan grupper och individer. Detta innebär att det utifrån den prototypiska religionsdefinitionen finns vad man skulle kunna kalla en religiös aspekt i den ritualiserade traditionen" (Blomkvist 2002: 26).

49. Jfr studiens frågeställningar som är inriktade mot historiska förändringsprocesser, social organisation och maktlegitimering (Blomkvist 2002: 8). Dessa båda fokus, social organisation och maktlegitimering, diskuteras vidare ingående i kap 1, dvs. det kapitel som Lindberg framförallt refererar till i sin artikel. Inte heller Andreas Nordberg (2012: 145, n. 12) tar hänsyn till detta när han i en fotnot kallar min religionsdefinition "kristocentrisk".

50. Kritiken har möjligen viss relevans i förhållande till ett några rader långt resonemang som jag trots allt förde om "personlig religiositet". Detta avsnitt innefattar några generaliserande formuleringar och fyller heller inte någon egentlig funktion i avhandlingen. Det skulle med fördel ha kunnat utgå. Poängteras bör emellertid att det korta avsnittet inleds med en formulering om att detta, dvs. personlig religiositet, inte är viktigt för framställningen (jfr Blomkvist 2002: 22).

51. Lindberg påför dessutom mer eller mindre aktivt värderingar till begreppsparen i samband med formuleringar som att det är problematiskt att påstå att den förkristna religionen "consisted simply of ritual traditions, as opposed to the confessional and systematized religion of Christianity" eller när hon berör det problematiska med att påstå att samerna eller något annat inhemskt samhälle inte skulle ha en "'proper' religion" i förkristen tid, "but only some form of tradition" (Lindberg 2009: 113). Samma problem finns i Nordberg 2012: 149, n. 78, som likställer min teori om en mytologisering på Gotland under yngre järnålder med föreställningar om en högre och en lägre mytologi. På detta sätt påförs mina resonemang evolutionistiska värderingar samtidigt som ett normativt religionsbegrepp reproduceras. I debatten har det framställts som problematiskt och kristocentriskt att påstå att någon grupp inte ska ha haft en "riktig religion" (Nordberg 2012: 120). Genom att tala i termer av "riktig religion", "proper religion" och motsvarande tillskrivs religionsbegreppet en exklusivitet i förhållande till plausibla alternativa begrepp. Religionsbegreppet görs normativt. I normativ mening blir det endast problematiskt att påstå att en grupp inte har en "religion" om "religion" värderas högre och är normerande i förhållande till den alternativa kategorin.

52. I relation till Salers idé om *family resemblances* skrev jag att "[i]nom det religionsvetenskapliga studiet kan dessa begrepp, baserade på inhemsk terminologi, fungera som komplement till religionsbegreppet och vice versa" (Blomkvist 2002: 17). I Blomkvist 2002 sker den huvudsakliga positioneringen mot vad som skulle kunna benämnas ett religionsfenomenologiskt paradigm (jfr Gilhus & Mikaelsson 2003). I den kritik som riktats mot denna utgångspunkt finns naturligtvis också en implicit kritik mot evolutionismen i den mening att det är en kristen norm som problematiseras. Däremot sker en mer direkt positionering mot evolutionismen i samband med en diskussion om Elman R. Service modell för samhällelig utveckling (Blomkvist 2002: 67).

53. Blomkvist 2002: 27. Begreppsparets vetenskapliga tillämpbarhet har emellertid diskuterats och problematiserats av andra forskare; se t.ex. Ersgård 2006; jfr Fabech 2009.

54. Jfr Blomkvist 2007.

55. Jfr Blomkvist 2002: 14.

Referenser

Källor

Egils saga Skallagrímssonar [1220–30] *nebst den grösseren Gedichten Egils* (Altnordische Saga-Bibliothek 3). [Red.] Finnur Jónsson. Halle (1894) 1924: Niemeyer.

——— *Egil Skallagrimssons Saga* [1220–30] (Isländska sagor 3). Övers. Hjalmar Alving. Stockholm (1938) 1980: Bonniers.

Guta lag [ca 1220]. *Guta Lag och Guta Saga jämte ordbok*, s. 1–61. [Red.] Hugo Pipping. København 1905–07: S. L. Møllers bogtrykkeri.

Guta saga [1220-t.]. *Guta Lag och Guta Saga jämte ordbok*, s. 62–69 [Red.] Hugo Pipping. København 1905–07: S. L. Møllers bogtrykkeri.

Hervarar saga ok Heiðreks [1200-t.] (Text Series 2). [Red.] Gabriel Turville-Petre. London (1956) 1976: Viking Society for Northern Research.

——— Hervararsagan. *Isländska mytsagor*, s. 13–88. Övers. Lars Lönnroth. Stockholm 1995: Atlantis.

Norna-Gests þáttr [ca 1300]. Flateyjarbók. 1, s. 346–349. [Red.] Guðbrandur Vigfússon & C. R. Unger. Christiania 1860: Malling.

——— Jultåten om Norna-Gäst. *Isländska mytsagor*, s. 89–116. Övers. Lars Lönnroth. Stockholm 1995: Atlantis.

Skånelagen [1202–16] *och Gutalagen* [ca 1220] (Svenska landskapslagar: tolkade och förklarade för nutidens svenskar 4). Övers. Åke Holmbäck & Elias Wessén. Stockholm (1943) 1979: AWE / Geber.

Snorri Sturluson [d. 1241], Saga Hákonar góða. *Heimskringla: Nóregs konunga sǫgur* 1, s. 165–222. [Red.] Finnur Jónsson. København 1893–1900: Samfund for udgivelse af gammel nordisk litteratur.

——— Håkon den godes saga. *Nordiska kungasagor* 1, s. 129–166. Övers. Karl G. Johansson. Stockholm 1992: Fabel bokförlag.

——— Ólafs saga Tryggvasonar. *Heimskringla: Nóregs konunga sǫgur* 1, s. 255–459. [Red.] Finnur Jónsson. København 1893–1900: Samfund for udgivelse af gammel nordisk litteratur.

——— Olav Tryggvasons saga. *Nordiska kungasagor* 1, s. 187–305. Övers. Karl G. Johansson. Stockholm 1991: Fabel bokförlag.

Sekundärlitteratur

Bailey, Kenneth D. 2001. Systems theory. *Handbook of Sociological Theory* (Handbooks of Sociology and Social Research), s. 379–404. [Red.] Jonathan H. Turner. New York: Kluwer Academic / Plenum Pub.

Blomkvist, Torsten. 2002. *Från ritualiserad tradition till institutionaliserad religion: strategier för maktlegitimering på Gotland under järnålder och medeltid.* Uppsala: Uppsala universitet.

——— 2007. Emic or etic? Indigenous categories and the concept of religion. *Religion on the Borders: New Challenges in the Academic Study of Religion.* Programme and Abstracts, s. 239. Red. Lena Roos. Stockholm: Södertörns högskola.

Blomkvist, Torsten & Peter Jackson. 1999. Alt ir baugum bundit: skaldic poetry on Gotland in a Pan-Scandinavian and Indo-European context. *Arkiv för nordisk filologi* 114, s. 17–29.

Blomkvist, Torsten & Olof Sundqvist. 2006. Religionsbegreppets tillämpning i handböcker om forskandinavisk och germansk religion. *Nya mål? Religionsdidaktik i en tid av förändring* (Religionsvetenskapliga studier från Gävle 2), s. 20–37. Red. Birgit Lindgren Ödén & Peder Thalén. Uppsala: Swedish Science Press.

Brink, Stefan. 1996. Forsaringen – Nordens äldsta lagbud. *Beretning fra femtende tværfaglige vikingesymposium,* s. 27–55. Red. Else Roesdahl & Preben Meulengracht Sørensen. Højbjerg: Hikuin.

Clunies Ross, Margaret. 1998. *Hedniska ekon: myt och samhälle i fornnordisk litteratur.* Övers. Suzanne Almqvist. Gråbo: Anthropos.

Ersgård, Lars. 2006. Dödens berg och Guds hus: förfäderskult, kristnande och klostret i Alvastra i den tidiga medeltidens Östergötland. *Helgonets boning: studier från forskningsprojektet "Det medeltida Alvastra"* (Lund Studies in Historical Archaeology 5), s. 23–140. Red. Lars Ersgård. Stockholm: Almqvist & Wiksell International.

Fabech, Charlotte. 2009. Fra ritualiseret tradition til institutionaliserede ritualer. *Järnålderns rituella platser: femton artiklar om kultutövning och religion från en konferens i Nissaström den 4–5 oktober 2007*, s. 317–342. Red. Anne Carlie. Halmstad: Stiftelsen Hallands länsmuseer.

Finnur Jónsson. (1894) 1924. *Egils saga Skallagrímssonar nebst den grösseren Gedichten Egils* (Altnordische Saga-Bibliothek 3). Halle: Niemeyer

Fitzgerald, Tim. 2006. Bruce Lincoln's "Theses on method": antitheses. *Method & Theory in the Study of Religion* 18, s. 392–423.

Fritzner, Johan. 1886. *Ordbog over det gamle norske sprog.* 1, A–Hj. Kristiania: Den norske forlagsforening.

—— 1896. *Ordbog over det gamle norske sprog.* 3, R–Ö. Kristiania: Den norske forlagsforening.

Gilhus, Ingvild Sælid & Lisbeth Mikaelsson. (2001) 2003. *Nya perspektiv på religion.* [Övers.] Ulla-Stina Rask. Stockholm: Natur och kultur.

Griffith, Paddy. 1995. *The Viking Art of War.* London: Greenhill.

Hellman, Eva. 2011. *Vad är religion? En disciplinteoretisk metastudie* (Religionshistoriska forskningsrapporter från Uppsala 21). Nora: Nya Doxa.

Hållans Stenholm, Ann-Mari. 2012. *Fornminnen: det förflutnas roll i det förkristna och kristna Mälardalen* (Vägar till Midgård 15). Lund: Nordic Academic Press.

Lincoln, Bruce. 2005. Theses on method. *Method & Theory in the Study of Religion* 17, s. 8–10.

Lindberg, Anette. 2009. The concept of religion in current studies of Scandinavian pre-Christian religion. *Temenos: Nordic Journal of Comparative Religion* 45: 1, s. 85–119.

Luhmann, Niklas. (1984) 1995. *Social Systems* (Writing Science). [Övers.] John Bednarz & Dirk Baecker. Stanford, CA: Stanford University Press.

Lönnroth, Lars. 1995. *Isländska mytsagor.* Stockholm: Atlantis.

Nordberg, Andreas. 2012. Continuity, change and regional variation in Old Norse Religion. *More than Mythology: Narratives, Ritual Practices and Regional Distribution in Pre-Christian Scandinavian*

Religions, s. 119–152. [Red.] Catharina Raudvere & Jens Peter Schødt. Lund: Nordic Academic Press.

Näsström, Britt-Mari. (2001) 2002. *Fornskandinavisk religion: en grundbok*. Lund: Studentlitteratur. (2 uppl.)

Pipping, Hugo. 1905–07. *Guta Lag och Guta Saga jämte ordbok*. København: S. L. Møllers bogtrykkeri.

Ström, Folke. (1961) 1993. *Nordisk hedendom: tro och sed i förkristen tid*. Göteborg: Akademiförlaget / Gumpert.

Ström, Åke V. & Haralds Biezais. 1975. *Germanische und baltische Religion* (Die Religionen der Menschheit 19: 1). Stuttgart: Kohlhammer.

Sundqvist, Olof. 2005. Siðr. *Reallexikon der germanischen Altertumskunde* 28, s. 273–276. [Red.] Heinrich Beck & Dieter Geuenich & Heiko Steuer. Berlin: de Gruyter.

——— 2007. *Kultledare i fornskandinavisk religion* (Occasional Papers in Archaeology 41). Uppsala: Institutionen för arkeologi och antik historia, Uppsala universitet.

Sutcliffe, Steven. 2013. New Age, world religions and elementary forms. *New Age Spirituality: Rethinking Religion*, s. 17–34. [Red.] Steven J. Sutcliffe & Ingvild Saelid Gilhus. Durham: Acumen.

de Vries, Jan. 1956. *Altgermanische Religionsgeschichte*. 1 (Grundriss der germanischen Philologie 12: 1). Berlin: de Gruyter. (2 uppl.)

——— 1957. *Altgermanische Religionsgeschichte*. 2 (Grundriss der germanischen Philologie 12: 2). Berlin: de Gruyter. (2 uppl.)

——— (1961) 1977. *Altnordisches etymologisches Wörterbuch*. Leiden: Brill. (3 uppl.)

Vapen, våld och *vi*-platser
Skändande av helgedomar som maktstrategi i det vikingatida Skandinavien

Olof Sundqvist
Stockholms universitet, Sverige

I de norröna källorna omtalas platser som på grund av rituella sanktioner inte fick kränkas med till exempel vapen och våldshandlingar. Enligt *Egils saga* kap. 56 tycks tingsplatsen vid Gula på Vestlandet i Norge ha haft den statusen.[1] Det sägs där att på tingsplatsen var marken slät och hasselstänger var nedstuckna i ring på ängen. Vid dem var ett snöre fästat som kallades fridsband (*vébǫnd*). Inne i ringen satt de som dömde, tolv domare från respektive fylke (totalt trettiosex domare från tre fylken). Vid denna plats mötte sagans hjälte Egill vid ett tillfälle sin ärkefiende kung Eiríkr och hans gemål drottning Gunnhildr. Egill var på tinget för att kräva ut ett arv som kungens vän, Berg-Ǫnundr, orättmätigt lagt beslag på. Egill lade fram sin sak väl och krävde att domarna skulle ge honom hans egendom enligt lagen. Då domarna efterhand blev övertygade om att Egils argument var välgrundade och underbyggda av vittnen grep kungaparet in, där Gunnhildr tycks ha varit den mest aktiva parten. Hon lät kungens hirdmän springa fram till tingsplatsen. De skar ned fridsbanden, bröt ned stängerna och jagade bort domarna. I denna berättelse är det kungaparet som bryter tingsfriden och skändar tingsplatsen genom att låta sina män attackera den och skära ned fridsbanden. Benämningen på dessa fridsband, *vébǫnd*, indikerar att platsen där domarna satt var helig. Ordet *vé* betyder nämligen 'helig plats'. Det kommer

---

Hur du refererar till det här kapitlet:
Sundqvist, O. 2016. Vapen, våld och *vi*-platser. Skändande av helgedomar som maktstrategi i det vikingatida Skandinavien. I: Rydving, H. and Olsson, S. (red.) *Krig och fred i vendel- och vikingatida traditioner*, s. 167–195. Stockholm: Stockholm University Press. DOI: http://dx.doi.org/10.16993/bah.h. License: CC-BY 4.0

också fram i texten att männen på tingsplatsen var obeväpnade. Det var endast skändarna som bar vapen.

Som religionshistoriker måste man självfallet diskutera historiciteten för denna berättelse. De isländska familjesagorna anses generellt ha ett lågt källvärde, eftersom de avhandlar ting som utspelades flera hundra år före nedtecknandet av texterna. Att Egill spelade en central roll i de makropolitiska händelserna som kom att leda till kung Eiríks fall är ytterst osäkert. Den idén hänger säkerligen samman med den isländska traditionen eller den isländske skrivaren som på olika sätt ville hylla islänningen Egill och samtidigt kritisera den norska monarkin. Likaså hänger troligen den aktiva roll som Gunnhildr har i sagan och den konversation som hon har med kungen ihop med sagans dramatiska och narrativa dimensioner. Det finns nämligen en samtida skaldevers (*lausavísa*) bevarad i sagan som indikerar att det snarare var kungen som betraktades som en helgedomsskändare av Egill och att det var han som stod bakom agerandet vid Gula.[2]

I den tidigare forskningen har man ofta noterat det samband som finns mellan religion och rätt i denna episod. Bo Frense, till exempel, tar i sin avhandling fasta på begreppet *vébǫnd* och påpekar att dessa band gav tingsförhandlingarna en religiös förankring. Han menar också att man såg hela tingsplatsen som en helgedom.[3] Andra forskare har förutom kopplingen mellan religion och rätt också tagit fasta på kungens agerande i berättelsen. I en intressant analys i boken *Authority: Construction and Corrosion* argumenterar Bruce Lincoln för att denna händelse kan ses som vändpunkten i sagan, vilken leder till kung Eiríks fall.[4] Kungens auktoritet kollapsar nämligen då han bryter mot lagen och attackerar den heliga tingsplatsen (han kallas i en strof citerad i sagan *lǫgbrigðir*, 'lagbrytaren'). Enligt Lincoln attackerar kungen egentligen den ideologi som fanns i det gamla fylkessamhället, där lagmännen (det vill säga fylkeshövdingarna) kollektivt vakade över rättsordningen. Eiríkr och drottning Gunnhildr visar med sina handlingar att den mer centraliserade kungamakten, som just inrättats i Norge av Eiríks far kung Haraldr, stod över fylkeshövdingarnas auktoritet och det gamla decentraliserade tingssamhället.

Det kan också finnas en ytterligare orsak bakom kungens fall. Kanske förlorar han sin auktoritet då han *inte* uppträder på ett för hövdingar förväntat sätt, nämligen som helgedomarnas beskyddare. I den vikingatida poesin och i vikingatida runinskrifter kunde kungar, jarlar och hövdingar nämligen benämnas *vés valdr*, 'kultplatsens beskyddare / härskare', *vǫrðr véstalls*, 'helgedomsaltarets beskyddare', eller **vévǫrðr*, 'helgedomens beskyddare' (se vidare nedan).[5] Enligt min mening hänger dessa benämningar samman med den religiösa härskarideologi som fanns i Norge, Island och Svetjud under vikingatiden, där hövdingen bland annat skulle beskydda de gudomliga makterna då de besökte de jordiska helgedomarna och förse dem med offergåvor. Dessutom uppfattades helgedomen troligen som ett mikrokosmos av den mytiska världen och det "rike" som förknippades med makthavaren.[6] Det var en stor förödmjukelse för en kung eller hövding om en utmanare offentligt skändade hans helgedom, det vill säga den viktigaste symbolen för hans välde. Att rituellt skända en helgedom kunde således vara en god strategi för den som ville utmana om makten. Troligen var denna rituella handling en konvention som alla kände till i det instabila vikingatida samhället. En sådan offentlig och performativ handling kunde innehålla våldsamma inslag, som syftade till att symboliskt och konkret skada den som vakade över kultplatsen och att förändra maktbalansen. Med performativitet menar jag här att handlingen eller ritualen har förändringskapacitet, där fokus läggs på handlingens effekt eller verkan. Uppmärksamheten vänds således mot handlingens intention, vad den uträttar, och hur den påverkar de individer som tagit del av den.[7]

I föreliggande undersökning kommer jag att ta min utgångspunkt i de rituella restriktioner som enligt denna saga och andra källor fanns i anslutning till vikingatida tings- och kultplatser i Norge och på Island (även i Sverige) och då i synnerhet sådana som omfattar restriktioner rörande våld och vapen. I källorna betecknas sådana platser ofta med substantivet *vé*, men de kan också beskrivas med termerna *heilagr* eller *helgi*. Jag kommer att föreslå en hypotes, nämligen att skändandet av tings- och kultplatser i det vikingatida Skandinavien skulle kunna ses som en medveten strategi att förödmjuka och krossa den härskare eller auktoritet som vakade över den heliga platsen.[8] I *Egils saga* skulle kungaparets attack vid Gula kunna betraktas som en medveten, performativ handling, som syftade till att tillintetgöra den auktoritet som ansvarade över och skyddade helgedomsfriden vid tingsplatsen, det vill säga de trettiosex domarna och de lokala hövdingarna från de tre fylkena, Fjordane, Sogn och Horda. Med denna handling ville de förändra rådande maktförhållanden. I min studie kommer jag att ge flera exempel på sådana performativa rituella handlingar, där kultplatser skändas med kränkningar, våld och vapen, och där syftet ytterst tycks vara att tillintetgöra den auktoritet som stod bakom helgedomarna. Jag kommer dock att inleda med en diskussion om kultplatsernas karaktär och utformning, samt ta upp de rituella restriktioner som fanns där, i syfte att skapa en kontext till min undersökning.

Kultplatsernas benämningar och karaktär

I de skriftliga källorna förekommer ofta det fornvästnordiska ordet *vé* som beteckning för kultplats. En ekvivalent term i det östnordiska sammanhanget är termen *vi*. Detta ord är en substantivering av ett urgermanskt adjektiv *wīhaz*, 'helig', som också är relaterat till tyskans *Weihnachten*, 'jul'.[9] Innebörden av ordet *vi* är således 'något heligt' eller 'helig plats'. Det finns som sagt också andra viktiga termer i de fornskandinaviska språken som förekommer i anslutning till kultplatser, nämligen adjektivet fvn. *heilagr*, 'helig', och substantivet fvn. *helgi*, 'helighet'.[10] Den medeltida kyrkan tog tidigt upp dessa termer i sin nomenklatur och lät dem ersätta begreppen *sacer* och *sanctus*. Man ansåg uppenbarligen att de var användbara också i ett kristet sammanhang.

Då vi tolkar dessa vikingatida begrepp måste vi vara medvetna om att deras betydelse inte utan vidare kan föras samman med det helighetsbegrepp som kom att utvecklas bland protestantiska och liberalteologiska forskare i början av 1900-talet.[11] Det heliga uppfattades där som en okränkbar ontologisk essens eller mystisk och opersonlig kraft, som människan kunde erfara på ett intuitivt sätt. Det heliga manifesterade sig i den profana världen genom gudar, heliga föremål och heliga platser och så vidare. Huruvida denna uppfattning av "det heliga" kan appliceras på en fornskandinavisk kontext är mycket osäkert. Då vi tolkar termerna *vé*, *heilagr* och *helgi* måste vi vara medvetna om det.

Troligtvis har det funnits en betydelseskillnad mellan *vé* och *heilagr*. Kanske kan man komma åt den genom att studera ordens etymologi. Adjektivet **wīhaz* är bildat till roten **weik-*, 'separera' och senare 'separera åt högre makter'.[12] Kanske har ordet tillämpats då man skulle urskilja heliga föremål, heliga platser och så vidare. Den substantiverade formen *vi* har tidigt berört en rumslig dimension. Så långt bak vi kan följa ordet betyder det 'helig plats'. Det är faktiskt den enda betydelse vi kan belägga i de nordiska språken. Ordet *heilagr* hänger troligen samman med adjektivet *heill*, 'odelad, oskadad, frisk', eller möjligen substantivet fvn. *heill*, 'lycka, (gott eller ont) varsel, tecken'. Om man tar fasta på adjektivet rör *heilagr* kanske den läkande aspekten av heligheten. Walter Baetke hävdade dock i sin klassiska studie *Das Heilige im Germanischen* att *heilagr* utgår från substantivet och redan under förkristen tid hade en religiös betydelse.[13] Den lycka som begreppet betecknar kom ursprungligen från gudomen och förmedlades till människan via offerkulten.

Källorna avslöjar inte om begreppet *vi* syftar på en bestämd typ av kultplats eller om det är en samlingsbeteckning för kultplatser i allmänhet. I både edda- och skaldedikter betecknar ordet *vé* mer allmänt 'gudarnas boning', och syftar då både på platser i den mytiska och den reella världen.[14] Att *vi*-platser i den reella världen tillägnades enskilda gudar vittnar ortnamnen om. I Sverige, till exempel, uppträder *vi* ofta som huvudled i teofora ortnamn, till exempel *Frösvi*, *Torsvi*, *Odensvi* och *Ullevi*.[15] Omdiskuterad är sammansättningen *Götavi*, som kan innehålla folkslagsbeteckningen "götar". Per Vikstrand argumenterar för att den innehåller en teofor förled, nämligen gudanamnet **Gauti*, som troligen syftar på Óðinn.[16]

De berättande källorna kan stundtals ge vissa upplysningar om de aktiviteter som utfördes vid ett *vi*. I den tidigmedeltida *Gutasagan*, till exempel, omtalas ett "blot i vi". Utsagan antyder att ett *vi* på Gotland kunde vara en plats där man bedrev kult. I *Gutasagan* framgår det också att man kunde få asyl vid ett *vi*, eftersom våldshandlingar var förbjudna där.[17] I den fornvästnordiska litteraturen uppträder termen *vé* också i förleden till en rad sammansatta ord, som kan ge oss indikationer på hur en *vi*-plats var utformad. Jag har redan nämnt termen *vébǫnd*, 'banden vid helgedomen', som indikerar att *vi*-platser kunde vara rituellt avgränsade.[18] I den gamla skaldedikten *Ynglingatal* finns sammansättningen *véstallr*,[19] som kan betyda 'altare' eller 'podium för gudabilder'. Alltså, på en *vi*-plats kan det ha funnits ett slags rituella plattformar eller altare med gudabilder (se vidare nedan). Sammansättningen *véstǫng*, som finns belagd i ett poetiskt sammanhang i *Háttatál*, betyder ungefär 'stången vid helgedomen' och kan möjligen beteckna ett av objekten på en *vi*-plats.[20] Vi har också några andra sammansättningar som sällan påtalas, till exempel *vébrandr*, som skulle kunna översättas 'elden vid helgedomen'.[21] Sammansättningen *vébraut* refererar eventuellt till ett slags processionsväg vid *vi*-helgedomen.[22] Enligt de skriftliga källorna verkar det alltså som om det fanns vissa anläggningar och objekt vid *vi*-platserna, något som arkeologin i dag kan bekräfta, till exempel vid *Lilla Ullevi* och *Götavi* i Sverige.[23] En *vi*-plats skulle således kunna betraktas som en större helgedom, som omfattade en rad olika rituella platser.

Som jag nämnde tidigare har vi också platser som kan karaktäriseras med adjektivet *heilagr* eller substantivet *helgi*. I namnet *Helgö*, som finns belagt i Ekerö sn, Uppland, har vi antagligen adjektivet som förled, 'helig'.[24] I detta fall betraktas troligen hela ön som en helgad och sanktionerad plats. På *Helgö* har arkeologer hittat spår av rituella konstruktioner och kult, som kan dateras till yngre järnåldern. Dessa fynd är koncentrerade till öns östra och nordöstra delar.[25] I *Landnámabók* så talas det om *Mærinahelgi*;[26] där är det också ett helt område som betraktas som heligt (se vidare nedan). Helt klart är dock också att en enskild plats eller byggnad kan karaktäriseras som *helgistaðr*, 'heilig stad'.[27]

Rituella restriktioner vid helgedomar

I anslutning till de platser som betecknas med termerna *vé*, *heilagr* och *helgi* tycks det som sagt ha funnits rituella restriktioner mot att bära vapen eller att utföra våldshandlingar. I flera sammanhang återkommer *Landnámabók* just till den typen av bestämmelser. Det talas bland annat om en man kallad Váli i Kung Haralds hird, som dödade en annan man på en *vi*-plats och därför blev dömd fredlös.[28] Liknande restriktioner omnämns även i *Egils saga*. Där

Vapen, våld och *vi*-platser 173

omtalas ett dråp i en *vi*-helgedom, vilket bestraffades med fredlöshet. Det sägs också där att de andra männen som fanns i helgedomen var vapenlösa, eftersom hovet var helgat (*hofshelgi*).[29] Enligt denna text betraktades den som bröt mot dessa restriktioner som en "varg", det vill säga ett villebråd som man gärna fick döda. Det är också intressant att notera att *vé* i denna text används som en synonym till termen *hof*. I några fall tycks förekomsten av vapen på en helgad plats uppfattas som en kränkning mot gudomen, till exempel i *Vatnsdæla saga*.[30] Det finns en runinskrift i Östergötland från 800-talet, som indikerar att våldshandlingar var förbjudna vid *vi*-platser också i Östnorden. Oklundainskriften nämner i inledningen att Gunnarr hade gjort sig skyldig till ett brott och därför sökte skydd vid den *vi*-helgedom, som låg i Oklunda. Där kunde han vara fredad utan att bli dräpt till dess tingsdomen fallit:

kunar : faþirunaRþisaR : insa flausakaR sutiui þita
Gunnarr faði runaR þessaR. En sa flo sakR. Sotti vi þetta ...
Gunnarr ristade dessa runor. Och han flydde 'saker' till ett brott. Sökte (skydd) i detta vi ...[31]

För att få mer utförlig information om de rituella bestämmelser som fanns vid *vé*- och *helgi*-platserna måste vi vända oss till det isländska materialet och några antaganden som gjorts i religionshistorisk forskning.

Hövdingen inviger det sakrala landskapet och helgedomarna

Det är känt från många kulturer i världen att då man inviger en kultplats måste vissa rituella handlingar utföras.[32] Syftet med dessa handlingar är att separera det heliga området från den profana sfären. Området ska befrias från onda krafter och reserveras för gudomen. Det ska också bli en mötesplats mellan människan och den mytiska världen under kulten. I det invigda heliga området förekommer därför ofta specifika rituella restriktioner eller tabun, som varje person som anträder platsen måste förhålla sig till. Att liknande förhållanden existerat i det förkristna Skandinavien har vi redan delvis kunnat iaktta ovan. I de norröna texterna talas det om de ceremonier hövdingarna utförde vid invigningar av sakrala landskap och helgedomar under bebyggelsen av Island i slutet av 800-talet. I en klassisk studie kallade Dag Strömbäck dessa ceremonier för "att helga land".[33] Under dessa invigningsritual utlyste hövdingarna också rituella restriktioner inom det helgade området. I *Landnámabók* (och *Eyrbyggja saga*) berättas det bland annat om hövdingen Þórólfr från Mostr utanför Sunnhordaland, som byggde en gård vid Þorsnes på västra Island och där reste en stor hovbyggnad, som han helgade åt Þórr. Texten berättar också att vid Þorsnes fanns ett fjäll, som Þórólfr betraktade som så heligt, att ditåt fick ingen otvättad skåda och där fick inget levande skadas, varken människa eller djur. På den platsen rådde stor frid (*mikil friðhelgi*). På den heliga udden av näset inrättade han en tingsplats och på den heliga vallen fick ingen göra sitt tarv.[34] Enligt *Landnámabók* utlyste även hövdingen Þórhaddr från Mære liknande rituella restriktioner mot våld då han anlände till Stödvarfjorden på östra Island:

> Þórhaddr den gamle hovgode i Trondheim [dvs. Trøndelag] vid Mære. Han ville fara till Island, och innan han for tog han ned hovhelgedomen och förde med sig hovjorden och stolparna. Han kom till Stödvarfjorden och satte *Mærina-helgi* över hela fjorden, och ingen eller inget fick dräpas där förutom husdjuren på gården.[35]
> (Min övers.)

Uttrycket *Mærina-helgi* indikerar att han förde med sig den helighet och de rituella restriktioner som förknippades med den, från Mære i Trøndelag till Island.

Det verkar således som om det var hövdingen själv som utlyste de rituella restriktionerna vid helgedomarna. Med dessa performativa handlingar ville han troligen även signalera att det var han som hade makten lokalt och att man måste förhålla sig till hans påbud rent generellt.

Helgedomens väktare

I några av de refererade texterna ovan kommer det också fram att det var hövdingarna som övervakade att restriktionerna efterföljdes. I *Landnámabók* och *Eyrbyggja saga*, till exempel, berättas det att Þorgrímr Kjallaksson och hans svåger inte ville respektera de rituella bestämmelser som Þórólfr fastställt vid den heliga tingsplatsen vid Þórsnes, genom att göra sitt tarv där. Þórsnesingarna kunde inte tåla detta och en strid bröt ut, där flera blev dödade.[36] Man tvingades flytta tingsplatsen in på näset på grund av allt blod som runnit där. I beskrivningen av konflikten påpekas följande: "då blev vallen skändad av fiendeblod" (*óheilagr af heiptarblóði*).[37] Förleden i ordet *heiptarblóð* är ordet *heipt*, 'fiendeskap, hat'. Helt klart uppfattade Þórsnesingarna det som en plikt att skydda det invigda området och de heliga restriktioner som deras frände Þórólfr tidigare statuerat där (se vidare nedan).

Även andra källor vittnar om att det var hövdingen, jarlen och till och med kungen som skulle vaka över helgedomarna och de rituella bestämmelserna. Det kommer fram redan i de tidiga vikingatida skaldedikterna. *Ynglingatal*, till exempel, berättar att enskilda härskare ur den berömda svensk-norska kungaätten Ynglingarna hade sådana funktioner.[38] Enligt traditionen skulle den norske skalden Þjódólfr inn fróði ór Hvini ha diktat *Ynglingatal* cirka 890. Den dateringen har ifrågasatts av den norske historikern Claus Krag som menar att dikten kom till på 1100-talet. Flera forskare (inklusive jag själv) har gått emot Krags förslag och hävdat att den traditionella dateringen ändå kan vara rimlig.[39] *Ynglingatal* är en genealogisk dikt, som presenterar kungarnas död, begravningar och stundtals deras begravningsplatser. Språket i kvädet är ålderdomligt och präglat av kenningar och andra poetiska figurer. Kungarna uppträder ofta under en rad olika härskarbenämningar. I kvädet kallas, till exempel, sveakungen Yngvi för *vǫrðr véstalls*. Ordet *vǫrðr* betyder här 'vårdare, beskyddare, bevakare, vakt, eller vaktman'. Den första leden i *véstallr* är det fornvästnordiska ordet *vé* som betyder 'helig plats, helgedom'. Handskrifterna har olika läsarter när det gäller den andra leden. Kringla har *véstalls*, vilket måste betraktas som den mest sannolika läsarten. Ordet *stallr* (m.) betyder egentligen 'fot, fotstycke, bas som något kan stå på'. I sammansättningen *véstallr* får ordet en religiös innebörd och kan betyda 'altare' eller 'podium för gudabilder'. Kenningen *vǫrðr véstalls* kan således tolkas som "helgedomsaltarets vårdare eller beskyddare".[40] Denna benämning i *Ynglingatal* indikerar således att kungar rent allmänt prisades för att de hade en intim relation till helgedomen och de kultobjekt som fanns där.

Även norska jarlar och kungar bär liknande benämningar som kung Yngvi. I dikten *Sigurðardrápa* (ca 960) hyllas Sigurðr jarl för hans frikostiga gästabud. Samtidigt sägs det att männen ska passa sig för att vredga jarlen.[41] I detta sammanhang kallas han för *vés valdr* "helgedomens härskare (beskyddare)". Kung Hákon den gode, som var samtida med Sigurðr jarl, beskrivs på ett liknande sätt i skaldedikten *Hákonarmál*. När kungen dog hyllade skalden honom på följande sätt: "då sades det hur väl kungen hade skyddat kultplatser (*vel of þyrmt véum*) ...".[42] Verbet *þyrma* betyder egentligen 'skona, ha vördnad för, respektera', men kanske i överförd betydelse också 'skydda'.

Det verkar som om kungar och hövdingar rent allmänt i det förkristna Skandinavien hade en relation till helgedomar. På Rökstenen från Östergötland, till exempel, finns sekvensen **sibi uiauari**, som har tolkats "Sibbe, helgedomarnas väktare".[43] Här är det alltså en östgötsk hövding eller en lokal härskare som är vårdare av *vi*-platserna. I en runinskrift (Vg 73) från Västergötland uppträder namnet *Vīurðr* som kanske kan tolkas som ett ursprungligt binamn eller härskarepitet, fvn. **vévǫrðr* (m.), 'helgedomsväktare'.[44] I flera svenska runinskrifter förekommer namnet (eller binamnet) *Vīseti* (fvn. *Véseti*).[45] Dessa namn eller epitet var troligen ursprungligen beteckningar för den hövding eller härskare, som uppträdde i den dubbla rollen som politisk och religiös ledare. Även i *Landnámabók* och de isländska sagorna kommer det fram att hövdingarna skulle vårda kultplatser och kultbyggnader (*varðveitta hof*). I *Landnámabók* sägs det bland annat att hövdingen Þorbjǫrn hersir i Fjalafylki hade tagit hand om hovet i Gaular,[46] medan den mäktige hövdingen Þórólfr, enligt *Eyrbyggja saga*, vårdade ett Þórshof på ön Mostr, utanför Sunnhordaland.[47]

Hur ska man då förklara denna koppling mellan härskaren och helgedomarna? Arkeologen Charlotte Fabech har hävdat att det sker en centralisering av offerkulten i Sydskandinavien under folkvandringstid.[48] Offerceremonierna utfördes från stenåldern fram till romersk järnålder vid våtmarker, som låg långt från bebyggelsen. Men under folkvandringstid sker förändringar i offerpraxis. De offentliga offerceremonierna flyttas nu till den centrala bebyggelsen, främst härskarsäten och hövdingagårdar. Mönstret kan iakttas i arkeologiska källor. Man har till exempel funnit så kallade guldgubbar vid aristokratiska boplatser från yngre järnåldern, till exempel i Borg vid Lofoten, Slöinge i Halland, och Helgö vid Mälaren.[49] Guldgubbarna med parmotiv avbildar troligen mytiska scener, eventuellt kärleksparet Freyr och Gerðr.[50] Kanske fungerade de även som offer till gudarna eller som ett slags härskarsymboler. Det verkar således som en ny härskarideologi växer fram, där bland annat ritualer, symboler och andra religiösa uttryck blir betydelsefulla, till exempel hallar och kultbyggnader på stormannagårdar. Det faller sig då naturligt att härskaren framställs som "helgedomsväktaren", eftersom helgedomen var hans egen egendom och lokaliserad på hans gård. Enligt min mening kan man förklara relationen mellan härskaren och helgedomen också på andra sätt, som hänger samma med ritualer, kult och härskarideologi.

Många forskare (inklusive jag själv) menar att helgedomen i vikingatidens Skandinavien stundtals tycks ha betraktats som en spegling av den mytiska världens topografi eller utgjorde ett slags mikrokosmos.[51] Kanske avspeglade helgedomen även kungens eller hövdingens rike, välde eller "värld", det vill säga att den uppfattades som den viktigaste symbolen för hans makt. Det är möjligen därför härskaren kallas "helgedomens väktare". I den maktkamp som pågick inom vikingatidens elit kan kränkandet av rituella restriktioner vid dessa symboliska platser ha varit ett slags konventionell maktstrategi. I det som följer ska jag presentera ett antal källor som visar att fienden till hövdingen, eller andra utmanare av makten, ofta strävade efter att komma åt just helgedomen och kränka den frid som rådde där med vapen eller andra medel. På så sätt förödmjukades den som förestod den heliga platsen och hans auktoritet kunde falla samman.[52]

Skändande av helgedomar som maktstrategi

Arkeologen Frands Herschend har hävdat att ett återkommande mönster kan iakttas i det arkeologiska materialet och även i skriftliga källor, nämligen att striderna till stor del går ut på att förstöra fiendehövdingens gästabudshall.[53] Att äga en hall var, enligt Herschend, en maktmanifestation av hallens ägare. När man konkurrerar om makten var det därför viktigt för hallägarens fiender att förstöra byggnaden, eftersom den var den viktigaste symbolen för ledaren. Herschend påpekar således:

> In Beowulf, king Hröðgar flatters himself on having built a most splendid hall in the settlement where he lives and the act of building the hall plays an important role, being the inauguration of his kingship. Likewise the initial armistice at Finnsburg (Beowulf, vv. 1086–7) contained an agreement saying that a hall should be put in order for the thane of the slain Danish king Hnæf and his retainers. Clearly one cannot be a leader without a hall, however temporary. [...] sagas like the fight at Finnsburg have their obvious counterparts in the archaeological remains of the Late Iron Age. It seems fair to propose the hypothesis that the struggle for power among the leading families was to a certain degree a matter of fighting each other with the purpose of destroying each other's hall. Smashing rather than plundering was the keynote of this kind of political rather than economic warfare.[54]

Attackerna mot gästabudshallarna har ibland beskrivits som rituell krigföring.[55] Det verkar som om de attackerande inte alltid strävade efter att stjäla eller plundra, trots att det har funnits många dyrbara objekt i dessa hus. Ett exempel på detta kan vi se i anslutningen till "krigarnas hall" vid Garnisonen på Birka. Den hallen tycks ha ödelagts i samband med stadens undergång på 900-talet. I resterna av den nedbrända hallen har man hittat exklusiva vapen, delar av sköldar och spjut, men också andra dyrbarheter, till exempel ett drakhuvud av brons, skärvor av glasbägare och beslag till kistor. Även utanför hallen hittades vapen. Trots att en del av dem troligen var brukbara har de inte samlats upp efter striden utan lämnats kvar på platsen.[56] Det är mycket möjligt att dessa våldshandlingar ska tolkas som ett slags performativa ritual som syftade till att symboliskt bryta ner hallägarens "värld", hans "rike" och auktoritet. Kanske var det en stor förödmjukelse för en hövding som bar epitetet "helgedomens beskyddare" att inte lyckats skydda sin hall (som med största sannolikhet betraktades som ett rituellt och kanske också heligt rum för hövdingen och hans följe).

Det är möjligt att även drottning Gunnhildr och kung Eiríkr i *Egils saga* ville ifrågasätta de lokala myndigheterna och domstolen på Gulating, genom att låta deras följeslagare skära av fridsbanden (*vébǫnd*), bryta hasselstängerna och vanhelga den heliga tingsplatsen (se ovan). Det skulle kunna ses som en avsiktlig rituell handling som syftade till att förnedra och underkänna tingsdomarna och den lokala auktoriteten, som var på väg att ge Egill rätt i tvisten. Enligt sagan jagade kungens hirdmän bort domarna från tingsplatsen på ett förnedrande och nedlåtande sätt. Genom denna handling fick kungaparet åtminstone tillfälligt ett maktövertag.

Ett liknande mönster kan vi iaktta i *Eyrbyggja saga* och *Landnámabók*, där en skändning av heligt område också används i en politisk maktkamp (se ovan). Þorgrímr Kjallaksson och hans svåger förklarade offentligt under vårtinget vid Þórsnes att de inte längre skulle tolerera Þórsnesingarnas arrogans och bestämmelser, utan att de skulle göra sitt tarv på gräset vid tingsplatsen precis som de brukade göra vid andra tingsmöten. Sammanhanget visar helt tydligt att Kjalleklingarna ville utmana Þórsnesingarnas makt, det vill säga den familj som styrde i det lokala samhället, på tingsplatsen och vid helgedomen. Kjalleklingarnas syfte var helt klart att provocera och förödmjuka Þórsnesingarna, genom att bryta de rituella restriktioner och tabun som Þórólfr en gång instiftat vid Þórsnes. Kjalleklingarnas handlingar skulle kunna ses som en medveten rituell strategi för att tillägna sig den lokala makten. Dessa handlingar resulterar också i att Þorgrímr Kjallaksson och Þorsteinn Þórólfsson fick dela omsorgen av hovet och uppbära hälften var av hovets intäkter. Det bestämdes också vid förlikningen att de skulle stå varandra bi och skänka stöd vid konflikter. Þorgrímr fick dessutom titeln *goði*.[57] Kjalleklingarnas hot om skändningar av och våldshandlingar vid den heliga tingsplatsen kom således att förändra maktförhållandena vid Þórsnes. Även det rituella landskapet förändrades. Enligt både *Landnámabók* och *Eyrbyggja saga* flyttades tingsplatsen till de östra delarna av näset efter striden och blodspillan på det heliga området. Den nya platsen var också betraktad som mycket helig (*helgistaðr mikill*).

I texter som skildrar övergångstiden är det helt klart att attacker och vanhelgande av kultbyggnader i Norge och Sverige var performativa handlingar som avsåg att utrota fiendens världsbild och religiösa värderingar. Visserligen har dessa handlingar en annan kontext än ovan nämnda exempel, men kanske syftade även de till att bryta ner lokala hövdingars auktoritet, precis som skändningarna gjorde i till exempel *Egils saga*. Snorri Sturluson rapporterar i *Heimskringla* hur helgedomar i Trøndelag under slutet av 900-talet förstördes av kung Óláfr Tryggvason när man inledde missionen i området. Den kristne kungens fiender var helt klart fylkeshövdingarna som ville bevara de gamla sederna och helgedomarna. I *Óláfs saga Tryggvasonar*, till exempel, beskriver Snorri hur kung Óláfr demonterade *hof*-byggnaden på Lade och tog bort all egendom och alla dekorationer från den och från kultbilderna.[58] Han tog också ner en stor ring från dörren till byggnaden, varpå han lät bränna hela huset.[59] Berättelsen handlar inte bara om att kultbyggnaden ska skändas utan även de rituella föremålen som fanns där, till exempel dekorationerna, kultbilderna och dörringen. Det kommer fram i texten att bönderna var mycket upprörda över kungens agerande och man skickade härpilar till varje fylke. Kung Óláfr tillämpade samma strategi då han deltog i offerfesten vid hovet i Mære, i de inre delarna av Trøndelag. Där slog han Þórs bild av helgedomspallen och dödade böndernas ledare, Járn-Skeggi.[60] De maktlösa fylkeshövdingarna klarade inte av att skydda helgedomarna i Trøndelag och förlorade därmed all sin auktoritet inför alla närvarande. Kungens förödmjukande handlingar och skändningar gjorde hövdingarna och bönderna svaga, och till slut accepterade de kristendomen och kung Óláfs styre.

Kyrkliga källor från England, skrivna på latin, rapporterar också att de kristna skändade de gamla helgedomarna med våld och vapen. Enligt Beda (700-t.) vanhelgade den före detta hedniske kultledaren Coifi en helgedom öster om York genom att kasta ett spjut in i det sakrala området. Han hade nämligen blivit omvänd och ville demonstrera sina nya tro genom att bryta mot de föreskrifter som fanns där.[61] Kanske var denna spjutattack också riktad mot den lokala makten som inte förmådde att skydda helgedomen från våldshandlingar.

Adam av Bremen nämner att Adalvard den yngre kom till Svetjud, ivrig att predika evangeliet och raskt leda folket i Sigtuna och Uppland till den kristna tron. Adalvard och biskop Egino kom överens om att de skulle resa till det hedniska templet som kallas Uppsala för att pröva om de där kunde bringa Kristus någon frukt av sin möda. De var där villiga att utstå all slags pina, om det hus nedrevs, som var centrum för vantron. För när det rivits, eller helst nedbränts, skulle följden bli att hela befolkningen omvändes. Kung Stenkil fick dessa kyrkomän att avstå från sina planer, dels för att de skulle dödas och dels för att han själv skulle bli avsatt som kung eftersom han låtit dem komma in i sitt rike.[62] Möjligtvis hänger denna rädsla hos kungen samman med idén att folket förväntade sig att deras makthavare skulle skydda helgedomarna i riket. Den kristne kungen visste att folket (som delvis fortfarande var anhängare av den gamla tron) troligen skulle ha uppfattat denna skändning som en stor förödmjukelse för honom och ett tydligt tecken på att han inte var kapabel att hålla eller vara värdig kungamakten.

Återuppbyggandet av skändade helgedomarna som maktstrategi

Det finns också texter som visar att skändade helgedomar kunde renoveras och återinvigas. Dessa renoveringar och invigningar skulle också kunna tolkas som ett slags maktstrategi, som syftade till att förändra en rådande maktbalans. Tankegången kommer fram i några skaldestrofer som har bevarats till eftervärlden genom manuskripten till *Fagrskinna* och *Heimskringla*. *Heimskringla* rapporterar att de kristna Eiríks-sönerna med våld rev ned hov och förstörde blotplatser när de kom till makten i Norge. Under deras år ödelades årsväxten. Men då Hákon jarl var i färd med att ta över makten bestämde han att männen skulle hålla hoven i stånd och fortsätta att blota. Som stöd för dessa utsagor hänvisar Snorri till några med händelserna samtida strofer ur Einarr skálaglamms *Vellekla* (ca 990):

[15] *Ǫll lét senn enn svinni
sǫnn Einriða mǫnnum
herjum kunn of herjuð
hofs lǫnd ok vé banda,
áðr veg jǫtna vitni
valfalls, of sjá allan,
þeim stýra goð, geira
garðs Hlórriði farði.*

Den kloke lät snart alla
Einrides hov och goda
blotplatser, som hade
härjats, komma till heder,
innan härskaren
for med höjda svärd
över land och hav,
gudarna styr honom.

[16] *Ok herþarfir hverfa
Hlakkar móts, til blóta,*

Och de mansamlande asarna
kommer till blot, som ger

rauðbríkar fremsk rœkir   den mäktige hövdingen
ríkr, ásmegir, slíku.   mycket stor heder.
Nú grœr jǫrð sem áðan.   Nu gror jorden som förr.
Aptr geirbrúar hapta   Guldslösaren låter
auðrýrir lætr ǫru   åter krigarna
óhryggva vé byggva.   sitta glada i hoven.[63]
                         (Text och översättning K. G. Johansson)

I strof 15 berättas det således att jarlen lät snart alla Einriða (det vill säga Þórs) hovland och gudarnas helgedomar som tidigare härjats komma till heder. I nästa strof (16) sägs det att gudarna återkommer till bloten. Nu gror jorden som förr och jarlen låter åter krigarna sitta glada i helgedomarna. Enligt min mening omfattar dessa strofer ett härskarideologiskt budskap. En legitim härskare måste skydda helgedomarna från våld och vanhelgande för att kunna upprätthålla en bra relation till gudarna. Genom de kultiska aktiviteterna får han en gudomlig vägledning och hans land kan blomstra. Det paradisliknande tillstånd som skapas under jarlen i Norge liknar den mytiska värld som enligt *Vǫluspá* uppstod efter Ragnarök. I *Vellekla* får således jarlens gärningar en kosmisk betydelse.[64] Dikten visar att även Hákons renovering och återinvigning av de skändade helgedomarna var en viktig strategi för honom att få legitimitet som hövding. Med dessa handlingar signalerade han offentligt att maktbalansen förändrats. Det var Hákon jarl som från och med nu ledde landet med stöd av gudarna.

Konklusion

I föreliggande studie har jag presenterat en hypotes om våldshandlingar vid helgedomar som maktstrategi i det förkristna Norge, Sverige och på Island. Helgedomarna betecknas i de inhemska källorna där ofta med substantivet *vé*, men de kan också beskrivas med termerna *heilagr* eller *helgi*. Helgedomen betraktades som ett mikrokosmos av den mytiska världen, där gudar och människor kunde mötas. Kanske var den också en symbol för kungens eller hövdingens "rike" och "auktoritet". Vid dessa helgedomar fanns rituella restriktioner. Bland annat fick man inte bära vapen eller utföra våldshandlingar där. Härskarbenämningarna *vǫrðr véstalls* och *vés valdr* indikerar att det var hövdingens eller kungens roll att övervaka dessa regler. Om härskaren kunde skydda kulten och kultplatserna kunde han också skapa en god förbindelse med den mytiska världen. Den förbindelsen kunde då få en kosmisk betydelse, det vill säga att landet som han styrde över förvandlades till ett paradisiskt tillstånd, där åkrarna gav goda skördar med mera. Om en hövding eller kung inte kunde skydda sin helgedom var det en stor förödmjukelse och hans makt kollapsade. Han kunde inte längre betraktas som en legitim härskare. En attack mot fiendehövdingens helgedom och ett medvetet skändande av den kunde således vara en bra strategi för en utmanare som strävade efter makten. I uppsatsen har jag gett exempel på källor som tycks spegla sådana performativa handlingar och ritualer. För att underbygga hypotesen krävs dock en mer omfattande empirisk undersökning av bland annat det arkeologiska materialet.

Noter

1. *Egils saga Skalla-Grímssonar* ([red.] Sigurður Nordal): 148–163; *Egils saga* (övers. Johansson): 138–150.

2. "*Svá skyldi goð gjalda, / gram reki bǫnd af lǫndum / reið sé rǫgn ok Óðinn, / rǫn míns féar hǫnum; folkmýgi lát flýja, / Freyr ok Njǫrðr, af jǫrðum / leiðisk lofða stríði / landǫss, þanns vé grandar.*" "Må gudarna driva kungen ut ur landet. De ska gälda honom för stölden av mitt gods. Oden och gudarna är vreda. Må Frö och Njord driva bort folkets fiende, Tor vredgas på tingsbrytaren" (*Egils saga Skalla-Grímssonar* ([red.] Sigurður Nordal): 163; *Egils saga* (övers. Johansson): 150).

3. Frense 1982: 157, 175.

4. Lincoln 1994: 55–73.

5. Jfr Sundqvist 2010.

6. Jfr Sundqvist 2007 och 2011.

7. Ett klassiskt exempel på en performativ talakt är "härmed förklarar jag er som äkta makar". Orden innebär en faktiskt förändring. Se t.ex. Austin 1962; Tambiah 1979; Bell 1997: 68 f.; Rappaport 1999: 124–126; Hall 2000; Grimes 2006: 390 f.

8. Liknande hypoteser om en rituell krigföring i anslutning till järnåldershallar bevittnade i arkeologiska källor har tidigare förts

fram i t.ex. Herschend 1998: 36 f.; Nordberg 2003: 115; Andrén 2014: 69–115. Docent Erik af Edholm har gjort mig uppmärksam på att liknande fenomen även förekommer i Indien, i hinduiska sammanhang. Se t.ex. Davis 1999: 51–87.

9. Se t.ex. Vikstrand 2001: 298.

10. Heggstad et al. 1993: 180 har *helgi* (f.) 'heilagskap, det å vere heilag el. ukrenkjeleg'; jfr *helga* 'helge, gjere heilag, vie', 'gjere ukrenkjeleg, fredlyse'; medan *heilagr* (adj.) förklaras 'heilag', 'heilag, ukrenkjeleg' (Heggstad et al. 1993: 176). Se även diskussion hos Baetke (1942) och Vikstrand (2001: 226–236).

11. Jfr Widengren 1963: 49–51 och Nordberg 2010: 18.

12. Vikstrand 2010: 58.

13. Baetke 1942: 60, 68, 207 f.

14. I följande eddadikter syftar *vé* på gudarnas mytiska boning: *Vafðrúðnismál* (*Edda* ([red.] Neckel & Kuhn)): 51 (*vé goða*); *Grímnismál* (*Edda* ([red.] Neckel & Kuhn)): 13 (*valda véum*); och *Hyndluljóð* (*Edda* ([red.] Neckel & Kuhn)): 1 (*til vés heilags*). I t.ex. *Vellekla* (*Den norsk-islandske skjaldedigtning* ([red.] Finnur Jónsson)): 15 (*vé banda*) syftar det på en kultplats i människornas värld (se nedan).

15. Vikstrand 2001: 298–365.

16. Vikstrand 2010: 58–66.

17. "[...] a sacrifice in Vi [...] 'Do not persist in burning the man or his church, since it stands at Vi, below the cliff'." "[...] *blotan i Vi* [...] *Herþin ai brenna mann ella kirkiu hans, þy et han standr i Vi, firir niþan klintu*" (*Guta Saga* ([red. & övers.] Peel): 8 f.).

18. *Egils saga Skalla-Grímssonar* ([red.] Sigurður Nordal): 56; *Den ældre Frostathings-Lov* (*Norges Gamle Love indtil 1387* ([red.] Keyser & Munch)), 1: 127.

19. *Ynglingatal* (*Den norsk-islandske skjaldedigtning* B1 ([red.] Finnur Jónsson)): 12.

20. Snorri Sturluson, *Edda: Háttatál* ([red.] Faulkes): 36.

21. *Alexanders saga* ([red.] van Weenen): 41 översätter *cruenta faces* till *dreyrugir vébrandar*; se i Fritzner (1986–96) 1954, 3: 882.

22. Snorri Sturluson, *Edda: Skaldskaparmál* ([red.] Faulkes): 61.

23. Hållans Stenholm 2010; Svensson 2010.

24. Vikstrand 2001: 238–249.

25. Zachrisson 2004; 2010.

26. *Landnámabók* ([red.] Jakob Benediktsson): 307.

27. Heggstad *et al.* 1993.

28. "[...] *hann vá víg í véum ok varð útlægr* [...] / [...] *hann vá víg í véum ok varð útlagr* [...]" (*Landnámabók* ([red.] Jakob Benediktsson): S 72, H 60).

29. "[...] *en menn váru allir vápnlausir inni, því at þar var Hofshelgi* [...] *Eyvindr hafði vegit í véum ok var hann vargr orðinn, ok varð þegar brott at fara*" (*Egils saga Skalla-Grímssonar* ([red.] Sigurður Nordal): 49).

30. "*Eigi er þat siðr at bera vápn í hofit, ok muntu verða fyrir goða reiði, ok er slíkt ófœrt, nema bœtr komi fram*" (*Vatnsdœla saga* ([red.] Einar Ól. Sveinsson): kap. 17). "Det är svår osed att bära vapen i gudahov, och du blir utsatt för gudarnas vrede; sådant går inte utan att böter gäldas" (*Vatnsdalssagan* (övers. Ohlmarks): kap. 17). Jfr *Hrafn* [...] *hafði sverð gott; þat bar hann í hof; því tók Ingimundr af honum sverðit* (*Landnámabók* ([red.] Jakob Benediktsson): S 179).

31. Jansson 1985: 41.

32. Se t.ex. Eliade (1949) 1974; Smith 1987.

33. Strömbäck 1928.

34. "*En er hann kom vestr fyrir Breiðafjǫrð, þá skaut hann fyrir borð ǫndvegissúlum sínum; þar var skorinn á Þórr.* [...] *hét hann því at helga Þór allt landnám sitt ok kenna við hann.* [...] *ok gerði þar hof mikit ok helgaði Þór.* [...] *svá mikinn átrúnað á fjall þat, er stóð í nesinu, er hann kallaði Helgafell, at þangat skyldi engi maðr ópveginn líta, ok þar var svá mikil friðhelgi, at ǫngu skyldi granda í fjallinu, hvárki fé né mǫnnum, nema sjálft gengi á braut*" (*Landnámabók* ([red.] Jakob Benediktsson): S 85, H 73; jfr *Eyrbyggja saga* ([red.] Einar Ól. Sveinsson & Matthías Þórðarson): kap. 4).

35. "*Þórhaddr inn gamli var hofgoði í Þrándheimi á Mæri. Hann fýstist til Íslands ok tók áðr ofan hofit ok hafði með sér hofsmoldina ok súlurnar. En hann kom í Stǫðvarfjǫrð ok lagði Mærinahelgi á allan*

fjǫrðinn ok lét engu tortíma þar nema kvikfé heimilu" (Landnámabók ([red.] Jakob Benediktsson): S 297, H 258).

36. "Þat þolðu eigi Þórsnesingar, er þeir vildu saurga svá helgan vǫll. [...]" (Landnámabók ([red.] Jakob Benediktsson): S 85, H 73; jfr Eyrbyggja saga ([red.] Einar Ól. Sveinsson & Matthías Þórðarson): kap. 9–10)).

37. Landnámabók ([red.] Jakob Benediktsson): S 85, H 73.

38. Ynglingatal (Den norsk-islandske skjaldedigtning B1 ([red.] Finnur Jónsson)): 7–14.

39. Se Krag 1991. Kritisk mot Krags uppfattning är t.ex. Fidjestøl (1994), Sundqvist (1995), Dillmann (2000), Bergsveinn Birgisson (2008) och McKinnell (2010).

40. Se vidare om tolkningen av kenningen i Sundqvist 2002: 196 f.

41. Sigurðardrápa 6 (Den norsk-islandske skjaldedigtning B1 ([red.] Finnur Jónsson): 69 f.).

42. Hákonarmál 18 (Den norsk-islandske skjaldedigtning B1 ([red.] Finnur Jónsson): 59).

43. Se t.ex. Düwel 1992.

44. Peterson 2007: 257.

45. Peterson 2007: 257.

46. "Loptr fór útan et þriðja hvert sumar fyrir hǫnd þeira Flosa beggja, móðurbróður síns, at blóta at hofi því, er Þorbjǫrn móðurfaðir hans hafði varðveitt" (Landnámabók ([red.] Jakob Benediktsson): 368).

47. "[...] hann [Þórólfr] varðveitti þar í eyjunni Þórshof [...]" (Eyrbyggja saga 3 ([red.] Einar Ól. Sveinsson & Matthías Þórðarson): 6). Jfr "Hann varðveitti þá hof; var hann þá kallaðr Snorri goði; [...]" (Eyrbyggja saga 15 ([red.] Einar Ól. Sveinsson & Matthías Þórðarson): 27).

48. Fabech 1991; 1994; Fabech & Näsman 2013; kritiskt betraktat i Zachrisson 1998: 118 och Hedeager 1999.

49. Munch 2003; Lamm 2004.

50. Se Olsen 1909; kritiskt betraktat i Ratke & Simek 2006 och Watt 2007.

51. Jfr Drobin 1991; Drobin & Keinänen 2001; Hedeager 2001; 2011; Nordberg 2003; 2010; Andrén 2004; Zachrisson 2004; Sundqvist 2007; 2011.

52. Jfr Lincoln 1994.

53. Herschend 1998.

54. Herschend 1998: 36 f.

55. Nordberg 2003: 115; jfr Andrén 2014: 69–115.

56. Holmquist-Olausson 2001: 14 f. och Nordberg 2003: 116

57. *Eyrbyggja saga* ([red.] Einar Ól. Sveinsson & Matthías Þórðarson): kap. 10.

58. "[…] *letu brjóta ofan hofit ok taka allt fé ok allt skraut ór hofinu ok af goðinu [goðinum]*" (Snorri Sturluson, *Óláfs saga Tryggvasonar* 59 = *Heimskringla* ([red.] Bjarni Aðalbjarnarson), 1: 308).

59. "*Síðan lét Óláfr konungr brenna hofit*" (Snorri Sturluson, *Óláfs saga Tryggvasonar* 59 = *Heimskringla* ([red.] Bjarni Aðalbjarnarson), 1: 308).

60. Snorri Sturluson, *Óláfs saga Tryggvasonar* 69 = *Heimskringla* ([red.] Bjarni Aðalbjarnarson), 1: 318; jfr Odd Snorrason, *Óláfs saga Tryggvasonar* ([red.] Ólafur Halldórsson): 279 f.

61. Se Beda Venerabilis, *Opera historica* ([övers.] King), 1: 30–32; 2: 15; 3: 30.

62. Adam av Bremen, *Gesta Hammaburgensis* ([red.] Schmeidler), 4: 30.

63. Snorri Sturluson, *Óláfs saga Tryggvasonar* 59 = *Heimskringla* ([red.] Bjarni Aðalbjarnarson), 1: 241 f.; *Olav Tryggvassons saga* (övers. Johansson): 201.

64. Jfr Ström 1981.

Referenser

Källor

[Adam av Bremen] [d. 1080-t.], *Gesta Hammaburgensis ecclesiae pontificum / Hamburgische Kirchengeschichte* (Scriptores Rerum Germanicarum in usum scholarum ex Monumentis Germaniae

Historicis Separatim Editi [63]). [Red.] Bernhard Schmeidler. Hannover 1917: Hahnsche Buchhandlung.

Alexanders saga [(ca 1180) 1263–64]: *AM 519a 4° in the Arnamagnæan Collection, Copenhagen* (Manuscripta Nordica 2). [Red.] Andrea de Leeuw van Weenen. Copenhagen 2009: Museum Tusculanum Press.

[Beda Venerabilis] [d. 735], *Opera historica* (Loeb Classical Library). 1–2. [Övers.] John Edward King. Cambridge, MA, (1930) 1962–63: Harvard University Press.

[Beowulf] [700-t.?–1000-t.?]. *Klaeber's Beowulf and the Fight at Finnsburg* (Toronto Old English Series 21). [Red.] R. D. Fulk & Robert E. Bjork & John D. Niles. Toronto 2008: University of Toronto Press.

Edda [800-t.–1000-t.]: *die Lieder des Codex Regius nebst verwandten Denkmälern*. 1, Text. [Red.] Gustav Neckel & Hans Kuhn. Heidelberg (1914) 1983: Carl Winter Universitätsverlag. (5 uppl.)

Egils saga Skalla-Grímssonar [1220–30] (Íslenzk fornrit 2). [Red.] Sigurður Nordal. Reykjavík 1933: Hið íslenzka fornritafélag.

——— *Egils saga*. Övers. Karl G. Johansson. Stockholm 1992: Atlantis.

Eyrbyggja saga [början av 1200-t.] (Eyrbyggja saga, Brands þáttr örva, Eiríks saga rauða, Grœnlendinga saga, Grœnlendinga þáttr) (Íslenzk fornrit 4), s. 3–184. [Red.] Einar Ól. Sveinsson & Matthías Þórðarson. Reykjavík (1935) 1985: Hið íslenzka fornritafélag

Fagrskinna [före 1250]. *Ágrip af Nóregskonunga sǫgum, Fagrskinna – Nóregs konunga tal* (Íslenzk fornrit 29), s. 57–364. [Red.] Bjarni Einarsson. Reykjavík 1985: Hið íslenzka fornritafélag.

Flateyjarbók [1387–94]. 1–3. [Red.] Guðbrandur Vigfússon & C. R. Unger. Christiania 1860–68: Malling.

Guta Saga: The History of the Gotlanders [1220-t.] (Text Series 12). [Red. & övers.] Christine Peel. London 1999: Viking Society for Northern Research.

Hákonarmál [960-t.], se *Den norsk-islandske skjaldedigtning* ([red.] Finnur Jonsson).

Landnámabók [ca 1200]. *Íslendingabók, Landnámabók* (Íslenzk fornrit 1), s. 31–397. [Red.] Jakob Benediktsson. Reykjavík 1986: Hið íslenzka fornritafélag.

Norges Gamle Love indtil 1387. 1–3. Red. Rudolf Keyser & P. A. Munch. Christiania 1846–49: Grøndahl.

Den norsk-islandske skjaldedigtning 800–1400. A, 1–2; B, 1–2. [Red.] Finnur Jónsson. København (1912–15) 1967–73: Rosenkilde og Bagger.

Oddr Snorrason [sl. av 1100-t.], Óláfs saga Tryggvasonar. *Fœreyinga saga, Óláfs saga Tryggvasonar* (Íslenzk fornrit 25), s. 125–362. [Red.] Ólafur Halldórsson. Reykjavík 2006: Hið íslenzka fornritafélag.

Óláfs saga Tryggvasonar, se Snorri Sturluson, *Heimskringla* ([red.] Bjarni Aðalbjarnarson.

Sigurðardrápa [ca 960], se *Den norsk-islandske skjaldedigtning* ([red.] Finnur Jonsson).

Snorri Sturluson [d. 1241], *Edda: Prologue and Gylfaginning*. [Red.] Anthony Faulkes. London 1988: Viking Society for Northern Research.

―――― *Edda: Skáldskaparmál*. 1, Introduction, Text and Notes. [Red.] Anthony Faulkes. London 1998: Viking Society for Northern Research.

―――― *Edda: Háttatál*. [Red.] Anthony Faulkes. Oxford 1991: Clarendon Press.

―――― *Snorres Edda*. Övers. Karl G. Johansson & Mats Malm. Stockholm 1997: Fabel.

―――― *Heimskringla* 1–3 (Íslenzk fornrit 26–28). [Red.] Bjarni Aðalbjarnarson. Reykjavík (1941, 1945, 1951) 1979: Hið íslenzka fornritafélag.

―――― Olav Tryggvasons saga. *Nordiska kungasagor* 1, s. 187–305. Övers. Karl G. Johansson. Stockholm 1991: Fabel bokförlag.

Vatnsdæla saga [sl. av 1200-t.]. *Vatnsdæla saga* […] (Íslenzk fornrit 8), s. 3–131. [Red.] Einar Ól. Sveinsson. Reykjavík 1939: Hið íslenzka fornritafélag.

―――― Vatnsdalssagan. *De isländska sagorna.* 4, Sagorna från mellersta och östra Nordisland, s. 5–7. Övers. Åke Ohlmarks. Stockholm 1964: Stenvik.

―――― *Ynglingatal* [ca 890], se *Den norsk-islandske skjaldedigtning* ([red.] Finnur Jonsson).

Sekundärlitteratur

Andrén, Anders. 2004. I skuggan av Yggdrasil: trädet mellan idé och realitet i nordisk tradition. *Ordning mot kaos: studier av nordisk förkristen kosmologi,* s. 389–430.

―――― 2014. *Tracing Old Norse Cosmology: The World Tree, Middle Earth, and the Sun in Archeological Perspectives* (Vägar till Midgård 16). Lund: Nordic Academic Press.

Austin, John L. 1962. *How to do Things with Words* (The William James Lectures 1955). [Red.] J. O. Urmson. Cambridge, MA: Harvard University Press.

Baetke, Walter. 1942. *Das Heilige im Germanischen.* Tübingen: Max Niemeyer Verlag.

Bell, Catherine. 1997. *Ritual: Perspectives and Dimensions.* New York: Oxford University Press.

Bergsveinn Birgisson. 2008. *Inn i skaldens sinn: kognitive, estetiske og historiske skatter i den norrøne skaldediktningen.* Bergen: Universitetet i Bergen.

Davis, Richard H. 1999. *Lives of Indian Images.* Princeton: Princeton University Press.

Dillmann, Francois-Xavier. 2000. Chronique des études nordiques. *Proxima Thulé: revue d'études nordiques* 4, s. 101–112.

Drobin, Ulf. 1991. Mjödet och offersymboliken i fornnordisk religion. *Studier i religionshistoria: tillägnade Åke Hultkrantz professor emeritus den 1 juli 1986,* s. 97–141 [Red.] Louise Bäckman & Ulf Drobin & Per-Arne Berglie. Löberöd: Plus Ultra.

Drobin, Ulf & Marja-Liisa Keinänen. 2001. Frey, Veralden olmai och Sampo. *Kontinuitäten und Brüche in der Religionsgeschichte: Festschrift für Anders Hultgård zu seinem 65. Geburtstag am*

23.12.2001 (Ergänzungsbände zum Reallexikon der germanischen Altertumskunde 31), s. 136–169. [Red.] Michael Stausberg. Berlin: de Gruyter.

Düwel, Klaus. 1992. Zur Auswertung der Brakteateninschriften: Runenkenntnis und Runeninschriften als Oberschichten-Merkmale. *Der historische Horizont der Götterbild-Amulette aus der Übergangsepoche von der Spätantike zum Frühmittelalter* (Abhandlungen der Akademie der Wissenschaften in Göttingen. Philologisch-historische Klasse 3, 200), s. 32–90. [Red.] Karl Hauck. Göttingen: Vandenhoeck & Ruprecht.

Eliade, Mircea. (1949) 1974. *Patterns in Comparative Religion.* [Övers.] Rosemary Sheed. New York: Sheed & Ward.

Fabech, Charlotte. 1991. Samfundsorganisation, religiøse ceremonier og regional variation. *Samfundsorganisation og regional variation: Norden i romersk jernalder og folkevandringstid* (Jysk arkæologisk selskabs skrifter 27), s. 283–304. Red. Charlotte Fabech & Jytte Ringtved. Højbjerg: Jysk arkæologisk selskab.

——— 1994. Reading society from the cultural landscape: South Scandinavia between sacral and political power. *The Archaeology of Gudme and Lundeborg* (Arkæologiske studier 10), s. 169–183. [Red.] Poul-Otto Nielsen & Klave Randsborg & Henrik Thrane. København: Akademisk forlag.

Fabech, Charlotte & Ulf Näsman. 2013. Ritual landscapes and sacral places in the first millennium AD in South Scandinavia. *Sacred Sites and Holy Places: Exploring the Sacralization of Landscape through Time and Space* (Studies in the Early Middle Ages 11), s. 53–109. [Red.] Sæbjørg Walaker Nordeide & Stefan Brink. Turnhot: Brepols.

Fidjestøl, Bjarne. 1994. [Anm. av Krag 1991]. *Maal og minne* 1994: 3–4, s. 191–199.

Frense, Bo. 1982. *Religion och rätt: en studie till belysning av relationen religion–rätt i förkristen nordisk kultur.* Lund: Lunds universitet.

Fritzner, Johan. (1886–96) 1954. *Ordbog over det gamle norske sprog.* 1–3. Oslo: Tryggve Juul Møller Forlag. (2 uppl.)

Grimes, Ronald L. 2006. Performance. *Theorizing Rituals: Issues, Topics, Approaches, Concepts* (Studies in the History of Religions

114: 1), s. 379–394. [Red.] Jens Kreinath & Jan Snoek & Michael Stausberg. Leiden: Brill.

Hall, Kira. 2000. Performativity. *Journal of Linguistic Anthropology* 9: 1–2, s. 184–187.

Hedeager, Lotte. 1999. Sacred topography: depositions of wealth in the cultural landscape. *Glyfer och arkeologiska rum – en vänbok till Jarl Nordbladh* (Gotarc A, 3), s. 229–252. Red. Anders Gustafsson & Håkan Karlsson. Göteborg: Göteborgs universitet.

––––––– 2001. Asgard reconstructed? Gudme – a 'central place' in the north. *Topographies of Power in the Early Middle Ages* (The Transformation of the Roman World 6), s. 467–507. [Red.] Mayke de Jong & Frans Theuws & Carine van Rhijn. Leiden: Brill.

––––––– 2011. *Iron Age Myth and Materiality: An Archaeology of Scandinavia AD 400–1000.* London: Routledge.

Heggstad, Leiv & Marius Hæggstad & Alf Torp & Finn Hødnebø & Erik Simensen (1909) 1990. *Norrøn ordbok* (Samlagets oppslagsverk). Oslo: Samlaget. (4 uppl.)

Herschend, Frands. 1998. *The Idea of the Good in Late Iron Age Society* (Occasional Papers in Archaeology 15). Uppsala: Institutionen för arkeologi och antik historia, Uppsala universitet.

Holmquist-Olausson, Lena. 2001. Birkas befästningsverk – resultat från de senaste årens utgrävningar. *Birkas krigare*, s. 9–15. Red. Michael Olausson. Stockholm: Arkeologiska forskningslaboratoriet, Stockholms Universitet

Hållans Stenholm, Ann-Marie. 2010. Lilla Ullevi – en kultplats. *Makt, kult och plats: högstatusmiljöer under äldre järnåldern*, s. 31–38.

Jansson, Sven B. F. 1985. *Runinskrifter i Sverige.* Stockholm: AWE Geber.

Krag, Claus. 1991. *Ynglingatal og Ynglingesaga: en studie i historiske kilder* (Studia humaniora 2). Oslo: Universitetsforlaget.

Lamm, Jan Peder. 2004. Figural gold foils found in Sweden: a study based on the discoveries from Helgö. *Excavations at Helgö.* 16, Exotic and Sacral Finds from Helgö, s. 41–142. Stockholm: Kungl. Vitterhets-, historie och antikvitetsakademien.

Lincoln, Bruce. 1994. *Authority: Construction and Corrosion.* Chicago: University of Chicago Press.

Makt, kult och plats: högstatusmiljöer under äldre järnåldern (Arkeologi i Stockholms län 5). Red. Peter Bratt & Richard Grönwall. Stockholm 2010: Stockholms läns museum

McKinnell, John. 2010. Ynglingatal – a minimalist interpretation. *Scripta Islandica* 60, s. 23–48.

Munch, Gerd Stamsø. 2003. Borg as a pagan centre. *Borg in Lofoten: A Chieftain's Farm in North Norway* (Arkeologisk skriftserie 1), s. 253–263. [Red.] Gerd Stamsø Munch & Olav Sverre Johansen & Else Roesdahl. Trondheim: Tapir.

Nordberg, Andreas. 2003. *Krigarna i Odins sal: dödsföreställningar och krigarkult i fornnordisk religion*. Stockholm: Stockholms universitet.

—— 2010. Kultplatser, helgedomar och heliga platser. *Makt, kult och plats: högstatusmiljöer under äldre järnåldern*, s. 16–22.

Olsen, Magnus. 1909. Fra gammalnorsk myte og kulthus. *Maal og minne* 1909, s. 17–36.

Ordning mot kaos: studier av nordisk förkristen kosmologi (Vägar till Midgård 4). Red. Anders Andrén & Kristina Jennbert & Catharina Raudvere. Lund 2004: Nordic Academic Press

Peel, Christine. 1999. *Guta Saga: The History of the Gotlanders* (Text Series 12). London: Viking Society for Northern Research.

Peterson, Lena. 2007. *Nordiskt runnamnslexikon*. Uppsala: Institutet för språk- och folkminnen. (5 uppl.)

Rappaport, Roy. A. (1999) 2000. *Ritual and Religion in the Making of Humanity* (Cambridge Studies in Social and Cultural Anthropology 110). Cambridge: Cambridge University Press.

Ratke, Sharon & Rudolf Simek. 2006. Guldgubber: relics of Pre-Christian law rituals? *Old Norse Religion in Long-Term Perspectives* (Vägar till Midgård 8), s. 259–264. [Red.] Anders Andrén & Kristina Jennbert & Catharina Raudvere. Lund: Nordic Academic Press.

Smith, Jonathan Z. 1987. *To Take Place: Toward Theory in Ritual* (Chicago Studies in the History of Judaism). Chicago: University of Chicago Press.

Ström, Folke. 1981. Poetry as an instrument of propaganda: Jarl Hákon and his poets. *Speculum Norroenum: Norse Studies in Memory of Gabriel Turville-Petre*, s. 440–458. [Red.] Ursula Dronke & Guðrún P. Helgadóttir & Gerd Wolfgang Weber & Hans Bekker-Nielsen. Odense: Odense University Press.

Strömbäck, Dag. 1928. Att helga land: studier i Landnáma och det äldsta rituella besittningstagandet. *Festskrift tillägnad Axel Hägerström den 6 september 1928 av filosofiska och juridiska föreningarna i Uppsala*, s. 198–220. Uppsala: Almqvist & Wiksell.

Sundqvist, Olof. 1995. [Anm. av Krag 1991]. *Svensk religionshistorisk årsskrift* 5, s. 158–162.

—— 2002. *Freyr's Offspring: Rulers and Religion in Ancient Svea Society* (Acta Universitatis Upsaliensis. Historia religionum 21). Uppsala: Uppsala University Library.

—— 2007. *Kultledare i fornskandinavisk religion* (Occasional Papers in Archaeology 41). Uppsala: Institutionen för arkeologi och antik historia, Uppsala universitet.

—— 2010. Vi-platsernas väktare: till frågan om kultledare i det förkristna Mälarområdet. *Makt, kult och plats: högstatusmiljöer under äldre järnåldern*, s. 90–95.

—— 2011. Gudme on Funen: a central sanctuary with cosmic symbolism? *The Gudme / Gudhem Phenomenon* (Schriften des Archäologischen Landesmuseums. Ergänzungsreihe 6), s. 63–76. [Red.] Oliver Grimm & Alexandra Pesch. Neumünster: Wachholtz.

Svensson, Kenneth. 2010. Götavi – en vikingatida kultplats i Närke. *Makt, kult och plats: högstatusmiljöer under äldre järnåldern*, s. 68–78.

Tambiah, Stanley J. 1979. A performative approach to ritual. *Proceedings of the British Academy* 65, s. 113–169.

Vikstrand, Per. 2001. *Gudarnas platser: förkristna sakrala ortnamn i Mälarlandskapen* (Acta Academiae Regiae Gustavi Adolphi 77 / Studier till en svensk ortnamnsatlas 17). Uppsala: Kungl. Gustav Adolfs akademien för svensk folkkultur.

—— 2010. Ortnamn och den äldre järnålderns högstatusmiljöer. *Makt, kult och plats: högstatusmiljöer under äldre järnåldern*, s. 23–30.

Watt, Margarethe. 2007. Kan man tyde guldgubbernes gestussprog. *Kult, guld och makt – ett tvärvetenskapligt symposium i Götene* (Historieforum Västra Götaland. B, Vetenskapliga rapporter och småskrifter 4), s. 133–148. Red. Ingemar Nordgren. Skara: Historieforum Västra Götaland.

Widengren, Geo. 1963. *Religionens ursprung.* Stockholm: Aldus / Bonniers.

Zachrisson, Torun. 1998. *Gård, gräns, gravfält: sammanhang kring ädelmetalldepåer och runstenar från vikingatid och tidig medeltid i Uppland och Gästrikland* (Stockholm Studies in Archaeology 15). Stockholm: Stockholms universitet.

——— 2004. Det heliga på Helgö och dess kosmiska referenser. *Ordning mot kaos: studier av nordisk förkristen kosmologi,* s. 343–388.

——— 2010. Helgö – mer än ett vi. *Makt, kult och plats: högstatusmiljöer under äldre järnåldern,* s. 79–88.

Fredsöverenskommelser genom riter i konfrontationsområden
Exempel från vikingatidens England och Island

Stefan Olsson
Universitetet i Bergen, Norge

Syftet med det här bidraget är att diskutera fredsöverenskommelser. De riter som genomfördes i samband med fredsprocesser, kommer att beskrivas inom en konflikt- och konsensusmodell på mikronivå, och med exempel från vikingatidens England och Island. Jag kommer också att fokusera på den ömsesidiga förståelsen och sätta den i förhållande till ekonomi, politik och juridik. Vidare kommer jag att inrikta mig på hur symboliken i riterna kan ha uppfattats på olika sätt av dem som utarbetade fredsöverenskommelserna.

Tidigare forskning

Fredsprocesser under vikingatiden och den tidiga medeltiden har diskuterats inom olika forskningsfält – och man har fokuserat på olika teman – inom religionshistorisk forskning exempelvis på den mytiska Frode-freden, och därmed på fred som ett idealt tillstånd.[1] Det fanns flera ord för fred: fisl. (nom. pl.) grið och feng. grib betecknar både 'fred' och 'vapenstillestånd', medan fisl. friðr (m.) har betydelsen 'fred, skydd' och konnotationen "fredligt tillstånd".[2] I fornengelskan finns verb som betecknar fred som handling, gripian,[3] i fisl. setja grið ok frið[4] sammandraget till substantivet sætt (f.; gen. sg. sættar, pl. sættir) i betydelsen 'uppgörelse', 'fördrag'. I fornisländskan finns det också ord för 'fredsstiftning', 'förlikning', 'att sluta fred', friðgerð eller sættargerð, och 'avtalat möte för underhandling om fred', friðarstefna.[5]

Hur du refererar till det här kapitlet:
Olsson, S. 2016. Fredsöverenskommelser genom riter i konfrontationsområden. Exempel från vikingatidens England och Island. I: Rydving, H. and Olsson, S. (red.) *Krig och fred i vendel- och vikingatida traditioner*, s. 196–220. Stockholm: Stockholm University Press. DOI: http://dx.doi.org/10.16993/bah.i. License: CC-BY 4.0

I den här artikeln kommer jag emellertid att diskutera fredsprocesser. Med "process" avser jag flera händelser eller skeden som avlöser varandra, ofta med flera års mellanrum. Freder som processer har sällan blivit undersökta av forskare som studerat vikingatiden, men däremot av medeltidsforskare. Historikern Gerd Althoff har analyserat vertikala "vänskapsband" bland tyska adelsmän och historikern Paul Kershaw beskriver den tidigmedeltida engelske kungen inom ett ramverk för fredsideal. Bland forskare som fokuserat på skandinavisk medeltid återfinns historikern Lars Hermanson som påpekat vikten av personliga band, "vänskap", medan andra – som historikern Jón Viðar Sigurðsson – har koncentrerat sig på avgränsade forskningsområden, exempelvis ösamhällen som Island.[6] Den här typen av studier beskriver de band som upprätthöll ett samhälle inifrån, så kallade vertikala vänskapsband, som bland annat inkluderade riter som gåvogivande. Genom dessa vänskapsband kunde en härskare kontrollera sitt territorium eller underlägga sig en rivals, men också förebygga upproriska handlingar och därigenom säkra freden. Utmärkande för horisontella vänskapsband är istället – enligt skandinavisten Stefan Brink – ett geografiskt koherent område med vissa sociala band som håller samman människor i området.[7] Banden kan röra sig om kultisk aktivitet och gemensamma överenskommelser på juridisk basis, alternativt samlingar och möten som marknader, fester och spel.[8]

Inom tidigare religionshistorisk forskning har man analyserat vänskapsbanden i härskar- och krigarideologisk belysning och dess kosmologiska motsvarigheter.[9] I min undersökning vill jag i stället se närmare på hur motparter – som härskare och underlydande – men också människor på andra sociala nivåer, kunde kommunicera över territorier eller andra typer av avgränsningar i samband med konflikter och freder. Jag fokuserar därmed på horisontella drag, snarare än vertikala, och hur riter kan ha fungerat som kommunikativa medel för att nå konsensus.

Territoriella avgränsningar, konsensus och kommunikativa handlingar

Vi kan anta att en konflikt uppstod antingen (a) över en territoriell avgränsning eller (b) inom ett samhälle. I den här studien ger jag exempel på båda typerna, men skiljelinjerna mellan de två kan vara svåra att definiera. Jag använder benämningen "konfrontationsområde" för att beteckna ett avgränsat område där det pågår en konflikt. Det finns många exempel på konflikter i gränsområden. Ända sedan antiken hade gränsdragningar förekommit på kontinenten, exempelvis genom *Limes Germanicus* vid Rhen. Det var ett sammanhållet område som konstituerades av administrativa, juridiska och kommersiella intressen i tillägg till de militära. Området hölls, åtminstone på den romerska sidan, samman av den romerska freden, *Pax Romana*.[10] I det vikingatida skandinaviska samhället fanns knappast ett sådant sammansatt gränsområde.[11] Den tidens gränsområden kunde istället präglas av småskaliga krig och räder med utsikt till plundring, och de omfattades inte av det kyrkofadern Augustinus beskrev som *jus in bello*, 'rättfärdighet i krig', som – åtminstone ideellt sett – reglerade krigföring i de kristna länderna. Kanhända karakteriserades vikingatiden av en ensidig vilja till plundring snarare än fredliga handelsrelationer. Å andra sidan förefaller vissa typer av kommunikativa handlingar – som involverade ett visst samförstånd – ha uppstått i form av tributrelationer, något som antyder mer avancerade uppgörelser om stillestånd.[12]

För att förstå hur konsensus kunde uppstå över territoriella avgränsningar, vill jag peka på historikern Eva Österbergs idéer om konflikter och samförstånd i gränssamhällen. Trots att Österberg beskriver tidigmodern tid – 1500- och 1600-talens Småland under feodal kontroll – kan hennes samförståndsprincip, enligt min mening, vara applicerbar på det vikingatida samhället.[13] Hon förstår konsensus som en ömsesidig vilja att förhandla där interaktionsnivån är viktig. Hennes definition av konflikt och konsensuslösningar är grundläggande för min egen förståelse av konfliktområden. Jag benämner alltså de områden i de vikingatida och tidigmedeltida samhällena som var föremål för konflikt- och konsensusuppgörelser som ovan nämnda "konfrontationsområden". Utgångspunkten är *The Oxford English Dictionary*s definition av *confrontation* som:

> the bringing of persons face to face; esp. for examination of the truth [...] the coming of countries, parties, etc., face to face: used to a state of political tension with or without actual conflict.[14]

Definitionen innefattar sålunda både möte och konflikt. Inom konfrontationsområdena fanns det särskilda områden för kommunikation. Tinget – i Österbergs beskrivning av det tidigmoderna småländska samhället – kan ha varit ett sådant kommunikationsområde. Jag menar att det vikingatida och tidigmedeltida tinget och även kultplatser hade sådana funktioner,[15] liksom andra typer av samlingsplatser, varav en del kan ha uppkommit spontant under kris- och krigstider.[16] Kommunikationsområdena kan således ha varit av fast eller spontan, rörlig, karaktär. Den förra kategorin kan exemplifieras genom ortnamn. Ortnamnforskaren Lennart Elmevik har till exempel föreslagit att Friggeråker (fsv. Frig(g)iæraker) i Gudhems härad, Västergötland, återgår på ett fornvästgötskt *Friðgærð(ar)aker vilket kan innehålla en motsvarighet till friðgerð:

> Namnet skulle då, har jag tänkt mig, åsyfta en åker där tvister har bilagts, där förlikning har ingåtts. Sådana processer kan, har jag antagit, varit förenade med kulthandlingar av något slag och ägt rum på en helgad, fridlyst åker. I så fall skulle det vara det urgamla sambandet mellan rit och rätt som avspeglas här.[17]

Skillnaden mellan fasta och rörliga kommunikationsområden är givetvis flytande, då den senare kategorin kan ha uppkommit ur den förra. Torsten Blomkvist har ytligt berört den här distinktionen mellan samlingsplatser när han poängterat skillnaden mellan mötesplatser och platser fixerade i landskapet.[18] Nyligen har Olof Sundqvist hävdat att kultobjektet *seiðhjallr*, 'sejdhäll', i regel var en tillfällig konstruktion och inte permanent.[19] Samma temporära rörliga drag kan återfinnas i traditioner kring knytandet av *véb<u>o</u>nd*, 'fridsband', band som omslöt tingsplatsen som då var särskilt fredssanktionerad och där juridiska frågor avgjordes.[20] Dessa band förefaller också ha knutits i samband med krig, eller andra typer av konflikter, inför förhandlingar och kan då sägas ha uppkommit spontant.[21]

Kult- och tingsplatser, liksom andra typer av platser, var således kommunikationsområden och jag skall nu försöka ange hur de fungerade i konfrontationsområdena.[22] Först är det emellertid nödvändigt att beskriva den typ av samhälle som de förekom i.

Figur 1. Utvecklingen från ett samhälle innan det finns stater till ett statssamhälle. Denna utveckling varierade över tid på olika platser i Skandinavien och på Island.

Samhällsutveckling, regional och tidsperiodisk variation

Flera forskare har påpekat att det är viktigt att vara medveten om tidsmässig variation och regional förändring, bland annat Torsten Blomkvist och Olof Sundqvist.[23] Ett exempel på en förändringsprocess som beskriver övergången från vikingatid till tidig medeltid har framförts av historikern Sverre Bagge för Norge och har diskuterats av historikern Nils Blomkvist för områden kring södra Östersjön som Gotland och Kalmarsund (fig. 1).[24]

Med "samhälle" avser jag här samhällen som befann sig i ett tidigt skede av statsutveckling. Det som utmärkte dem var bland annat perioder av fred avbrutna av perioder med våld och de horisontella (ibland vertikala) band som Stefan Brink relaterar till en administrativ indelning i bygd, hundrade, land och (senare) rike.[25] Mitt syfte är att huvudsakligen försöka inringa de personliga band som kunde uppstå mellan grupper och individer på horisontell nivå. Som ett verktyg för att ytterligare förstå förhållandet mellan samhälle, konfrontationsområden och kommunikationsområden skall jag här presentera en modell (fig. 2).

En analytisk modell

Syftet med modellen är att den ska fungera som ett redskap för att beskriva de dynamiska processerna i ett gränsområde före, under och efter en konflikt. Det är mer eller mindre en truism bland statsvetare att samhället omskapas efter perioder av krig eller andra typer av kriser som pest, naturkatastrofer och torka.[26] Det har påpekats att den huvudsakliga anledningen till krig eller räder under vikingatiden varit utsikten till plundring.[27] Men även kriser av olika slag kunde leda till migrationer som i sin tur kunde leda

Fredsöverenskommelser genom riter i konfrontationsområden 201

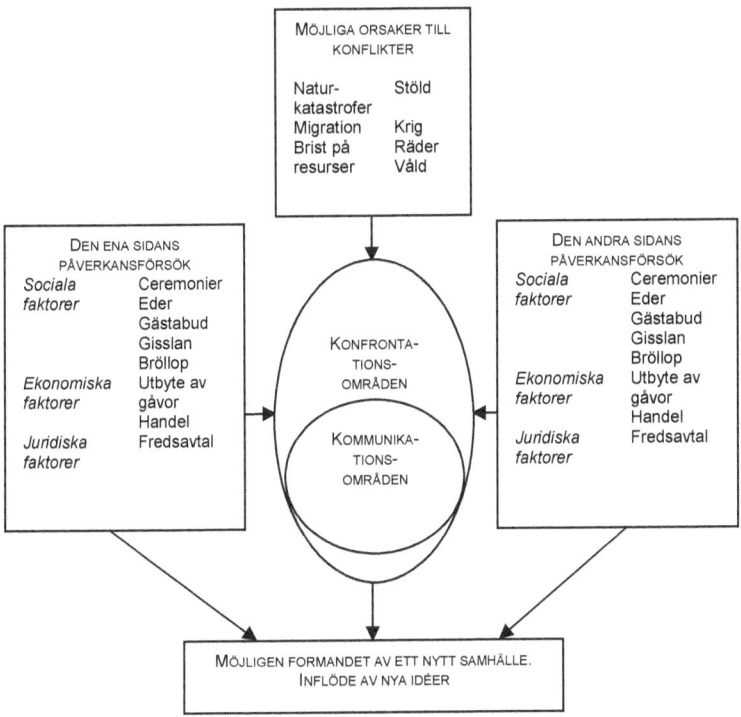

Figur 2. En schematisk framställning av konfrontationsområden med möjliga orsaker till konflikter och de båda sidornas möjligheter till försoningsförsök, eller till påverkan.

till sammanstötningar och därmed utgöra en grund för konflikter. Andra orsaker kunde vara dispyter, mord och stöld.

I samband med konflikterna uppstod så småningom en – ömsesidig eller ensidig – strävan att lösa dem och skapa fred. Intressena att nå fred genom möten lokaliserades till vissa kommunikationsområden. Den följande fredsprocessen pågick sedan under en lång tid med flera möten och bestod ofta av tre steg:[28]

1. Det första steget innebar etablerandet av sociala relationer med rituella aktiviteter som edsavläggelser, gåvogivande, banketter och beslut om utbyte av gisslan och etablerandet av tributrelationer, och dessutom kanske beslut om giftermål. Aktiviteterna kunde äga rum vid ting och i hall, men också på andra kommunikationsområden.

2. Nästa steg innebar att man etablerade och stabiliserade handelsrelationer. Andra samarbetsrelationer kan ha inneburit tillträde till landområden som gav tillgång till bördig jord, bete och skog, eller till hamnar och fiskerättigheter vid kustområden. Ibland kunde man också utföra gemensamma riter för att stärka banden.
3. Slutligen måste fredsfördraget vinna laga kraft, det vill säga bli accepterat av båda parter.

Dessa tre steg kunde förmedlas på kommunikationsområdena, och dessa var inte bara kult- och tingsplatser, utan – som tidigare nämnts – även marknadsplatser och andra typer av områden. En viktig aspekt är att fredsprocesserna ofta fick fler konsekvenser än bara att konflikten upphörde, till exempel genom att man tog till sig nya idéer. Samtidigt fanns alltid risken att konflikten skulle starta på nytt och då kunde man få börja om igen, det vill säga gå tillbaka till steg 1.

Modellen är tänkt som ett redskap för att analysera konflikter och konfliktlösningar med fokus på motparterna, på deras symbolhandlingar och hur de anpassande sig till förhållandena efter konflikten. Som modell är den givetvis en förenkling av verkligheten. Och det skall också påpekas att fredsprocesser under vikingatiden och medeltiden aldrig var rätlinjiga.[29] Om den ena av motparterna var mycket starkare kunde den svagare välja att underkasta sig. För att ytterligare understryka de skiftande omständigheterna, och för att konkretisera modellen, kommer jag här att presentera två fallstudier med olika maktkonstellationer. Det första gäller fredsprocessen mellan kung Alfred den store av Wessex och Guthrum, en härskare i East Anglia på 800-talet. Det andra exemplet tar upp konflikter och konfliktlösningar i *Íslendingabók* och *Landnámabók*. De två fallstudierna exemplifierar därmed konflikter på både makro- och mikronivå.

Fredsprocessen mellan Alfred och Guthrum

Alfred och Guthrum var härskare i Wessex respektive East Anglia, Danelagen,[30] två samhällen stadda i snabb förändring. Krig förekom mellan de två områdena, avbrutna av perioder med fred eller stillestånd. Till sist segrade Alfred och kristendomen vann gradvis inträde i Danelagen. Inom några decennier hade hela Danelagen kristnats. Guthrum (alt. Godrum, Gothrum), som var hedning, hade lidit nederlag gentemot Alfred vid Edington (*Ethandun*) i Wiltshire 6–12 maj 878 eller 879.[31] Enligt Alfreds levnadstecknare Asser (d. 909) hade danerna flytt till en befästning efter slaget.[32] Alfred belägrade dem i två veckor innan danerna slutligen gav upp efter svåra umbäranden och sände en emissarie med vädjan om fred. Fredsprocessen utformades därefter i Alfreds favör. De skriftliga avtal som blev resultatet kan inte förstås som neutrala texter eftersom de är nedtecknade utifrån den ena sidans perspektiv. Samtidigt speglar fördragen en situation där båda sidor fick ge något och det är viktigt att påpeka att Guthrum inte var fullständigt besegrad. Han hade fortsatt tillgång till sina landområden och därmed möjligheten till upprustning.

Riter och upprättandet av sociala relationer

De riter som genomfördes under de båda fredsmötena exemplifierar de aktiviteter i kommunikationsområden som kan analyseras med hjälp av modellen. Under det första fredsmötet, efter slaget vid Edington, skickades gisslan över till engelsmännen för att säkra freden. Danerna gav också löftet att lämna Alfreds rike. Därmed skedde ett utbyte över ett konfrontationsområde som utgjordes av de båda stridandes ställningar vid Edington. Man upprättade kommunikation, antagligen genom att sändebud skickades och gisslan gavs för att säkra stilleståndet. Asser (kap. 56) hävdar att "hedningarna" svor att omedelbart lämna Alfreds kungarike. Detta antyder ingångna eder. Från den *Anglosaxiska krönikan* vet vi att liknande eder kunde ingås mellan kristna anglosaxare och hedniska nordbor, där ederna betraktades som likvärdiga, och man svor vid egna traditionella kultobjekt.[33] Enligt Asser gav Guthrum dessutom löftet att låta kristna sig. Platserna där detta ägde rum är exempel på det jag kallat kommunikationsområden, i det här fallet sådana som skapats temporärt, men texten ger inte någon ytterligare information om hur de var utformade.

Sju veckor senare dök Guthrum upp med 30 betrodda män för ett andra fredsmöte. Vid ett kungligt gods, Wedmore, lät han

Figur 3. Mynt präglat med Æthelstan II:s namn och signum. Efter: *https:// en.wikipedia.org/wiki/Guthrum#/media/File:Athelstan_II_Guthrum_Viking_ king_of_East_Anglia_880.png* (Public Domain; tillgänglig 3.12.2012).

döpa sig. Alfred fick stå som fadder för Guthrum under ceremonin. Riten gav intryck av att Guthrum formellt underkastat sig Alfred, och den kan förstås mot bakgrund av idén att en kristen härskare inte kan ha en medtävlare, utan skall luta sig mot sin egen *auctoritas*, 'auktoritet'. Guthrums underkastelse underströks också av att han tog sig namnet Æthelstan II, ett namn som hörde till Alfreds släkt; Æthelstan I var Alfreds bror (fig. 3). I gengäld gav Alfred Guthrum och hans män generösa gåvor. Enligt Asser (kap. 56) bestod de bland annat av "många fina hus", vilket väl får förstås som gods.

Det kan ha funnits många fördelar med den här typen av allians. East Anglia var knappast ett enhetligt rike under en härskare. Flera territorier löd under jarlar och hövdingar. Eftersom Guthrum försvagats och förlorat ett krig, kunde kanske en opposition ha väckts mot honom i East Anglia. Att söka allierade hos både Alfred och den kristna kyrkan kunde därmed vara fördelaktigt. Detta kan vi emellertid bara spekulera om. Det viktiga här är att riterna utfördes i ett kommunikationsområde, om än kanske med olika tolkningar av respektive part. Exemplet illustrerar det första steget i modellen: upprättandet av sociala relationer.

Ekonomiska och juridiska faktorer

Genom det första skriva avtalet mellan Alfred och Guthrum, *the Treaty of Wedmore*, konstituerades gränsen mellan Wessex och Danelagen. Flera år senare, mellan 886 och 890, undertecknade både Alfred och Guthrum ett nytt avtal, *the Treaty of Alfred and Guthrum*. Det finns bevarat i två manuskript (version B och B2), varav det ena på fornengelska, i en lagsamling från sent 1000-tal.[34] I avtalet fastslogs att gränsen skulle gå längs Themsen och dess biflöden. Där fanns också en uppgörelse som innefattade juridiska ärenden och handelsfrågor som delvis var av rituell karaktär. Några exempel: om en man blev mördad, engelsman eller dan, fastställdes böterna till 8 halvmarker. Lagen gällde alltså lika för båda parter. Vidare fastslogs att om en av kungens tegnar var anklagad för mord måste han svära en ed inför 12 andra tegnar. Förmodligen skedde detta på någon typ av kommunikationsområde, som exempelvis ett ting.

I avtalet fastställdes även hur handeln skulle regleras. Även denna ekonomiska faktor hade rituell karaktär. Till exempel skulle en handelsman som var välkänd av båda sidor stå som en garant vid försäljning av slavar, hästar och oxar. Båda sidor skulle dessutom ingå en ed där man förband sig att inte låta slavar eller fria män gå över till den andra sidan för att handla med boskap och gods utan att lämna gisslan. Det är således ett exempel på hur riter som förekom på olika kommunikationsområden, som ting och handelsplatser, ingått i regleringen av landområden, även om betydelsen av de senare inte skall överbetonas eller förstås inom ramen för teoretiska perspektiv som inspirerats av förhållanden i den långt senare nationalstaten.

The Treaty of Alfred and Guthrum antyder att våld utövats över konfrontationsområdet, annars hade inte regleringarna behövts. Detta indikerar i sin tur att det som jag refererar till som det tredje steget i fredsprocessen, att fredsavtalet skulle vinna laga kraft och accepteras av båda sidor, som i det här fallet verkar ha varit en väldigt utdragen process.

Det hade gått ett decennium mellan the *Treaty of Wedmore* och the *Treaty of Alfred and Guthrum* och man byggde vidare på de erfarenheter som dragits under mellantiden. Själva utkomsten av fredsprocessen, de olika fredsavtalen, var därmed som helhet insatta i ett dynamiskt skede innan East Anglia slutligen inkorporerades i ett framväxande panengelskt samhälle.

Jag har här gett exempel på hur större områden, riken, kan analyseras med hjälp av den föreslagna modellen. Härnäst skall jag visa hur den också kan vara till hjälp när man analyserar fejder och personliga motsättningar.

Konflikter och konfliktlösningar i det tidiga isländska samhället

I följande avsnitt skall jag beskriva konflikter och konfliktlösningar i *Íslendingabók* (*Sturlubók*) och *Landnámabók*. Problemet med dessa texter som källor är väl känt: det är en diskrepans på 200–300 år mellan nedtecknandet och den period de beskriver, kolonisationen och kristnandet av Island. Jag skall inte här gå in på den omfattande debatt som förts om deras källvärde. Det kan räcka med att notera att de konflikter som beskrivs i *Íslendingabók* och *Landnámabók* kanske kan ha sin grund i kampen om resurser i landnamstidens Island.[35]

Konflikter

I det tidiga isländska samhället var konflikterna på familjenivå och individnivå. Där fanns inga härskare på samma nivå som exempelvis Ladejarlarna i Tröndelag. Godarna hade visserligen politiska och juridiska funktioner utöver de religiösa, men deras inflytande var kringskuret, och huvuddelen av deras maktsfär låg förmodligen i deras ägor vid attraktiva kustområden med bördig jord, skog, fiskevatten, hamnar och drivved. Det är därför ingen överraskning att landdispyter är orsaken till de flesta av de 126 konflikter som jag noterat i *Landnámabók* (*Sturlubók*) och *Íslendingabók* (fig. 4). Det fanns sålunda i det isländska samhället ett visst "uppifrån-ned"-perspektiv i traditionell bemärkelse mellan besuttna och jordlösa. Samtidigt skall detta inte överdrivas. Möjligheten att stämma en person till tinget fanns alltid och avsaknaden av en härskarmakt torde ha gjort maktkonstellationerna delvis annorlunda än i de skandinaviska samhällena.

En särskild våldsmekanism var blodsfejden, där hämnd följde på förorätt. Jag har här betraktat de blodsfejder som omedelbart eskalerade till hämnd som enskilda orsaker till konflikter. Givetvis kan blodshämnden också ha blivit ett resultat av andra konflikter. Det kan ha varit någon förorätt som legat och pyrt under ytan som blev den tändande gnistan. Andra orsaker kan ha varit förolämpningar, anklagelser om trolldom, arvstvister, stöld, sexuellt ofredande och mord. Jag har också angett enskilda stämningar till tinget som en av orsakerna till konflikter eftersom de kan ha orsakats av att en konflikt pågått i flera år.

Det som för mitt resonemang är det viktiga är att det mellan konflikterna funnits någon typ av samförstånd. Det bevisas av att alla konflikter inte blev blodsfejder. Orsaken till "samförståndet" kunde givetvis variera. Men jag vill ändå betona försöken till konsensus: att konflikt- och konsensusrelationer avlöser varandra inom konfrontationsområden.[36]

För de som var inblandade i konflikter (jämför fig. 4) fanns det olika möjligheter att nå överenskommelser. I de dråpsmål som anges i *Landnámabók* och *Íslendingabók* blev lösningen oftast landsförvisning (7 fall) om om det inte gällde två personer som dödat varandra (2 fall). En del forskare menar att förvisningen var liktydig med en dödsdom,[37] men så behöver inte alltid ha varit fallet. Island var stort och glesbefolkat. En förvisad person kunde

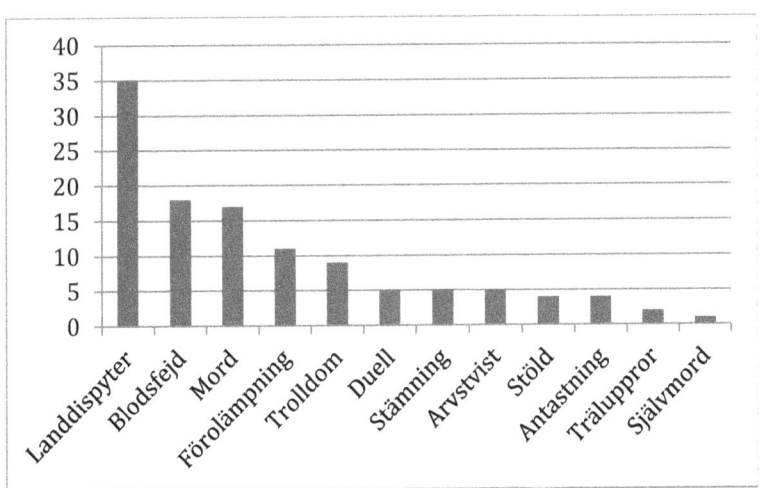

Figur 4. Orsaker till konflikter som beskrivs i *Landnámabók (Sturlubók)* och *Íslendingabók*, listade efter antal.

söka sig nytt land (kanske med understöd av den egna släkten). Att dela land (3 fall) eller att ge sitt gods som depositum, *handsal* (1 fall), var också en möjlighet. Ingiften (2 fall) var en annan. Eder som ringed (1 fall), eller ospecificerade (1 fall) konfliktlösningar, förefaller ha varit ovanliga. Gisslan (2 möjliga fall) var däremot sannolikt inte en del av påverkansmöjligheterna.[38] Resultatet av de olika (små)konflikterna på Island fick till sist samhälleliga konsekvenser. Alltinget innrättades år 930, som det beskrivs i *Íslendingabók*, och den senare (år 965) organiseringen av tingslag i fjärdingar (*fiórðungr*), något som innebar att den territoriella indelningen förstärktes. Detta är ingen ny information. Men jag vill återigen påpeka: de erfarenheter som drogs från konfrontationsområdena låg till grund för etablerandet av kommunikationsområdena.

Konfrontationsområden och kommunikativa platser

Det är svårt att bestämma hur man ska definiera konfrontationsområdena i de konflikter som beskrivs i *Íslendingabók* och *Landnámabók*. Konfrontationer kunde äga rum på höjder, i dalar som i Orrustudalen (*Orrustudalr*), 'kampdalen', eller i utmarker mellan gårdar där det kunde uppstå dispyter om betes- eller fiskerättigheter, och dessa utmarker blev då avgränsningar. Efter konflikterna kunde det följa nya perioder av samarbete.

Det finns i dessa sammanhang också exempel på hur kommunikationsområden, som ting och gårdar, kunde förvandlas och bli konfrontationsområden. Det förra kan ses i berättelsen i *Íslendingabók* om Hönsa-Þórir (*Hœnsa-Þórir*) och Tungu-Odd (*Tungu-Oddr*) som var i fejd med lagsagomannen Þórð Ólafsson Gellir (*Þórðr Ólafsson Gellir*) och som slogs på Alltinget (*Alþingi*) flera gånger.[39] Ett annat exempel är i *Landnámabók* (2: 35) när Eirik Þorvaldsson den röde (*Eiríkr Þorvaldsson hinn rauði*) bröt sig in hos Þorgest (*Þorgestr*) på dennes gård vid Breiðabólstað (*Breiðabólstaðr*), Suðurey (*Suðrey*), för att ta tillbaka sina högsätesstolpar (*setstokkr*), som han anförtrott Þorgest.[40] Huruvida Breiðabólstað hade funktionen av hov (fvn. *hof*),[41] framgår inte, men det var ändå ett allvarligt brott och jag antar att det var vissa rituella restriktioner knutna till platsen.[42] Eirik blev stämd till tinget för detta och det urartade till en blodsfejd mellan honom och Þorgest.

Fejden mellan Eirik och Þorgest är ett exempel på ett samarbete som inleds med ett förtroende, jämförbart med till exempel edsavläggelser. Rituella och juridiska aktiviteter sammanfaller i det här fallet med varandra. Sedan skedde något som kan uppfattas som ett brott från båda sidor, men där kombattanterna hade olika uppfattningar om vad förbrytelsen bestod i. Detta brott kan relateras till regleringar av konfrontationsområden. Eirik och Þorgest möttes sedan på Þórsnestinget (*Þórsnessþing*) som kan uppfattas som ett kommunikationsområde. Man kan gå ned på detaljnivå för att granska deras konfrontationer som ägde rum på olika kommunikationsområden, med olika typer av eftergifter och kompromisser. Jag delar upp händelserna, som utspelades ca 981–985, i sekvenser:

Eirik kommer till Suðurey och bor där ett år efter att han dömts fredlös i Haukadalen.
Eirik lämnar sina högsätestolpar hos Þorgest i Breiðabólstað när han letar efter land på Öxney.
När Eirik återvänder till Haukadalen (*Haukadalr*) och vill hämta sina stolpar får han dem inte.
Eirik beger sig till Breiðabólstað och tar tillbaka stolparna. Þorgestr förföljer Eirik och de kämpar ett kort stycke från gården vid Drangar. Þorgests två söner stupar jämte några andra män.
Både Eirik och Þorgest beger sig hem och håller sig stilla.
Vid Þórsnestinget företräds de båda antagonisterna av släktingar och vänner. Eirik döms fredlös.
Eirik far till Grönland och blir borta i tre år.
Eirik återvänder till Island och blir under vintern vid Hólmslát (*Hólmslátr*) hos Ingólf (*Ingólfr*).
På våren kämpar Eirik och Þorgest mot varandra men den här gången förlorar Eirik.
Eirik och Þorgest förlikas.
Eirik återvänder till Grönland med nybyggare.

Þorgest och Eirik kunde få hjälp av utomstående under fejden, sannolikt förbundna genom olika sociala faktorer (jämför modellen, fig. 2) som vänskapsband, både på tinget och i strid. Stilleståndet efter striden vid Drangar och tingsförhandlingarna kan tyda på att ingen av parterna var stark nog att övervinna den andra genom direkta våldshandlingar. De juridiska faktorerna kunde utnyttjas av antagonisterna, men blev också en möjlighet för omgivningen att bevara freden eller i varje fall isolera konflikten så att den inte spreds. Samtidigt fanns konflikten kvar när Eirik återvände till Island. Texten är därefter ytterst lakonisk och nämner inte om det var Eirik som utmanade Þorgest eller tvärtom, eller om det var fråga om ett direkt överfall utan förvarning. Intressant nog besegrade Þorgest Eirik, något som texten refererar till ytterst korthugget: *fekk Eiríkr þá ósigr*, 'då förlorade Eirik'. Flera personer var inblandade. Ingólf kämpade på Eiriks sida (*börðust þeir*). Om någon stupade framgår inte av texten, eller om Þorgest hade en övermakt och därigenom kunde övervinna Eirik och hans följe. Hur och var den senare förlikningen ägde rum framgår inte heller, eller huruvida ceremonier genomfördes, även om det är sannolikt. Att de blev förlikta (*sættir*) tyder emellertid på att resultatet var ultimat. Kanske fick Þorgest upprättelse för sönernas död och kunde ändå skona Eirik? Eller klarade den senare att retirera ut ur striden men fann för gott att avsluta fejden? Tryckte andra – utomstående – på för att få ett slut med en skicklig medlare i spetsen? Uppenbarligen fanns dessa möjligheter att reglera konflikten utan att någon av parterna måste underordnas den andra.[43] Konflikten fick en samhällelig konsekvens genom att den framtvingade en migration till Grönland, som senare blev ett viktigt område för export av arktiska produkter.[44] Eiriks upptäckt av Grönland bidrog sannolikt till att stärka hans ställning hos islänningarna efter att han gjort sig impopulär genom olika våldsdåd.

Ovanstående är exempel på hur antagonister hade möjlighet att påverka utgången av en fejd där juridiska, sociala och ekonomiska faktorer på olika sätt kan ha främjat en fredlig lösning.

Slutsats

Den modell som jag presenterat är utformad som ett analytiskt redskap för att undersöka det jag kallat konfrontationsområden under vikingatid och tidig medeltid, särskilt när perioder med konflikter och perioder med fred växlade med varandra. Riter var en del av regleringen av den här typen av områden, som i exemplet från konfrontationsområdet mellan Wessex och Danelagen, där bland annat avläggandet av eder fyllde en viktig funktion på flera nivåer. Den dynamiska utvecklingen visas av att erfarenheter från olika konfliktlösningar gemensamt bidrog till fredsprocessen. I studiet av de konflikter som beskrivs i *Landnámabók* och *Íslendingabók*, kan summan av erfarenheterna från olika konflikter och konfliktlösningar förklara uppkomsten av rituella restriktioner på familje- och individnivå.

Snarare än att leta efter hierarkier och andra vertikala mönster, kan enligt min uppfattning andra – horisontella – möjligheter att påverka fredsprocesser lyftas fram, vilket förhoppningsvis kan leda till att forskare ställer nya typer av frågor om påverkansformer när de analyserar konflikter.

Noter

1. Offerformeln *til árs ok friðar* kan antyda ett sådant förhållande. Substantivet *friðr*, av roten *frjá*, 'att älska', indikerar ett idealt, fredligt, tillstånd (Hellquist 1948: 237; Ström 1976: 450 ff.; Steinsland 2005: 279). För en forskningsöversikt om Frode-freden, se Simek 1993: 95.

2. de Vries 1961: 188; Fritzner (1886–96) 1954: 643, 487. I fornengelskan kan *grip* ha betecknat en mer lokalt begränsad form av fred i betydelsen 'stillestånd'. Det fornengelska *grip* betyder i anglo-nordiska relationer runt 1000-talet 'garanterad säkerhet' i Knut den stores lagar, men kan också betyda 'skydd i helgedom' (Shipley 1955: 316).

3. Borden 1982: 697.

4. *Grágás* ([red.] Vilhjálmur Finsen): 404.

5. Fritzner (1886–96) 1954: 487; Elmevik 2013: 42.

6. Althoff 2004; Kershaw 2011; Hermanson 2009; Jón Viðar Sigurðsson 1999.

7. Brink 1997: 39 ff.

8. Brink 1997: 393.

9. Exempelvis Sundqvist 2002; Nordberg 2003.

10. Kehne 1999.

11. Se *Grenser og grannelag i Nordens historie* (2005) för en diskussion om gränsdragning i historisk tid i förhållande till de nordiska nationalstaterna. Bland annat påpekar historikern Thomas Lindkvist (2005: 261) att en territoriell gräns kan vara något helt annat än en kulturell eller språklig gräns.

12. Se Lindkvist 1988 som diskuterar plundringsekonomier och tributrelationer. Lindkvist menar att "territoriella indelningar är ett resultat av statens, statssamhällets och klasshällets uppkomst" (Lindkvist 1988: 8 f.), men påpekar också att gränsdragningar kan ha haft föregångare utan direkt koppling till "statsbildningsprocessen" (Lindkvist 1988: 9).

13. Österberg 1989: 74 ff.

14. *The Oxford English Dictionary* 1989, vol. 3: 719.

15. Jag lutar mig här mot Stefan Brinks (1997: 403 f.) karakterisering av tingsplatser som multifunktionella.

16. Vissa grupper för med sig antingen kultobjekt eller vardagsföremål som vid speciella tillfällen eller spontant vid kristider får kultiska funktioner. Objekten kan sedan markera en särskild plats. Detta kan t.ex. ses hos nomadfolk som samerna där kåtan (saN. *goahti*) är mångfunktionell och traditionellt hade en kosmologisk funktion (se Rydving 2006), samtidigt som den är flyttbar. Inom islam kan bönemattan (arab. *sajjāda*) bokstavligen bli en kultplats (se Wensinck *et al.* 1995; Håkan Rydving muntligen). Man kan därmed tillskriva de platser som markeras rörliga eller mobila drag.

17. Elmevik 2013: 42.

18. Blomkvist 2002: 104 f.

19. Sundqvist 2012.

20. Se vidare Olof Sundqvist i denna publikation.

21. Se *Egils saga Skalla-Grímssonar* ([red.] Sigurður Nordal: kap. 56) som noga omtalar hur marken på domsplatsen vid det norska gulatinget var slät och hur hasselstänger (sg. *heslistǫng*) var nedstuckna i en ring. Runt stängerna var ett snöre fästat, fridsbandet (*vébǫnd*), som gick att ta bort med våld. Drottning Gunnhild (Gunnhildr) lät hugga ned fridsbanden och knäcka hasselstängerna (se vidare

Sundqvist i denna publikation). Att bandet skulle sättas upp anges även i den medeltida *Frostatingslova* ([övers.] Jan Ragnar Hagland & Jørn Sandnes, 1: 33), där 'årsmannen' (*armaðr*), enligt gammal rätt skall göra fridsband (*vebonnd*) på tingsvallen (*þingvǫllr*). En annan funktion för fridsbandet i samband med krigstider kan ses i den medeltida norska *Hirdskraa* (*Hirdloven* ([övers.] Steinar Imsen): kap. 33) som anger att krigsbytet delades upp inom ett område som avgränsades av *vébǫnd*et. Om den liknade seden att "hassla vallen", se Blomkvist i denna publikation. Jag har inte utrymme för en utförlig diskussion av det mobila draget i kult- och tingsplatser utan hänvisar till en kommande publikation.

22. Ett exempel på konfrontationsområde skulle kunna vara nuvarande Göteborgs södra skärgård där Brännö (fisl. *Brenneyja*) var mötesplats för härskare och stormän vart tredje år som det beskrivs i sagalitteraturen (jfr Brink 2012: 86 f.).

23. Blomkvist & Sundqvist 2006: 35 f.

24. Sverre Bagge beskriver det förtida statssamhället som decentraliserat och löst sammanhållet av en härskare och rivaliserande stormän i ett "nätverkssamhälle". Statssamhället dominerades av en kung med en underlydande aristokrati, jordräntor och en fixerad samhällshierarki (Bagge 1986: 81 f., 84, 92 f., 97 f.; jfr Blomkvist 2005: 265).

25. Brink 1997: 404 f.

26. Se exv. Darby & Mac Ginty 2003; Ethridge & Handelman 2010: 24 ff.; Shively 2014: 402 ff.

27. Lindkvist 1988: 32 ff.; Stylegar 1999: 116 f., 122 ff.

28. Delvis efter Michael Lundgreen 1999: 606 f.

29. Althoff 2004: 147.

30. Termen Danelagen (eng. *Danelaw*) uppträder för första gången i *The Doom Book* (*Code of Alfred*) från 1008 och förefaller konsekvent ha använts under 1000- och 1100-talen för att beskriva ett område som bestod av Yorkshire, Derbyshire, Leicestershire, Northamptonshire och Buckinghamshire (Hadley 2000: 2 f.).

31. *The Anglo-Saxon Chronicle* 5, MS C ([red.] O'Keeffe), år 878; *The Anglo-Saxon Chronicle* 6, MS D ([red.] Cubbin); år 879.

32. Asser, *The Medieval Life of King Alfred the Great* ([övers.] Smyth): kap. 56.

33. Se Olsson 2012: 69.

34. De två manuskripten (MS 383 och MS Quadripartitus) finns vid Corpus Christi College, Cambridge (Kershaw 2000: 44, 48).

35. Orri Vésteinsson 1998: 8 f.; Hayeur Smith 2004: 16 f.; Jón Viðar Sigurðsson 2008: 51.

36. Jfr Jón Viðar Sigurðsson (1999; 2008) som menar att konflikterna på Island var småskaliga och att det var ett fredligt samhälle i jämförelse med de skandinaviska länderna.

37. Givetvis var det ett kännbart straff att ställas utanför gemenskapen i ett samhälle där man var beroende av varandra för att klara tillvaron. I en sådan situation blev man dessutom utan juridiskt skydd (jfr Ström (1961) 1985: 73, 76; Brink 2012: 255).

38. Egentligen uppträder inte något som kan relateras till gisslan i *Landnámabók* (*Sturlubók*). I *Landnámabók* (jfr *Landnámabók*, Sturlubók (netútgáfan), 2: 53) anges att Þorbjörn bittre (*Þorbjörn bitra*) slår ihjäl Guðlaug (*Guðlaugr*) vid Guðlaugshöfði och tar hans dotter som fosterbarn (*fóstra*), men detta är inte egentligen en gisslansituation då ordet inte nämns. Däremot anges en sådan situation när Olav Tryggvason (*Óláfr Tryggvason*) tar gisslan för att utpressa islänningarna inför kristnandet (se Ari Þorgilsson den lärde [*hinn fróði*], *Íslendingabók* ([red.] Holtsmark): kap. 7). Gisslan som medel vid förhandlingar på konfrontationsområden dyker inte upp förrän i samtidssagan *Sturlunga saga* (jfr *Sturlunga Saga* ([red.] Gudbrand Vigfusson): kap. 43, 157, 161, 186). Jag hänvisar här till min kommande avhandling (Olsson 2016).

39. Ari Þorgilsson den lärde, *Íslendingabók* ([red.] Holtsmark): kap. 5.

40. *Hauksbóks* version av *Landnámabók* uppvisar inga avvikelser (se *Landnåmabok: etter Hauksbók* ([övers.] Hagland): kap. 77). Samma historia återfinns i *Eiríks saga rauða* (kap. 2) och *Grænlendinga saga* (kap. 1) utan några direkta avvikelser (se *Eiríks saga rauða* & *Grænlendinga saga* ([red.] Einar Ól. Sveinsson & Matthías Þórðarson)). Episoden med förlikningen nämns emellertid inte i *Grænlendinga saga*.

41. För en definition av hov, se Sundqvist 2007: 25 ff.

42. *Landnámabók* 2: 35. Restriktioner mot våld i ett hov kan exemplifieras med berättelsen i *Landnámabók* (3: 57) om hur norrmannen (*austmaður*) Hrafn bar svärd i Ingimunds hov vid Vatnsdalen (*Vatnsdalr*) och Ingimund (*Ingimundr*) tog det ifrån honom (se *Landnámabók*, Sturlubók (netútgáfan)).

43. Givetvis var inte alltid så fallet.

44. Exempelvis isbjörnsfällar, (levande) jaktfalkar, valrossbetar och narvalshorn.

Referenser

Källor

Alfred and Guthrum's Peace [sl. av 800-t.] (Fondham University: Internet Medieval Sourcebook). [Övers.] Albert Beebe White & Walice Notestein (1915). http://fordham.edu/halsall/source/guthrum.asp (tillgänglig 8.3.2013).

The Anglo-Saxon Chronicle: A Collaborative Edition. 5, MS C [mitten av 1000-t.]. [Red.] Katherine O'Brien O'Keeffe. Cambridge 2001: Brewer.

The Anglo-Saxon Chronicle: A Collaborative Edition. 6, MS D [mitten av 1000-t.]. [Red.] G. P. Cubbin. Cambridge 2001: Brewer.

[Ari Þorgilsson hinn fróði] [d. 1148], *Íslendingabók* (Nordisk filologi. Serie A, Tekster 5). [Red.] Anne Holtsmark. Oslo 1967: Dreyer.

[Asser, John] [d. 908/909], *The Medieval Life of King Alfred the Great*. [Övers.] Alfred P. Smyth. Basingstoke 2001: Palgrave.

Egils saga Skalla-Grímssonar [1220–30] (Íslenzk fornrit 2). [Red.] Sigurður Nordal. Reykjavík 1933: Hið íslenzka fornritafélag.

Eiríks saga rauða [sl. av 1200-t.]. *Eyrbyggja saga* [...] (Íslenzk fornrit 4), s. 193–237. [Red.] Einar Ól. Sveinsson & Matthías Þórðarson. Reykjavík 1935: Hið íslenzka fornritafélag.

Eyrbyggja saga [början av 1200-t.] (Eyrbyggja saga, Brands þáttr örva, Eiríks saga rauða, Grœnlendinga saga, Grœnlendinga þáttr) (Íslenzk fornrit 4), s. 1–184. [Red.] Einar Ól. Sveinsson & Matthías Þórðarson. Reykjavík 1935: Hið íslenzka fornritafélag.

Frostatingslova [1260]. [Övers.] Jan Ragnar Hagland & Jørn Sandnes. Oslo 1994: Samlaget.

Grágás [1117]. 1: 1, Konungsbók. [Red.] Vilhjálmur Finsen. Odense (1852) 1974: Odense universitetsforlag.

Grœnlendinga saga [1200-t.]. *Eyrbyggja saga* [...] (Íslenzk fornrit 4), s. 239–269. [Red.] Einar Ól. Sveinsson & Matthías Þórðarson. Reykjavík 1935: Hið íslenzka fornritafélag.

Hirdloven til Norges konge og hans håndgangne menn [1270-t.] (efter AM 322 fol). [Övers.] Steinar Imsen. Oslo 2000: Riksarkivet.

Íslendingabók, se: Ari Þorgilsson hinn fróði

Landnámabók [ca 1200], Sturlubók (Netútgáfan). http://www.snerpa.is/net/snorri/landnama.htm (tillgänglig 5.5.2014).

Landnåmabok: etter Hauksbók [början av 1300-t.]. [Övers.] Jan Ragnar Hagland. Hafrsfjord 2002: Erling Skjalgssonselskapet.

Sturlunga Saga, Including the Íslendinga Saga of Lawman Sturla Thordsson and Other Works [1100–1200-t.]. 1–2. [Red.] Gudbrand Vigfusson. Oxford 1878: Clarendon Press.

Sekundärlitteratur

Althoff, Gerd. 2004. *Family, Friends and Followers: Political and Social Bonds in Medieval Europe.* [Övers.] Christopher Carroll. New York: Cambridge University Press.

Bagge, Sverre. 1986. Borgerkrig og statsutvikling i Norge i middelalderen. *Historisk tidsskrift* 65, s. 145–197.

Blomkvist, Nils. 2005. *The Discovery of the Baltic: The Reception of a Catholic World-System in the European North (AD 1075–1225)* (The Northern World 15). Leiden: Brill.

Blomkvist, Torsten. 2002. *Från ritualiserad tradition till institutionaliserad religion: strategier för maktlegitimering på Gotland under järnålder och medeltid.* Uppsala: Uppsala universitet.

Blomkvist, Torsten & Olof Sundqvist. 2006. Religionsbegreppets tillämpning i handböcker om forskandinavisk och germansk religion. *Nya mål? Religionsdidaktik i en tid av förändring*

(Religionsvetenskapliga studier från Gävle 2), s. 20–37. Red. Birgit Lindgren Ödén & Peder Thalén. Uppsala: Swedish Science Press.

Borden, Arthur. R. 1982. *A Comprehensive Old-English Dictionary*. Washington, D.C.: University Press of America.

Brink, Stefan. 1997. Political and social structures in Early Scandinavia: 2, aspects of space and territoriality – the settlement district. *Tor: meddelanden från Uppsala universitets museum för nordiska fornsaker* 28, s. 389–437.

―――― 2012. *Vikingarnas slavar: den nordiska träldomen under yngre järnålder och äldsta medeltid*. Stockholm: Atlantis.

Cultures in Contact: Scandinavian Settlement in England in the Ninth and Tenth Centuries (Studies in the Early Middle Ages 2). [Red.] Dawn M. Hadley & Julian D. Richards. Turnhout 2000: Brepols.

Darby, John & Mac Ginty, Roger 2003. Conclusion: peace processes, present and future. *Contemporary Peacemaking: Conflict, Violence and Peace Processes*, s. 256–274. [Red.] John Darby and Roger Mac Ginty. New York: Palgrave Macmillan.

Elmevik, Lennart. 2013. Ortnamn jag stött och blött. *Ortnamnssällskapets i Uppsala årsskrift* 2013, s. 41–53.

Ethridge, Marcus E. & Howard Handelman. 2010. *Politics in a Changing World: A Comparative Introduction to Political Science*. Boston, MA: Wadsworth. (5 uppl.)

Fritzner, Johan. (1886–96) 1954. *Ordbog over det gamle norske sprog*. 1–3. Oslo: Tryggve Juul Møller Forlag. (2 uppl.)

Grenser og grannelag i Nordens historie. Red. Steinar Imsen. Oslo 2005: Cappelen.

Hadley, Dawn M. 2000. 'Hamlet and the princess of Denmark': lordship of the Danelaw, c. 860–954. *Cultures in Contact: Scandinavian Settlement in England in the Ninth and Tenth Centuries*, s. 107–132.

Hayeur Smith, Michèle. 2004. *Draupnir's Sweat and Mardöll's Tears: An Archaeology of Jewellery, Gender and Identity in Viking Age Iceland* (British Archaeological Reports. International Series 1276). Oxford: Hedges.

Hellquist, Elof. 1948. *Svensk etymologisk ordbok*. Lund: Gleerup. (3 uppl.)

Hermanson, Lars. 2009. *Bärande band: vänskap, kärlek och brödraskap i det medeltida Nordeuropa, ca 1000–1200*. Lund: Nordic Academic Press.

Jón Viðar Sigurðsson. 1999. *Chieftains and Power in the Icelandic Commonwealth* (The Viking Collection 12). [Övers.] Jean Lundskær-Nielsen. Odense: Odense University Press.

――― 2008. *Det norrøne samfunnet: vikingen, kongen, erkebiskopen og bonden*. Oslo: Pax.

Kehne, Peter. 1999. Grenze. 3, historisches. *Reallexikon der germanischen Altertumskunde* 13, s. 10–15. [Red.] Heinrich Beck & Dieter Geuenich & Heiko Steuer & Dieter Timpe. Berlin: de Gruyter.

Kershaw, Paul. 2000. The Alfred-Guthrum treaty: scripting accommodation and interaction in Viking-Age England. *Cultures in Contact: Scandinavian Settlement in England in the Ninth and Tenth Centuries*, s. 43–64.

――― 2011. *Peaceful Kings: Peace, Power and the Early Medieval Political Imagination*. New York: Oxford University Press.

Lindkvist, Thomas. 1988. *Plundring, skatter och den feodala statens framväxt: organisatoriska tendenser i Sverige under övergången från vikingatid till tidig medeltid* (Opuscula historica Upsaliensia 1). Uppsala: Uppsala universitet.

――― 2005. Västsverige som medeltida gränsregion. *Grenser og grannelag i Nordens historie*, s. 252–262.

Lundgreen, Michael. 1999. Friedensschluss. *Reallexikon der germanischen Altertumskunde* 9, s. 606–612. [Red.] Heinrich Beck & Herbert Jankuhn & Heiko Steuer & Dieter Timpe & Reinhard Wenskus. Berlin: de Gruyter.

Nordberg, Andreas. 2003. *Krigarna i Odins sal: dödsföreställningar och krigarkult i fornnordisk religion*. Stockholm: Stockholms universitet.

Olsson, Stefan. 2012. Gisslan i vikingtida och tidigmedeltida traditioner. *Chaos: skandinavisk tidsskrift for religionshistoriske studier* 58, s. 59–82.

——— 2016. Gísl: givande och tagande av gisslan som rituell handling i fredsprocesser under vikingatid och tidig medeltid. Opublicerad doktorsavhandling i religionsvetenskap, Universitetet i Bergen.

Orri Vésteinsson, 1998–2001. Pattern of settlement in Iceland: a study in prehistory. *Saga-Book* 25, s. 1–29.

The Oxford English Dictionary. 1–20. [Red.] John Andrew Simpson & Eva S. Weiner. Oxford: Clarendon Press. (2 uppl.)

Rydving, Håkan. 2006. Constructing religious pasts: summary reflections. *The Making of Christian Myths in the Periphery of Latin Christendom (c. 1000–1300)*, s. 315–321. [Red.] Lars Boje Mortensen. Copenhagen: Museum Tusculanum Press.

Shipley, Joseph T. 1955. *Dictionary of Early English*. New York: Philosophical Library.

Shively, W. Phillips. 2014. *Power & Choice: An Introduction to Political Science*. Boston: McGraw-Hill. (14 uppl.)

Simek, Rudolf. (1984) 1993. *Dictionary of Northern Mythology*. [Övers.] Angela Hall. Cambridge: Brewer.

Steinsland, Gro. 2005. *Norrøn religion: myter, riter, samfunn*. Oslo: Pax.

Ström, Folke. (1961) 1985. *Nordisk hedendom: tro och sed i förkristen tid*. Lund: Studentlitteratur.

——— 1976. År och fred. *Kulturhistorisk leksikon for nordisk middelalder* 20, sp. 450–452. Oslo: Gyldendal.

Stylegar, Frans-Arne. 1999. Rikssamling, statsoppkomst og ujevn utvikling: regional variasjon i tidlig middelalder. *Marxistiska perspektiv inom skandinavisk arkeologi*, s. 111–134. Red. Joakim Goldhahn & Pär Nordqvist. Umeå: Institutionen för arkeologi och samiska studier.

Sundqvist, Olof. 2002. *Freyr's Offspring: Rulers and Religion in Ancient Svea Society* (Acta Universitatis Upsaliensis. Historia religionum 21). Uppsala: Uppsala University Library.

——— 2007. *Kultledare i fornskandinavisk religion* (Occasional Papers in Archaeology 41). Uppsala: Institutionen för arkeologi och antik historia, Uppsala universitet.

―――― 2012. Var sejdhjällen (fvn. *seidhjallr, hjallr*) en permanent konstruktion vid kultplatser och i kultbyggnader? *Fornvännen* 107, s. 280–285.

de Vries, Jan. 1961. *Altnordisches etymologisches Wörterbuch*. Leiden: Brill.

Wensinck, Arent Jan [& Margaret Hall] & Alexander Knysh. 1995. Sadjdjāda. *The Encyclopaedia of Islam*. New Edition 8, s. 740–745. Ed. by C. E. Bosworth *et al.* Leiden: E. J. Brill.

Österberg, Eva. 1989. Bönder och centralmakt i det tidigmoderna Sverige: konflikt – kompromiss – politisk kultur. *Scandia* 55, s. 73–95.

Den sista striden och den framtida freden

Anders Hultgård

Uppsala universitet, Sverige

Inledning

Temat krig och fred i norröna traditioner låter sig även föras över till en eskatologisk kontext. Den stora slutstriden i Ragnarök och den förnyelse av världen som följer på undergången kan sägas bilda de två motpolerna krig och fred. Föreställningen om en sista konfrontation mellan goda och onda makter möter oss i flera religioner. I den skandinaviska ragnaröksmyten utgör den sista striden den dramatiska kulmen i det skeende som leder fram till världens undergång, men kampen mellan goda och onda makter tar i Norden en egenartad och märklig vändning. Tor, Oden och Frö, de stora gudarna som man har tillbett genom århundraden faller i kampen mot sina motståndare vilka å sin sida inte heller överlever. Det är främst en strid där gudar möter demoniska väsen med två monsterdjur och en förrädare i spetsen. Enhärjarna, krigarna från Valhall, hjälper gudarna, men det framgår inte klart om människor också kämpar på gudarnas sida.

Källmaterialet till föreställningarna om Ragnarök är egentligen ganska magert, särskilt i jämförelse med den breda eskatologiska tradition som vi möter i tidig judendom och kristendom samt i iransk religion.[1] *Vǫluspá*, några strofer i *Vafþrúðnismál* och i *Hyndluljóð* samt Snorres framställning i kapitlen 51 till 53 i *Gylfaginning* ger oss en uppfattning om den kosmiska eskatologi som åtminstone under senare delen av vikingatiden traderades i västnordiska miljöer. Därtill kommer anspelningar i andra edda-dikter; några få återfinns även i skaldedikter, främst *Eiríksmál*

Hur du refererar till det här kapitlet:
Hultgård, A. 2016. Den sista striden och den framtida freden. I: Rydving, H. and Olsson, S. (red.) *Krig och fred i vendel- och vikingatida traditioner*, s. 221–248. Stockholm: Stockholm University Press. DOI: http://dx.doi.org/10.16993/bah.j. License: CC-BY 4.0

och *Hákonarmál*. Att skildringen av Bråvallaslaget hos Saxo och i *Sǫgubrot* skulle återgå på en eskatologisk myt är föga troligt.[2] Jag försöker se texterna om Ragnarök, särskilt *Vǫluspá*, som nedslag av en muntligt baserad tradition som hållits levande i varje fall fram till 1200-talet.[3] Därefter tycks den ha stelnat och blivit blott en litterär tradition med antikvariska förtecken; ett exempel på det är den så kallade Eptirmáli II i handskrifterna till *Skáldskaparmál* (dock inte Codex Upsaliensis), där det sägs: "Men det som de [asarna] gör till långa berättelser om Ragnarök, det handlar egentligen om det Trojanska kriget".

Mitt synsätt på föreställningarna om Ragnarök som uttryck för en mångfacetterad muntlig tradition innebär att mytens varianter inte spelas ut mot varandra utan ses som likvärdiga delar av en levande tradition.[4] Jag behandlar även de tre text-strängarna till *Vǫluspá* som självständiga varianter och jag lägger inte ner arbete på att vaska fram en ursprunglig skriftlig version.[5] Det är annars regel i de textutgåvor och översättningar som presenteras av *Vǫluspá*.[6] Inte heller vill jag tala om interpolationer i texten som man till exempel gör med strof 65 i *Hauksbóks* version.

För att kunna ringa in den skandinaviska ragnaröksmytens särprägel och bedöma frågan om dess ursprung måste vi sätta in den i ett större sammanhang. Det första är den medeltida västnordiska kultur som faktiskt såg till att bevara ragnaröksmyten till eftervärlden. En jämförelse med kristendomens universella eskatologi, särskilt i de former den nådde Skandinavien under vikingatid och medeltid, är därför en nödvändighet. Runinskrifter och tidiga folkspråkliga texter utgör härvidlag de viktigaste källorna. I ett bredare perspektiv framträder jämförelsen med den iranska religionen som särskilt intressant eftersom den har en lång tradition av föreställningar kring världens slut och förnyelse.[7] Den tillhör dessutom samma typ av etnisk gemenskapsreligion som den skandinaviska. Spår av en kosmisk eskatologi är synliga också i keltisk religion liksom i den hellenistisk-romerska världens olika traditioner.

Sammandrabbningen

Det väldiga uppbådet av fientliga makter som texterna beskriver pekar fram mot en lika väldig slutstrid, och allt tal om "gudarnas öde", *ragna røk*,[8] som ju betyder deras sista kamp och undergång, skapar en förväntan om en nästan episk framställning av detta avgörande moment. Märkligt nog är skildringen av den sista striden ganska fattig på utmålande detaljer i de till oss bevarade delarna. Traditionen är samstämmig om att Oden kämpar mot Fenrisulven och Tor mot Midgårdsormen. Dessa fyra framstår som huvudaktörerna och deras sammandrabbning blir omnämnd i de flesta källor.[9] Störst roll spelar mötet mellan Oden och Fenrisulven liksom det hjältedåd som Vidar utför när han dödar ulven.[10] De formuleringar traditionen använder visar att man tänker sig Oden som den som tar initiativet i striden: *ferr við úlf at vega*, 'han går fram (eller: "rider fram") för att kämpa mot ulven' (*Vǫluspá* 53), och *stefnir hann móti Fenrisúlf*, 'han styr (hästen) mot ulven' (*Gylfaginning* 51: 5). Själva kampen beskrivs inte närmare, bara att Oden dör.

Att guden faller uttrycks i *Vǫluspá* på så sätt att hans död speglas genom gudinnan Frigg, Odens gemål. Först vänds uppmärksamheten mot hennes sorg: "då blir för Hlin en andra sorg verklighet" och sedan omnämns Oden med en poetisk omskrivning, som även den röjer hennes känsla för guden (strof 53): "Då skall Friggs glädje (*Friggjar angan*) falla". Andra delar av traditionen låter oss dock veta att Oden dör genom att Ulven slukar honom:

úlfr gleypa mun Aldafǫðr,
Ulven skall sluka Människors Fader (*Vafþrúðnismál* 53)
ok svelgr hann allan Sigfǫður,
och han [Ulven] sväljer Stridsfader hel och hållen (*Lokasenna* 58)
úlfrinn gleypir Óðin, verðr þat hans bani
Ulven slukar Oden, och det blir hans död (*Gylfaginning* 51: 6)
(Min övers.)

Guden Vidar figurerar i källorna mest för sitt hjältedåd i Ragnarök. Det Snorre har att säga om honom i sina gudaporträtt inskränker sig till några få utsagor (*Gylfaginning*, kap. 29). Han kallas "den tystlåtne asaguden" (*hinn þǫgli áss*) och gudarna har mycket hjälp av honom i alla trångmål. Utsagan att han bär en tjock sko (*hann hefir skó þykkan*) pekar fram mot hans roll i världsdramat. Den omtalas i tre edda-dikter, nämligen *Grímnismál* strof 17, *Vafþrúðnismál* strof 53 och *Vǫluspá* strof 55 (se ovan s. 203) och utförligare i Snorres Edda,

Gylfaginning kap. 51: 6. *Grímnismál* skildrar de olika gudarnas boningar och vad de där sysslar med (stroferna 4 till 17). Vidar bor i sitt land, Vidi, som är beväxt med buskar och högt gräs och där rider den djärve guden omkring och inväntar stunden då han ska hämnas sin fader Oden. Hur hämnden går till omtalas i andra källor. När Oden har fallit, går Vidar fram för att kämpa mot Fenrisulven och lyckas också döda odjuret. Det sätt på vilket guden övervinner Ulven skiljer sig mellan de olika traditionsgrenarna. Enligt *Vǫluspá* sticker han sitt svärd djupt i Fenrisulvens hjärta, medan *Vafþrúðnismál* säger att han klyver ulvens käftar. På den senare linjen går även Snorres Edda som låter Vidar stiga med ena foten på ulvens nedre käke. På den foten har han sin skyddande sko. Med ena handen griper han tag i ulvens övre käke och sliter isär hans gap. Här använder sig Vidar tydligen inte av något vapen såsom han gör i *Vǫluspá* och av ordvalet att döma också i *Vafþrúðnismál* där verbet *klyfja* snarast antyder bruket av ett svärd.

Omnämnandena av Tors kamp mot Midgårdsormen skiljer sig något åt, såväl i den poetiska traditionen som i de två versionerna av Snorres Edda. Klart är att guden dräper Midgårdsormen men själv dör av det etter ormen sprutar mot honom. De nio steg Tor tar innan han faller utgör en karakteristisk detalj i skildringen av den väldiga tvekampen och finns med i alla textvarianterna. Egendomligt nog är det gudens kamp och död som de bevarade delarna av myten uppehåller sig vid, medan hans motståndares öde bara flyktigt omtalas i två av traditionssträngarna. Uppsala-eddan nämner helt kort att Tor dödar Midgårdsormen, *Þórr drepr Miðgarðsorminn*, och *Vǫluspá* (S) betonar bara gudens rasande kampsinne: *er af móði drepr Miðgarðs véurr*, men här måste vi underförstå att objektet är Midgårdsormen. Att traditionen på denna punkt varit fylligare ger *Vǫluspá* (H) en vink om som ensam av de poetiska varianterna antyder den skräckinjagande ormens framryckning:

> *ginn lopt yfir lindi jarðar, gapa yggs kiaptar orms*
> Jordens band [= Midgårdsormen] gapar upp i luften,
>   den skrämmande ormens käkar öppnar sig (strof 56a)[11]
>   (Min övers.)

Lokasenna strof 58, liksom *Gylfaginning* 51: 6 (R^s W T), antyder att Tor även tänker strida mot Fenrisulven, men av olika skäl inte lyckas förverkliga sin avsikt.

Guden Frö och hans strid mot Surt intar en mer undanskymd plats, i varje fall i de poetiska texterna.[12] I Vǫluspá sägs endast att Frö ska kämpa mot Surt och formuleringen är densamma i alla tre varianterna (R, H, och S): en bani Belia at Surti (med underförstått vega, 'kämpa', från strofens första del). Lokasenna känner till litet mer. Guden lämnade bort sitt svärd i utbyte mot Gymes dotter och vet inte hur han ska strida när undergången nalkas:

> Med guld lät du köpa Gymes dotter,
> och du lämnade (seldir) så bort ditt svärd,
> men när Muspells söner rider över Mörkskogen,
> vet du då, olycklige, hur du skall kämpa? (strof 42)
> (Min övers.)

Skírnismál omtalar att svärdet har den egenskapen att det svingar sig självt i strid mot jättarnas släkte (strof 8–9). Snorre har knappast något nytt att meddela. Frö faller efter en hård kamp eftersom han saknar sitt goda svärd som han gav till Skirne (Gylfaginning 51). Vi får inte veta vad som hände med svärdet sedan Skirne fick det i sin hand och inte heller vad han skulle använda det till. Det ligger nära till hands att anta att han skulle utnyttja det som ett hot inför jätten Gyme. Man kunde vidare vänta sig att han skulle lämna tillbaka svärdet till Frö efter uträttat uppdrag, men därom tiger källorna. Det kan bero på att den till oss bevarade myten är ofullständig. Gudens motståndare, eldsjätten Surt, överlever åtminstone i detta skede och hans död nämns inte explicit. Den får man väl förutsätta sker i den allmänna världsundergången. Vad gäller enviget mellan Tyr och Garm befinner vi oss på mer osäker mark men det vore fel att utesluta den möjligheten att Snorre hämtat motivet från tidigare tradition.[13]

De poetiska texterna omtalar bara de tre huvudgudarnas kamp och undergång och Vidars hjältedåd, medan Snorre för in ytterligare två envig, det ena mellan Heimdall och Loke och det andra mellan Tyr och Garm. Det är tveksamt i vilken mån Snorres uppgifter här bygger på äldre tradition.[14] Föreställningen att Heimdall möter Loke i den sista striden behöver inte vara ett drag tillagt av Snorre. Dessa två gudomar har kämpat mot varandra förr, som framgår av en strof hos Ulf Uggason (Húsdrápa 2) och striden gällde då vad diktaren kallar hafnýra fǫgru, 'den fagra havsnjuren', av Snorre tolkat som gudinnan Fröjas halssmycke,

Brísingamen.[15] Kanske tänkte man sig att denna strid utspelades i en mytisk urtid och att den skulle äga rum igen på ett mer slutgiltigt sätt i den yttersta tiden.

Den kristna kontexten

Som jag påpekade i inledningen har traditionen om Ragnarök nått oss genom förmedling av den medeltida kristna kulturen på Island och i Norge. Kristendomens eskatologiska föreställningar innefattar också en framtida konfrontation mellan onda och goda makter som kan ha färgat framställningen av den sista striden i Ragnarök. Det är *Uppenbarelsebokens* skildring som främst har kommit att forma den kristna bilden. Kampen sker på flera plan, i olika omgångar och med olika parter. Det uppstår först en strid (πόλεμος; Vulgata: *proelium*) i själva himlen mellan Mikael och hans änglar å ena sidan och draken, som kallas Djävul och Satan, och hans änglar, å den andra sidan (*Upp.* 12: 7–9). Draken förmår inte hålla stånd, och det finns inte heller någon plats för honom i himlen och därför kastas han och hans änglar ned på jorden. Ett annat avsnitt av *Uppenbarelseboken* antyder till en strid på Guds stora domedag. De orena andar som släpps ut ur drakens, odjurets och den falske profetens mun samlar kungarna i hela världen till "den plats som på hebreiska heter Harmagedon" (*Upp.* 16: 13–16).[16] Huruvida kungarna skall kämpa mot varandra eller tillsammans mot Kristus och de rättfärdiga får vi inte veta. Tydligen har *Uppenbarelsebokens* författare inte funnit något större intresse av att mer utförligt skildra en sammandrabbning vid Harmagedon utan nöjt sig med en antydan.

I en andra omgång stiger en ängel ned från himlen, binder Satan och kastar honom i avgrunden, där han ska hållas bunden i tusen år (*Upp.* 20: 1–3). Sedan skall han dock släppas lös om än för en kort tid. Formuleringen antyder att hans frisläppande är förutbestämt (δεῖ λυθῆναι αὐτόν; Vulgata: *oportet illum solvi*). När Satan så kommer loss, samlar han ihop Gog och Magogs otaliga skaror till krig. De stiger ut på jordens vida yta och omringar de goda människornas befästa läger (τὴν παρεμβολὴν τῶν ἁγίων, Vulgata: *castra sanctorum*) och "den älskade staden", Jerusalem, men då faller eld från himlen och bränner upp fienderna. Djävulen som förledde människorna kastas ned i sjön av eld och svavel tillsammans med vilddjuret och den falske profeten. Där ska de plågas dag och natt i eviga tider (*Upp*. 20: 7–10). Det fientliga mötet står mellan två grupper av mänskliga aktörer om än med gudomliga och demoniska ledare i bakgrunden men det kommer inte till någon egentlig strid. De passiva verbformerna "kastades" och "skall plågas" antyder att det är Gud eller Kristus som bestämmer straffdomen. De enda egentliga strider som nämns är den mellan Mikael och Draken-Djävulen vilken utspelar sig i himlen, och den som antyds skall ske vid Harmagedon.

En annan tidig eskatologisk text, 2 *Thessalonikerbrevet*, kap. 2: 1–12, tänkte sig att innan Jesus kommer tillbaka så måste ett stort avfall ske och en gestalt kallad "den Laglöse" (ὁ ἄνομος; Vulgata: *ille iniquus*) uppenbara sig.[17] Denne är utsänd av Satan själv och ställer sig förmätet upp mot allt som är gudomligt och heligt, men vid sin återkomst skall Jesus döda honom. Denna text har bidragit till bilden av Antikrist, en gestalt som växer fram först under det andra århundradet då de spridda traditionstrådarna vävs samman till en legend i kyrkofadern Hippolytos framställning.[18]

I den fornvästnordiska religiösa litteraturen har *Uppenbarelsebokens* omtalande av Satans utkastande från himlen och hans slutliga besegrande lämnat få avtryck, liksom skildringen av "den Laglöse" i 2 *Thessalonikerbrevet*.[19] Någon hänvisning till kungarnas strid vid Harmagedon finns mig veterligt inte heller. Däremot har föreställningarna om Antikristgestalten och övervinnandet av honom fått betydligt större uppmärksamhet.[20] Hans besegrande utgör en del av slutkampen mellan gott och ont. Efter att ha tillskansat sig herravälde över världen, befaller han att han skall dyrkas som Gud.[21] Henok och Elias blir då utsända att träda upp mot Antikrist, men kommer att bli dräpta av honom. Det framgår inte att detta sker genom en strid. Troligtvis uppfattade man det så, att de båda profeterna lät sig dödas utan väpnat motstånd. Den *Isländska Homilieboken* (IHB) omtalar att Elias ska komma tillbaka vid världens slut (*í niðlagi þessar veraldar*) för att träda upp emot Antikrist men han kommer att dö av den tortyr Antikrist utsätter honom för (*IHB* 47, v. 21–23). Antikrist skall slå upp sitt läger på Oljeberget i Jerusalem för att bekämpa de rättfärdiga, men där finner han en bråd död genom att bli dräpt av Guds muns andedräkt (*með anda muns Guðs*).[22] Samma

föreställning ligger bakom den *Isländska Homiliebokens* utsaga att Gud ska slå (*lýstr*) Antikrist med blixten (*með eldingu*) så att han får en bråd död (*ok verðr hann bráðdauðr*; *IHB* 71, r. 34–35).
En annan tradition som också den tidigt spreds i Skandinavien säger däremot att det är ärkeängeln Mikael som vid världens slut ska kämpa mot Antikrist och dräpa denne:

en af því er svá á bókum sagt at í enda heims þessa skyli Mikael berjask á mót ok í gegn Antikristi ok drepa hann; því at þat er makligt at sá er í ofmetnaði vildi magnask í gogn Guði, verði af þeim engli drepinn er þat sýnir í nafni sínu at engi er slíkr sem Guð[23]

och därför är det sagt så i böckerna att vid denna världens slut skall Mikael kämpa mot Antikrist och dräpa honom, ty det är passande att han, som i övermod ville göra sig stor gentemot Gud, blir dräpt av just den ängel som med sitt namn visar att ingen är såsom Gud.

(*GNH* 137: 4–8; min övers.)

I den fornhögtyska dikten *Muspilli* från 800-talet antar konfrontationen mellan Elias och Antikrist nästan kosmiska drag. Det ska ske en väldig kamp (fht. *wīg*) dem emellan. De stridandes makt och sakens viktighet betonas och i bakgrunden står ännu starkare krafter:

kempfun sint sō kreftīg, diu kōsa ist sō mihhil,
Elias strītit bi den ēwīgon līb
wili den rehtgernōn daz rīhhi gistarkan
bidiu skal imo helfan der himiles giwaltit;
der antichristo stēt bi demo altfiante,
stēt bi demo Satanase, der inan farsenkan skal[24]

Kämparna är så väldiga, saken är så stor,
Elias strider för det eviga livets skull,
han vill att riket skall bli starkt för de rättfärdiga,
därför kommer Han som råder över himlen att hjälpa honom.
Antikrist står vid den gamle Fiendens sida,
han står vid Satans sida som skall förgöra honom (Antikrist).[25]

(*Muspilli* 40–45; min övers.)

Antikrist kommer därför att besegras (*sigilōs werdan*) och sårad falla ned på kampplatsen (*in deru wīgsteti wunt bifallan*). Men inte heller Elias går oskadd ur striden. Det sägs att han blir sårad (*arwartit*) och att hans blod droppar ned på jorden. Den kosmiska aspekten på denna tvekamp blir tydlig också här genom att det är denna händelse som sätter i gång världsbranden (*Muspilli* 45–51). Skildringen i *Muspilli* av striden mellan Elias och Antikrist har en karaktär som inte helt kan förklaras utifrån en kristen bakgrund.[26] Det är framför allt det påtagliga krigiska draget och att konfrontationen utformas som en väldig tvekamp på ett kosmiskt plan som faller i ögonen. Detta återspeglar säkerligen ett germanskt inflytande. Av allt att döma riktade sig dikten till krigaradeln i 800-talets Bayern, och till kretsar som stod kung Ludvig nära.[27]

Allmänt sett ägnar dock den universella kristna eskatologin såsom vi kan följa den in i medeltiden föga uppmärksamhet åt en strid mellan goda och onda makter. I stället för kampscener är det föreställningen om en dom med dess juridiska aspekter som behärskar skildringarna av världens slut. De folkspråkliga texterna, både de fornengelska och de fornvästnordiska, visar detta med full tydlighet. Man ska samlas till rannsakning och dom, inte till strid. En predikan i *Gamal Norsk Homiliebok* (*GNH*) frammanar de tre härskaror (*fylki*) som ska komma samman på domedagen (*GNH* 168: 22–25): allt det heliga himmelska folket under ledning av vår herre (*allr inn helgi himneskr várs dróttins lýðr*), vidare alla människor (*alt mannkyn*) och som den tredje skaran, "alla djävlar från helvetet" (*allir djǫflar ór helvíti*).[28] Texten ger dock ingen antydan om att detta möte skulle mynna ut i en krigisk sammandrabbning.

Även Satan och hans anhang får sitt straff i den Yttersta domen men knappast genom att besegras i strid. *Elucidarius* (s. 136; III: 74)[29] säger kort att

> när domen är avslutad (*at loknum dómi*) skall djävulen störtas ned i ett fängelse av eld och svavel (*steypisk í dyflissa elds ok brennusteins*).
>
> (Min övers.)

Jämförelsen mellan den fornskandinaviska ragnaröksmyten och den kristna eskatologin visar på klara skillnader. De skandinaviska gudarna för med sig sina speciella vapen i slutstriden. Frö har ju lämnat bort sitt excellenta svärd men Oden rider fram mot fiendehären med sitt spjut *Gungnir* och Tor bär sin hammare *Mjǫllnir*.

I kristen tradition sägs det oftast bara att Gud, Kristus / Jesus eller Mikael övervinner eller förintar sina motståndare utan att man anger hur detta går till. I de fall man gör det, är det andra medel än vapen som kommer till användning. Munnens andedräkt, blixten, en bländande glans som förintar eller en kvalfull avrättning.[30] Den kristna eskatologin känner visserligen enskilda konfrontationer såsom striden i himlen mellan ärkeängeln Mikael och draken, och Mikaels kamp mot Antikrist. Kristi nedstigande i dödsriket och övervinnande av Satan och hans demoner sker inte genom en kamphandling och är inte heller förlagt till den yttersta tiden.[31] Kristen tradition målar inte upp någon stor sammandrabbning. En sådan finner man däremot i iransk religion och den visar tydliga beröringspunkter med fornskandinavisk tradition.

Den iranska traditionen och motivet med tvekampen

En föreställning som på ett särskilt sätt binder samman ragnaröksmyten och den iranska kosmiska eskatologin är att slutstriden sker i form av en tvekamp mellan de främsta gudarna och deras demoniska motståndare. Detta drag är fast förankrat i den iranska traditionen och det tidigaste belägget finner vi en avestisk kulthymn, *Yašt* 19, tillägnad *xvarənah-*, 'lyckoglansen'. Dess komposition kan dateras till senast 500-talet före vår tideräkning.[32]

Den slutlige befriaren, *saošyant*'en, Astvat-Arta, skall uppenbara sig från Kansaoya-sjön och bära med sig sitt vapen som av allt att döma är en stridsyxa, fornir. *vazra-*.[33] Det är en tydlig motsvarighet till guden Tors Mjǫllnir liksom till Indras 'åskvigg', *vájra-* (etymologiskt besläktat med *vazra-*), och man ger detta vapen också samma status och uppmärksamhet. Det har burits av andra heroiska gestalter i Irans mytiska historia såsom kavi Haosravah och kavi Vištāspa och bringat dem seger. Med detta vapen skall Astvat-Arta skaffa bort ondskan, *druj-*, ur världen, när han besegrar den Onde Anden, *aŋramainyu-*, som vanmäktig viker tillbaka. De gudomliga väsen som omger den högste guden övervinner var och en sin motståndare. Vohu Manah ('den Goda Tanken') besegrar Aka Manah ('den Onda Tanken'), det rätta Ordet besegrar det förvrängda Ordet, Haurvatat besegrar Hungerdemonen och Amərətat Törstens demon. De nämnda väsendena utgör egentligen personifierade abstraktioner men fungerar såsom verkliga gudomar och demoner. I den efterföljande traditionen dyker motivet med en sista tvekamp mellan gudomar och demoner upp flera gånger, och inte endast i *Bundahišn* som man vanligtvis citerar.[34] En liknande framställning av den sista sammandrabbningen ger pahlavi-texten *Zādsprams samling* (*Wizīdagīhā ī Zādspram*), där ytterligare gudomliga väsen och motståndare uppträder vid sidan av de redan kända. Dock utelämnar man här kampen mellan Ohrmazd och Ahreman (den återfinns på annat ställe i texten):[35]

> Var och en av de lysande gudaväsendena (*rōšnān*) skall slå (*zanēd*) sin egen motståndare. Så skall Vahuman (slå) Akoman, Ardvahišt Indar, Šahrevar Savur, Spandarmad Nanghaiti, Hordad och Amurdad (skall slå) Tauriz och Zairiz, Boskapens Ande (*Gōšurwan*) skall slå Ulvdemonen (*Druz ī gurg-tōhmag*), Kraftens ande (skall slå) Kraftlösheten som (uppkommer) ur åldrande.
> (*Wizīdagīhā ī Zādspram* 35: 37; min övers.)

Andra varianter av myten om den stora slutstriden, där även tvekampsmotivet skymtar, finner man på flera ställen i den iranska traditionen. Ett gott exempel ger den medelpersiska apokalypsen *Zand ī Wahman Yasn* redigerad på 800-talet, men byggd på långt äldre material:[36]

> Pišyotan, Vištaspa-sonen, går fram mot det stora avgudatemplet (*uzdēszār ī wuzurg*), nästet för den Onde Anden och för Khešm med blodig klubba; alla demoner och lögnvarelser av ond härkomst skall hamna i det djupa mörkret, i helvetet. De (Pišyotan och hans följeslagare) förstör detta avgudatempel genom den strålande Pišyotans strid (*ham-kōxšišnīh*). Och jag, skaparen Ohrmazd, skall komma tillsammans med de Heliga Odödliga (*Amahraspandān*) till berget Hukairyat och jag skall befalla de Heliga Odödliga: "träd fram och gå den strålande Pišyotan till hjälp". Mihr med vida betesland, den snabbe Sroš, den sannfärdige Rašn, och Aštad, hon den segerrika, och de Mazda-troendes Lyckoglans (*Xwarrah*), (som är) den starke återupprättaren av ordningen i världen, vi alla skall på min, Skaparens, maning komma till den strålande Pišyotans värn och hjälp. De skall slå ned demonerna, mörkrets avkomma.
> (*Zand ī Wahman Yasn* VII: 26–30; min övers.)

För att beteckna själva kampen används gärna ordet *kōxšišnīh* eller *ham-kōxšišnīh* vilket anger en strid man mot man. Den iranska traditionen omtalar även andra aspekter av den sista striden. När tre månader återstår till de dödas uppståndelse kommer "den stora striden" (*ān wuzurg ardīg*) att äga rum mellan gudarna och de onda makterna. Början av denna sista (*abdom*) strid blir uppenbar genom att människorna ser konturerna av en gudom (*mēnōg*) ridande på en lågande häst avteckna sig mot den mörka natthimlen. De blir då förvissade (*abēgumān bawēnd*) om att segern över ondskan är nära. Det sägs även att denna sista strid mellan de livgivande och förgörande makterna kommer att likna den som ägde rum då skapelsen tog form (*Wizīdagīhā ī Zādspram* 34: 52–54).

Ragnaröksmytens sociala förankring

Det var säkerligen flera olika miljöer som bar upp traditionen om Ragnarök. Här skall jag endast lyfta fram en grupp för vilka myten om den stora slutstriden tycks ha spelat en viktig roll. Att kämpa på gudarnas sida i Ragnarök måste ha varit en tilltalande tanke för den skandinaviska aristokratin. Dikterna *Eiríksmál* och *Hákonarmál* från 900-talet vittnar om den ära som följde med ankomsten till Valhall och att bli välkomnad av Oden. Man kom också med i enhärjarnas skara och skulle en gång få delta i den sista striden mot gudars och människors fiender.[37] Att denna tro varit stark kan man sluta sig till genom att de båda dikterna så tydligt betonar ett "hedniskt" tema trots att de båda kungar som hyllas, Erik blodyx och Håkon den gode, hade antagit kristendomen.[38]

En liknande föreställning om att delta i en sista ärofull strid fanns kanske bland elitära grupper hos kelterna på Irland. En av de tidigaste texterna om Patriks missionsverksamhet, Tiréchans notiser från 600-talet (kap. 12), har ett förbisett ställe som kan vara relevant i vårt sammanhang. När Patrik anländer till Tara möter han kung Loíguire som vägrar att anta den kristna tron och hänvisar till sin far Níalls önskan att bli begraven på höjderna i Tara och att kungen och hans män också vill bli det på samma sätt. De skall nämligen ligga ansikte mot ansikte med sina vapen beredda för den dag druiderna kallar *erdath* och som biskop Tiréchan förklarar motsvara den kristna domedagen, *apud magos, id est iudicii diem Domini*, 'hos druiderna betyder detta Herrens domedag'.[39] Det är rimligt att tolka denna utsaga som en antydan till att de som begravdes på detta sätt skulle invänta en sista strid mellan goda och onda makter.

Undergång och seger

Det mest uppseendeväckande med ragnaröksmyten är som jag antydde i början att de stora gudarna faller i slutstriden. Men innebär detta ett nederlag och att ondskans makter triumferar? Så är långtifrån fallet och man kan med starka skäl i stället tala om en seger för den goda sidan.[40] De mest fruktade fienderna, Fenrisulven, Midgårdsormen, Loke och hans skaror av jättar blir alla dödade. Flera av gudarna överlever uppenbarligen både striden och den allmänna undergången såsom Snorre påpekar:

> Vidar och Vale lever, ty havet och Surtsbranden har inte skadat dem, och de bor på Idavallen, där förr Asgård stod.
> (*Gylfaginning*, kap. 53; min övers.)

Vidar är också den som har övervunnit Ulven. Även andra gudar som överlevt världsbranden dyker upp i den nya världen. De goda makterna har inte förlorat. Ser man saken så, blir skillnaden på denna punkt mot iransk, och för den del kristen eskatologi, inte så avgörande.

Den nya världen

Efter den sista striden följer i skandinavisk mytologi den stora världsbranden och undergången som innebär att den gamla jorden förbränd sjunker ned i havet. Den föds dock igen i ny gestalt och världen blir förnyad. Skildringen av detta skeende är i jämförelse med uppmarschen till slutstriden och själva drabbningen mer kortfattad.[41]

Vilka drag i förnyelsen av världen är det som den skandinaviska traditionen särskilt lyfter fram? De främsta gudarna har försvunnit i Ragnarök, vilka egendomligt nog var de som i verkligheten var de rituellt mest dyrkade, men andra träder i deras ställe. Balder och Höder skall återvända från dödsriket och beträffande Oden och

Tor är det andra generationens gudar som nu tar plats. Vidar och Vale, Odens söner, skall bo på gudarnas heliga platser och Mode och Magne, Tors söner, skall äga Mjöllner.[42] Man kan fråga sig varför Tors fruktade vapen skall föras över in i den nya världen, där de fientliga makter guden bekämpade inte längre finns. Mjöllner måste ha en annan funktion och det förefaller som om den skall bevaras som en viktig symbol men nu inte längre för strid. Mycket talar för att hammaren också kunde användas till annat än att vara ett vapen. Þrymskviða antyder att den svingades i bröllopsritual, och de många vikingatida amuletter i form av Torshammare, bilder av hammare på runstenar, liksom Kvinneby-amulettens inskrift, pekar på den betydelse detta föremål hade som en mäktig skyddssymbol.[43] Formeln Þōrr vīgi, 'Tor vige', som återfinns på några runstenar i Danmark och Sverige, har säkerligen också uttalats i den verkliga kulten.[44]

De kultiska inslagen i den nya värld som kommer efter Ragnarök är påfallande och uppenbarligen kunde man inte tänka sig en ny värld utan gudomliga väsen och någon form av kult. De nya gudarna skall finnas på de gamlas kultplatser, deras *vi*'n (fvn. *vé*). Mjöllner kommer att ha kvar sin roll som kultsymbol. Höner kan i sin egenskap av offerpräst välja det träd (*hlautviðr* R, *hlutviðr* H) från vilket kvistarna till orakelritualet skall hämtas.[45]

Vid sidan av de rituella inslagen lägger den skandinaviska traditionen stor vikt vid förnyelsen av kosmos. Jorden stiger ånyo upp ur havet, för all framtid grönskande. Den är inte skapad på nytt utan det är den gamla jorden som nu får tillbaka sin friskhet och grönska.[46] Diktaren av *Vǫluspá* manar fram en bild av ett orört landskap med fjäll, och strömmande vatten (strof 59). Örnar flyger högt ovan och fångar fisk.[47] Man har pekat på likheter med flera versrader i *Tryggðamál*, och det ligger säkerligen en gemensam förkristen föreställning om världen och rummet bakom naturbilderna i *Vǫluspá*, strof 59, och *Tryggðamál*.[48]

Denna fascination inför tanken på en förnyelse av naturen saknas i den kristna eskatologin. Egendomligt nog verkar den kristna traditionen inte haft något större intresse av att skildra den nya jorden och den nya himlen. Motivet slås visserligen an i *Uppenbarelseboken* 21 med orden "jag såg en ny himmel och en ny jord", men i stället är det skildringen av det nya Jerusalem som får all uppmärksamhet.⁴⁹ Naturbilderna finner vi i stället i beskrivningarna om paradisets beskaffenhet. Så är också fallet i de tidiga folkspråkliga texterna vilka, så långt jag sett, aldrig skildrar den nya jord som skall skapas. Det är i stället bilder av den nya staden, det himmelska Jerusalem, och av paradiset som om och om igen dyker upp. Judisk och kristen tradition beskriver gärna det tillstånd av fred och social harmoni som skall råda efter domen och undergången men sådana aspekter saknas i den skandinaviska myten.

I den iranska traditionen är det liksom i den skandinaviska inte fråga om en nyskapelse av kosmos utan om en rening och förnyelse av världen. Denna *frašō.kərəti* (mir. *frašgird*) framställs gärna som ett offerritual, en *yasna*, med den siste fullkomnaren, *saošyant*'en, som offerpräst (*Bundahišn* 34: 23; *Wizīdagīhā ī Zādspram* 35: 15–17). Överhuvudtaget är det rituella perspektivet på världsförnyelsen påtagligt. Den iranska myten innehåller inslag som påminner om *Vǫluspás* skildring av den pånyttfödda jorden. *Dēnkard* sammanfattar: "träd och växter skall ständigt grönska, hela naturen skall glädja sig".⁵⁰ De framtida fullkomnarna skall återge träd och växter deras grönska.⁵¹ Vid förnyelsen kommer även världen att vara full med strömmande vatten.⁵²

Slutsats

Jämförelsen av ragnaröksmyten med den kristna eskatologin visar framför allt på skillnader, både i fråga om slutstriden och förnyelsen, och bidrar på så vis till att den skandinaviska traditionens särprägel blir tydligare. En påverkan från kristen tradition ter sig därför osannolik annat än i vissa detaljer. Än mindre går det att tänka sig att myten om Ragnarök som sådan skulle ha uppstått genom mötet med kristen föreställningsvärld. Skillnader finns också gentemot den iranska religionen och dess kosmiska eskatologi, men här är beröringspunkterna mer påfallande. Dessa likheter kan knappast ha uppstått genom ett iranskt inflytande som några forskare gjort gällande.⁵³ Vi har i stället att göra med två av varandra oberoende eskatologiska traditioner, den skandinaviska och den iranska, vilka uppvisar sina egna särdrag. Kanske har de en gång stått närmare varandra och dragit näring ur samma rötter.

Noter

1. Detta förhållande påpekas inte så ofta, men noteras av Steven O'Brien (1976: 296, 300).

2. Saxo Grammaticus, *Gesta Danorum* ([red.] Friis-Jensen & [övers.] Zeeberg), 8: kap. 1–4 och *Sǫgubrot af nokkrum fornkonungum* (netútgáfan): kap. 5–9. Huvudkällan tycks ha varit en dikt om detta slag som av forskningen kallas Bråvalla-kvädet. Dikten kan knappast anses för ett genuint vikingakväde utan torde ha författats på 1100-talet (se Bjarni Guðnason 1958 och Seip 1957). Stig Wikander (1960a) menade att skildringen återspeglade gammal indoeuropeisk eskatologi (jfr Wikander 1960b). Bland dem som godtagit Wikanders tolkning märks Jaan Puhvel (1987: 87–89), Steven O'Brien (1976: 298 f.), och Daniel Bray (2000: 360).

3. Ett liknande synsätt företräds även av Vésteinn Ólason (2013) Gísli Sigurðsson (2013).

4. Variabiliteten hör till mytens väsen och har betonats av bl.a. Claude Lévi-Strauss (1958: 240), Raymond Firth (1960), och Igor M. Diakonoff (1995: 43).

5. E. Noreen (1926: 87) betraktade *Vǫluspá* som en kompilation av fragment och ansåg det meningslöst att på den grundvalen ge ut en kritisk text. Jón Helgason ((1955) 1971: VIII) anser att de tre textvarianterna utgör oberoende nedteckningar från muntlig tradition. Ursula Dronke (1997: 2) däremot ser en mer komplicerad traderingsprocess i vilken *Hauksbók* och Snorres strofer byggt på skriftliga versioner. Jag delar Judy Quinns (2000: 88 f.) uppfattning om varianternas betydelse för förståelsen av dikten. K. G. Johansson (2013: 180) föreslår en datering till mitten av 1100-talet. I en liknande datering hamnar Gro Steinsland (2009); jfr Steinsland 2013: 157.

6. En klargörande diskussion om editeringen av texten till *Vǫluspá* ger Quinn 2000.

7. För den iranska kosmiska eskatologin och dess tidsaspeker, se Hultgård 2009.

8. Formen *ragna røk* framstår som den ursprungliga i fornvästnordiska, och är nästan allenarådande i de poetiska källorna; i Snorres Edda förekommer endast *ragnarökkr* eller *ragnarökr*,'gudaskymning'; se vidare Haraldur Bernharðsson 2007.

9. *Vǫluspá* 53, 55 och 56 (se *Eddadigte* 1 ([red.] Jón Helgason)); *Vafþrúðnismál* 51, 52 och 53; *Lokasenna* 58; *Hyndlulióð* 44; *Sonatorrek* 24 (se *Eddadigte* 2 ([red.] Jón Helgason)); Snorri Sturluson, *Edda: Gylfaginning* [...] [red. Holtsmark & Jón Helgason]: kap. 51, avsnitt 6.

10. Påpekat av Olrik (1902: 206; 1922: 54).

11. *Hauksbóks* text är på detta ställe delvis bortnött. För ovanstående läsning se *Eddadigte* 1 ([red.] Jón Helgason): 44–46.

12. *Vǫluspá* 53 (se *Eddadigte* 1 ([red.] Jón Helgason)); *Lokasenna* 42 (se *Eddadigte* 2 ([red.] Jón Helgason)).

13. Man måste alltid beakta den omständigheten att endast delar av den förkristna mytologin överlevde religionsskiftet.

14. Olrik (1902: 211; 1922: 59) avvisar bestämt tanken att Snorre bygger på förlorade källor. Kampen mellan Heimdall och Loke, liksom den mellan Tyr och Garm, måste helt skrivas på mytografen Snorres konto. Jan de Vries (1956–57: § 354) lämnar frågan om ursprunget till Tyrs och Garms kamp öppen, men förbigår den mellan Heimdall och Loke. J. S. Martin (1972: 81 f.) framhåller osäkerheten i Snorres uppgifter och tenderar att se striden mellan Tyr och Garm som en skapelse av Snorre. Martein Helgi Sigurðsson (2002) menar att Garm redan i *Vǫluspá* är densamme som Fenrisulven och att Snorre känt till en kenning där *týr* d.v.s. Oden kämpat mot Garm, men att han missuppfattat att *týr* refererar till Oden och inte till guden Tyr.

15. *Skáldskaparmál* (19, rad 15; se Snorri Sturluson, *Edda: Skáldskaparmál* ([red.] Faulkes)) säger att "Heimdall stred (*deildi*) med Loke om *Brísingamen*" och av *Gylfaginning* 35 (se Snorri Sturluson, *Edda: Gylfaginning* [...] ([red.] Holtsmark & Jón Helgason)) framgår att detta smycke tillhörde Fröja. Strof 2 i *Húsdrápa* (se Snorri Sturluson, *Edda: Skáldskaparmál* ([red.] Faulkes)) är mycket omdiskuterad. En del uttolkare går på Snorres linje, medan andra menar att "den fagra havsnjuren" syftar på ett stycke land som höjt sig ur havet. För diskussionen och vidare litteratur, se Heizmann 2009 och Cöllen 2011: 93–117.

16. Ortsbeteckningen Harmagedon återgår med all sannolikhet på det hebreiska *harməgiddō(n)*, d.v.s. 'Megiddos berg'. Oklart är dock varför författaren till *Uppenbarelseboken* valt just denna ortsbeteckning. Möjligen har han varit inspirerad av *Sakarja bok*, kap. 12,

som innehåller en profetia om belägringen av Jerusalem och Juda städer. Det sägs att "alla jordens folkslag skall samla sig" mot Jerusalem, men angriparna kommer att förintas genom Jahves ingripande. Efter befrielsen skall man sörja "den som de har genomborrat", ett mångtydigt uttryck, men troligast syftar det på Israels folk. Sorgehögtiden skall vara lika stor som den man firade över guden Hadad-Rimmon "på Megiddos slätt", *bəbiq'at məgiddōn*.

17. Denna onda gestalt kallas också "Laglöshetens människa" och "Fördärvets son". 2 *Thessalonikerbrevet* har av allt att döma inte Paulus som författare, men brevet står i en paulinsk tradition och är förmodligen skrivet på 80-talet; för diskussionen om äkthet och datering, se Vielhauer 1975: 95–102.

18. Det är denna uppfattning, som främst kommer till uttryck i dagens forskning; se Frankfurter 1999; vidare Küchler 2011; Kowalski 2011: 73. Bousset (1895: 12 f.) menade att Antikrist-bilden hos Hippolytos var "opolitisk" och utan samband med det romerska imperiet.

19. Ian J. Kirby (1976: 401–403) förtecknar inga referenser till *Uppenbareleboken* 12: 7–9 och 20: 1–3, 7–10. Det finns endast ett citat ur kap. 20 nämligen i Honorius Augustodunensis, *Elucidarius* ([red.] Firchow & Grimstad): 135 (3: 73) med domsscenen där det sägs att böcker ska öppnas och de döda dömas utifrån det som där står skrivet (*Upp*. 20: 12). Från 2 *Thessalonikerbrevet* förtecknar Kirby (1976: 384) bara ett citat, nämligen inledningen till stället om "Laglöshetens människa" (2: 1 f.) som är hämtat från *Thomas Saga Erkibyskyps* (se Kirby 1976: 384; 1980: 82–84).

20. Antikrists framträdande och verksamhet beskrivs ingående i Honorius Augustodunensis, *Elucidarius* ([red.] Firchow & Grimstad): 127–129 (3: 33–35).

21. Man skulle även kunna tänka sig översättningen "som en gud". Genom att skriva "gud" med stor bokstav (*ut Deum*) antyder den latinska förlagan att Antikrist vill träda i Guds ställe.

22. Honorius Augustodunensis, *Elucidarius* ([red.] Firchow & Grimstad): 129.

23. *Gamal norsk homiliebog* ([red.] Indrebø).

24. *Muspilli* ([red.] Braune & Ebbinhaus).

25. Meningen måste vara att Satan låter Antikrist duka under (*farsenkan*) utan att ingripa, eftersom själva kampen står mellan Elias och Antikrist.

26. Jfr de Vries 1956–57: § 590.

27. Se Staiti 2002.

28. *Gamal norsk homiliebog* ([red.] Indrebø).

29. Honorius Augustodunensis, *Elucidarius* ([red.] Firchow & Grimstad).

30. Två bibelställen har påverkat uppfattningen om munnens andedräkt som verksamt förintelsemedel: *Jesaja* 11: 4 att Messias skall förgöra de onda med andedräkten från sina läppar, och 2 *Thess.* 2: 8 att Herren Jesus skall döda (ἀνελεῖ; Vulg. *interficiet*) den Laglöse med sin muns andedräkt (τῷ πνεύματι τοῦ στόματος αὐτοῦ; Vulg. *spiritu oris sui*). Endast undantagsvis kan man stöta på föreställningen att Antikrist blir dödad med ett vapen, så t.ex. i den *syriska Daniel-apokalypsen* 24, där änglarna klyver Antikrist i två stycken med ett brinnande svärd (se *The Syriac Apocalypse of Daniel* ([red. & övers.] Henze)).

31. Föreställningen om Jesu nedstigande i dödsriket och hans övervinnande av Djävulen fick tidigt fäste i kristendomen; se W. Boussets (1926: 26–33) utmärkta sammanfattning, där han argumenterar för att en orientalisk myt om en frälsargestalts nedstigande i dödsriket och kamp mot mörkrets makter har förts över på Jesus.

Sättet på vilket Djävulen blir besegrad varierar i traditionen. Bartolomeusevangeliet säger att Jesus gick in och grep Beliar (= Djävulen), piskade honom och band honom i kedjor (*Apokryfe evangelier* ([övers.] Thomassen): 184). Det latinska Nikodemus-evangeliet, en text som blev omåttligt populär i Västeuropa, omtalar att Kristus trampade på Döden, grep Satan och överlämnade honom för alltid i dödsrikets våld (*Apokryfe evangelier* ([övers.] Thomassen): 248–250). Den norröna versionen berättar att Kristus gillrade en fälla för Satan i Jerusalem på så sätt att han gömde en fiskkrok i agnet och dolde reven. När Satan kom för att sluka Jesus på korset, fastnade han på kroken. Då uppenbarade sig Vår Herre (*dominus noster*) och band Satan och bad sina änglar vakta honom (*Soga om nedstiginga i Dødsriket* ([red. & övers.] Haugen): 18–21).

32. Så Hintze 1994: 43; P. O. Skjærvø (1994: 202) sätter den Yngre Avestas tillblivelse till mellan 900 och 400 f. Kr.

33. Den avestiska texten till detta ställe i *Yašt* 19 ger ordet *vaēδa-*, ett *hapax legomenon*, som sannolikt är en korrupt form för *vazra-*; se diskussionen i Humbach & Ichaporia 1998: 166. Ordet *vazra-* betecknar av allt att döma en slags yxa (så P. O. Skjærvø i *Zarathustras sanger* ([övers.] Skjærvø): 161) och är även guden Mithras favoritvapen beskrivet i *Yašt* 10, 96 och 132. Senare tradition har tolkat vapnet som en stridsklubba (mir. *warz* och nypers. *gurz*).

34. Olrik 1914: 178 f.; 1922: 337 f.; Dumézil 1959: 83; Ström 1967: 191.

35. Ohrmazd och Ahreman är de medeliranska språkformerna för Ahura Mazdā, respektive Aŋra Mainyu

36. Se även *Wizīdagīhā ī Zādspram* 34: 44; *Zand ī Wahman Yasn* VI: 10–13; *Dēnkard* VII, 11: 3.

37. För denna åskådning och dess sociala roll, se Hultgård 2011.

38. Beträffande källorna till deras kristendom, se Hultgård, 2011: 308–312.

39. *The Patrician Texts in the Book of Armagh* ([red. & övers.] Bieler); Tiréchan, kap. 12. Ordet *erdathe* och dess etymologi är inte utrett, se *The Patrician Texts in the Book of Armagh* ([red. & övers.] Bieler): 218.

40. Den möjligheten antyder även Olrik 1902: 221; 1922: 68.

41. Förnyelsen omtalas i *Vǫluspá* 59–65 (se *Eddadigte* 1 ([red.] Jón Helgason)); *Vafþrúðnismál* 44–47, 50–51 (se *Eddadigte* 2 ([red.] Jón Helgason)); Snorri Sturluson, *Edda: Gylfaginning* [...] ([red.] Holtsmark & Jón Helgason): kap. 53.

42. *Vafþrúðnismál* 51 (se *Eddadigte* 2 ([red.] Jón Helgason)).

43. För en sammanfattning av Torshammaren som symbol, se Hultgård 1999.

44. Dessa runstenar är: Velanda (*Vg* 150); Glavendrup (*DR* 209); Virring (*DR* 110) samt Sønder Kirkeby (*DR* 220).

45. *Vǫluspá* 63 (se *Eddadigte* 1 ([red.] Jón Helgason)). Betydelsen av sammansättningen *hlautviðr*, ett hapax legomenon, är oklar och hänger till stor del på vilken innebörd ordet *hlaut* har i detta sammanhang. Här torde det ange ett föremål, en "lott", i ett divinationsförfarande.

Jag tolkar *hlautviðr* som en motsvarighet till det fruktbärande träd som germanerna enligt Tacitus skildring (*Germania* [red. Önnerfors], kap. 10) tog en gren ifrån för att använda i sina lottorakel. För denna strof i *Vǫluspá*, se Hultgård 2015.

46. Detta betonas särskilt av Meulengracht Sørensen 2000: 341.

47. Några kommentatorer ser i de fiskar som örnen fångar laxar: Finnur Jónsson i *Völuspá / Völvens spådom* ([övers.] Finnur Jónsson): 17; densamme i [Sveinbjörn Egilsson & Finnur Jónsson] (1860) 1913–16: 134; Dronke i *The Poetic Edda* 2 ([red. & övers.] Dronke): 59.

48. Se Meulengracht Sørensen 2000: 344 f.

49. Utsagan är inspirerad av *Jesaja* 65: 17 där det sägs att "nu skapar jag en ny himmel och en ny jord" men den följande beskrivningen handlar mest om det utvalda Gudsfolkets lycka och goda liv i Israels land.

50. *Dēnkard* VII, 11: 4: *hamēšag urwar zargōn waxšišn, ham dahišn urwāhmanīh bawēnd.*

51. *Bundahišn* 33: 29 och 32: *ō urwarān zargōnīh dahēd.*

52. *Dēnkard* VII, 9: 23: *axw ī astōmand* [...] *purr āšixt ēstēd.*

53. Reitzenstein 1924 och Peuckert 1935; för vissa delar av ragnaröksmyten även Olrik 1902; 1914; 1922.

Referenser

Källor

Apokryfe evangelier [100-t.–300-t.] (Verdens hellige skrifter). [Övers.] Einar Thomassen. Oslo 2001: De norske bokklubbene.

[Bibeln.] *Bibel 2000.* Uppsala 2000: Svenska Bibelsällskapet.

Bundahišn = *Zand-Ākāsīh: Iranian or Greater Bundahišn.* [Red. & övers.] Behramgore T. Anklesaria. Bombay 1956: Rahnumae Mazdayasnan Sabha.

Dēnkard = *Dēnkart: A Pahlavi Text.* Facsimile ed. of the Manuscript B of the K. R. Cama Oriental Institute, Bombay. [Red.] Mark J. Dresden. Wiesbaden 1966: Harrassowitz.

DR = *Danmarks runeindskrifter.* Atlas. Text. [Utg.] Lis Jacobsen & Erik Moltke. København 1941–42: Munksgaard.

[Eddan] *Eddadigte* [800-t.–1000-t.]. 1, Vǫluspá. Hávamál (Nordisk filologi A. Tekster 4). [Red.] Jón Helgason. Oslo (1955) 1971: Dreyer.

——— *Eddadigte*. 2, Gudedigte (Nordisk filologi A. Tekster 7). [Red.] Jón Helgason. Oslo (1956) 1971: Dreyer.

——— *The Poetic Edda*. 2, The Mythological Poems. [Red. & övers.] Ursula Dronke. Oxford 1997: Clarendon Press.

Elucidarius, se Honorius Augustodunensis

GNH = *Gamal norsk homiliebog: Cod AM 619* [ca 1200] (Skrifter utgitt for Kjeldeskriftfondet 54). [Red.] Gustav Indrebø. Oslo 1931: Jacob Dybwad.

Honorius Augustodunensis [d. ca 1156], *Elucidarius in Old Norse Translation* (Rit 36). [Red.] Evelyn Scherabon Firchow & Kaaren Grimstad. Reykjavík 1989: Stofnun Árna Magnússonar.

IHB = [Íslensk hómilíubók] *The Icelandic Homily Book: Perg. 15 4° in the Royal Library, Stockholm* [ca 1200] (Íslensk handrit 3). [Red.] Andrea de Leeuw van Weenen. Reykjavík 1993: Stofnun Árna Magnússonar á Íslandi.

Muspilli [ca 870]. *Althochdeutsches Lesebuch*, s. 86–89. [Red.] Wilhelm Braune & Ernst A. Ebbinhaus. Tübingen (1875) 1994: Niemeyer. (17 uppl.)

Novum Testamentum Graece (Universität Münster, Institut für neutestamentliche Textforschung). [Red.] Eberhard & Erwin Nestle, Barbara & Kurt Aland. Stuttgart 2012: Deutsche Bibelgesellschaft. (28 uppl.)

The Patrician Texts in the Book of Armagh [800-t.] (Scriptores Latini Hiberniae 10). [Red. & övers.] Ludwig Bieler. Dublin (1979) 2004: Dublin Institute for Advanced Studies.

Saxo Grammaticus [d. ca 1220], *Gesta Danorum / Danmarkshistorien* 1. [Red.] Karsten Friis-Jensen. [Övers.] Peter Zeeberg, Gylling 2005: Det Danske Sprog- og Litteraturselskab & Gads Forlag.

Snorri Sturluson [d. 1241], *Edda: Gylfaginning og prosafortellingene av Skáldskaparmál* (Nordisk Filologi A. Tekster 1). [Red.] Anne Holtsmark & Jón Helgason. København (1950) 1968: Munksgaard.

―― *Edda: Skáldskaparmál.* 1, Introduction, Text and Notes. [Red.] Anthony Faulkes. London 1998: Viking Society for Northern Research.

Soga om nedstiginga i Dødsriket / Niðrstigningar saga. *Norrøne tekster i utval*, s. 250–265. [Red. & övers.] Odd Einar Haugen. Oslo 1994: Ad Notam Gyldendal.

The Syriac Apocalypse of Daniel (Studien und Texte zu Antike und Christentum 11). [Red. & övers.] Mattias Henze. Tübingen 2001: Mohr Siebeck.

Sögubrot af nokkrum fornkonungum i Dana ok Svíaveldi [sl. av 1200-t.] (Netútgáfan). *http://www.snerpa.is/net/forn/sogubrot.htm* (tillgänglig 5.5.2014).

Tryggðamál. *Eddica minora: Dichtungen eddischer Art aus den Fornaldarsögur und anderen Prosawerken,* s. 129–133. [Red.] Andreas Heusler & Wilhelm Ranisch. Dortmund 1903: Fr. Wilh. Ruhfus.

Vg = *Västergötlands runinskrifter* (Sveriges runinskrifter 5: 1). D. 1, Text. [Red.] Hugo Jungner & Elisabeth Svärdström. Stockholm 1958–70: Almqvist & Wiksell International.

Vulgata = *Biblia Sacra: Iuxta Vulgatam Versionem*. 1–2. [Red.] Bonifatius Fischer *et al*. Stuttgart 1969: Württembergische Bibelanstalt.

Völu-spá / *Völvens spådom* [900-t.?–1100-t.?] (Studier fra Sprog- og oldtidsforskning 84). [Övers.] Finnur Jónsson. København 1911: Tillge's boghandel.

Wizīdagīhā ī Zādspram > Zādspram

Zādspram [800-t.] [*Wizīdagīhā ī Zādspram*] *Anthologie de Zādspram* (Studia iranica 13). [Red. & övers.] Philippe Gignoux & Ahmad Tafazzoli. Paris 1993: Association pour l'avancement des études iraniennes.

Zand ī Wahman Yasn. *The Zand ī Wahman Yasn: A Zoroastrian Apocalypse* (Serie orientale Roma 75), s. 35–76. [Red.] Carlo G. Cereti. Roma 1995: Istituto italiano per il medio ed estremo oriente.

Zarathustras sanger: de eldste iranske skriftene [1000–800 f.Kr.] (Verdens hellige skrifter). [Övers.] Prods Octor Skjærvø. Oslo 2003: De norske bokklubbene.

Sekundärlitteratur

Der Antichrist: historische und systematische Zugänge (Studien zur christlichen Religions- und Kulturgeschichte 14). [Red.] Mariano Delgado & Volker Leppin. Fribourg: Academic Press / Stuttgart: Kohlhammer.

Bjarni Guðnason. 1958. Um Brávallaþulu. *Skírnir* 132, s. 82–128.

Bousset, Wilhelm. 1895. *Der Antichrist in der Überlieferung des Judentums, des neuen Testaments und der alten Kirche: ein Beitrag zur Auslegung der Apokalypse*. Göttingen: Vandenhoek & Ruprecht.

——— (1916) 1926. *Kyrios Christos: Geschichte des Christusglaubens von den Anfängen des Christentums bis Irenaeus* (Forschungen zur Religion und Litteratur des Alten und Neuen Testaments, N.F. 4). Göttingen: Vandenhoek & Ruprecht. (3 uppl.)

Bray, Daniel. 2000. The end of mythology: Hesiod's Theogony and the Indo-European myth of the final battle. *Journal of Indo-European Studies* 28, s. 359–371.

Cöllen, Sebastian. 2011. *Der rätselhafte Gott: Heimdallr im Licht altnordischer Vorstellungen von Ahnen und Ordnung*. Uppsala: Uppsala universitet.

Diakonoff, Igor M. (1990) 1995. *Archaic Myths of the Orient and the Occident* (Orientalia Gothoburgensia 10). Göteborg: Göteborgs universitet.

Dronke, Ursula. 1997. *The Poetic Edda*. 2, The Mythological Poems. [Red. & övers.] Ursula Dronke. Oxford: Clarendon Press.

Dumezil, Georges. 1959. *Les dieux des Germains: essai sur la formation de la religion scandinave* (Mythes et religions 38). Paris: Presses universitaires de France.

Firth, Raymond. 1960. The plasticity of myth: cases from Tikopia. *Ethnologica* 2, s. 181–188.

Frankfurter, David. 1999. Introduction. *The Antichrist Legend: A Chapter in Christian and Jewish Folklore* (American Academy of Religion. Texts and Translations Series 24), s. *iii–*xx. [Av] Wilhelm Bousset, [övers.] A. H. Keane. Atlanta, GA: Scholars Press.

Gísli Sigurðsson. 2013. Vǫluspá as the product of an oral tradition: what does that entail? *The Nordic Apocalypse*, s. 45–62.

Haraldur Bernharðsson. 2007. Old Icelandic *ragnarök* and *ragnarökkr*. *Verba Docenti: Studies in Historical and Indo-European Linguistics Presented to Jay H. Jasanoff by Students, Colleagues, and Friends*, s. 25–38. [Red.] Alan J. Nussbaum. Ann Arbor: Beech Stave Press.

Heizmann, Wilhelm. 2009. Der Raub des Brísingamen, oder: worum geht es in Húsdrápa 2? *Analecta Septentrionalia: Beiträge zur nordgermanischen Kultur- und Literaturgeschichte* (Ergänzungsbände zum Reallexikon der germanischen Altertumskunde 65), s. 502–530. [Red.] Wilhelm Heizmann & Klaus Böldli & Heinrich Beck. Berlin: de Gruyter.

Hinze, Almut. 1994. *Der Zamyād-Yašt* (Beiträge zur Iranistik 15). Wiesbaden: Reichert.

Hultgård, Anders. 1999. Hammer. 2, religionsgeschichtliches. *Reallexikon der germanischen Altertumskunde* 13, s. 486–492. [Red.] Heinrich Beck & Dieter Geuenich & Heiko Steuer & Dieter Timpe. Berlin: de Gruyter.

—— 2009. Le «jour de Dieu» et les «millénaires de Dieu»: deux types d'eschatologie iranienne. *Le Jour de Dieu / Der Tag Gottes* (Wissenschaftliche Untersuchungen zum Neuen Testament 1: 245), s. 43–64. [Red.] Anders Hultgård & Stig Norin. Tübingen: Mohr Siebeck.

—— 2011. Óðinn, Valhǫll and the Einherjar: eschatological myth and ideology in the late Viking period. *Ideology and Power in the Viking and Middle Ages: Scandinavia, Iceland, Ireland, Orkney, and the Faeroes* (The Northern World 52), s. 297–328. [Red.] Gro Steinsland & Jón Viðar Sigurðsson & Jan Erik Rekdal & Ian Beuermann. Leiden: Brill.

—— 2015. *När gudar faller: ragnaröksmyten och dess ursprung*. Uppsala.

Humbach, Helmut & Pallan R. Ichaporia. 1998. *Zamyād Yasht: Yasht 19 of the Younger Avesta*. Wiesbaden: Harrassowitz.

Johansson, Karl G. 2013. Vǫluspá, the *Tiburtine Sibyl*, and the apocalypse in the north. *The Nordic Apocalypse*, s. 161–184.

Jón Helgason. (1955) 1971. Innledning. *Eddadigte*. 1, Vǫluspá. Hávamál (Nordisk filologi A. Tekster 4), s. I–XVII. [Red.] Jón Helgason. Oslo: Dreyer.

Kirby, Ian J. 1976. *Biblical Quotation in Old Icelandic-Norwegian Religious Literature.* 1, Text (Rit 9). Reykjavík: Stofnun Árna Magnússon.

—— 1980. *Biblical Quotation in Old Icelandic-Norwegian Religious Literature.* 2, Introduction (Rit 10). Reykjavík: Stofnun Árna Magnússon.

Kowalski, Beate. 2011. Der Antichrist im Neuen Testament. *Der Antichrist: historische und systematische Zugänge*, s. 65–100.

Küchler, Max. 2011. Der Antichrist in der frühen jüdischen Apokalyptik und in der zwischentestamentlichen Zeit. *Der Antichrist: historische und systematische Zugänge*, s. 53–64.

Lévi-Strauss, Claude. 1958. *Anthropologie structurale*. Paris: Plon.

Marteinn Helgi Sigurðsson. 2002. *Týr: The One-Handed War-God*. Cambridge: Department of Anglo-Saxon, Norse and Celtic, University of Cambridge.

Martin, John Stanley. 1972. *Ragnarǫk: An Investigation into Old Norse Concepts of the Fate of the Gods* (Melbourne Monographs in Germanic Studies 3). Assen: Van Gorcum.

Meulengracht Sørensen, Preben 2000. Flygr ǫrn yfir: til strofe 59 i Vǫluspá. *International Scandinavian and Medieval Studies in Memory of G. W. Weber* (Hesperides 12), s. 339–346. [Red.] Michael Dallapiazza et al., Trieste: Parnaso.

The Nordic Apocalypse: Approaches to Vǫluspá and Nordic Days of Judgement (Aberdeen Studies in the Scandinavian World 2). [Red.] Terry Gunnell & Annette Lassen. Turnhout 2013: Brepols.

Noreen, Erik. 1926. *Den norsk-isländska poesien*. Stockholm: Norstedt.

O'Brien, Steven. 1976. Indo-European eschatology: a model. *Journal of Indo-European Studies* 4, s. 295–320.

Olrik, Axel. 1902. Om Ragnarok. *Årbøger for nordisk oldkyndighed og historie* 1902, s. 157–291.

―――― 1914. *Om Ragnarok*. 2, Ragnaroksforestillingernes udspring. København: Gad.

―――― 1922. *Ragnarök: die Sagen vom Weltuntergang*. [Övers.] Wilhelm Ranisch. Berlin: de Gruyter.

Peuckert, Will-Erich. 1935. Germanische Eschatologien. *Archiv für Religionswissenschaft* 32, s. 1–37.

Puhvel, Jaan. 1987. *Comparative Mythology*. Baltimore: Johns Hopkins University Press.

Quinn, Judy. 2000. Editing the Edda: the case of Vǫluspá. *Scripta Islandica* 51, s. 69–92.

Reitzenstein, Richard. 1924. Weltuntergangsvorstellungen: eine Studie zur vergleichenden Religionsgeschichte. *Kyrkohistorisk årsskrift* 24, s. 129–212.

Seip, Didrik Arup. 1957. Bråvallaslaget. *Kulturhistoriskt lexikon för nordisk medeltid* 2, sp. 295–297. Malmö: Allhem.

Skjærvø, Prods Oktor. 1994. Hymnic composition in the Avesta. *Die Sprache* 36, s. 199–243.

Staiti, Chiara. 2002. Muspilli. *Reallexikon der germanischen Altertumskunde* 20, s. 433–438. [Red.] Heinrich Beck & Dieter Geuenich & Heiko Steuer. Berlin: de Gruyter.

Steinsland, Gro. 2009. Vǫluspá: a source to Norse pagan mythology or a Christian revelation in disguise of a classical Sibylline oracle? *Confluence* (Interdisciplinary Communications 2007/2008), s. 98–101. [Red.] Willy Østreng. Oslo: Centre for Advanced Study at the Norwegian Academy of Science and Letters.

―――― 2013. Vǫluspá and the Sibylline Oracles with a focus on the 'Myth of the Future'. *The Nordic Apocalypse*, s. 147–160.

Ström, Åke V. 1967. Indogermanisches in der Völuspá. *Numen* 14, s. 167–208.

[Sveinbjörn Egilsson & Finnur Jónsson.] (1860) 1913–16. *Lexicon poeticum antiquae linguae Septentrionalis / Ordbog over det norsk-islandske skjaldesprog*. Forfattet af Sveinbjörn Egilsson. Forøget og påny udgivet ved Finnur Jónson. København: Det kongelige nordiske oldskriftselskab.

Vésteinn Ólason. 2013. Vǫluspá and time. *The Nordic Apocalypse*, s. 25–44.

Vielhauer, Philipp. 1975. *Geschichte der urchristlichen Literatur: Einleitung in das Neue Testament, die Apokryphen und die Apostolischen Väter* (de Gruyter Lehrbücher). Berlin: de Gruyter.

de Vries, Jan. 1956–57. *Altgermanische Religionsgeschichte.* 1–2 (Grundriss der germanischen Philologie 12: 1–2). Berlin: de Gruyter. (2 uppl.)

Wikander, Stig. 1960a. Från Bråvalla till Kurukshetra. *Arkiv för nordisk filologi* 59, s. 183–193.

―――― 1960b. Germanische und indo-iranische Eschatologie. *Kairos* 2, s. 83–88.

www.ingramcontent.com/pod-product-compliance
Lightning Source LLC
Chambersburg PA
CBHW042137160426
43200CB00020B/2965